DIE BRIGITTE-EDITION
ERLESEN VON ELKE HEIDENREICH

BAND V

RUTH KLÜGER

*weiter leben*

RUTH KLÜGER

# *weiter leben*

Eine Jugend

DIE BRIGITTE-EDITION

*Den Göttinger Freunden – ein deutsches Buch*

*Das Mißverhältnis zwischen der Einbildung und dem Sachverhalt ertragen.*
*»Ich leide.« Das ist besser als:*
*»Diese Landschaft ist häßlich.«*

SIMONE WEIL

# ERSTER TEIL

## *Wien*

## I.

Der Tod, nicht Sex war das Geheimnis, worüber die Erwachsenen tuschelten, wovon man gern mehr gehört hätte. Ich gab vor, nicht schlafen zu können, bettelte, daß man mich auf dem Sofa im Wohnzimmer (eigentlich sagten wir »Salon«) einschlafen ließe, schlief dann natürlich nicht ein, hatte den Kopf unter der Decke und hoffte, etwas von den Schreckensnachrichten aufzufangen, die man am Tisch zum besten gab. Manche handelten von Unbekannten, manche von Verwandten, immer von Juden. Da war einer, sehr jung, sagen wir Hans, ein Cousin meiner Mutter, den hatten sie in Buchenwald, aber nur auf Frist. Dann war er nach Haus zurückgekommen, war verschreckt, hatte schwören müssen, nichts zu erzählen, erzählte auch nichts, oder doch, oder nur seiner Mutter? Die Stimmen am Tisch, undeutlich aber eben noch hörbar, waren fast ausschließlich Frauenstimmen. Man hatte ihn gefoltert, wie ist das, wie hält man das aus? Aber er war am Leben, Gott sei Dank.

Den Hans habe ich später in England wiedergesehen. Da war ich nicht mehr acht Jahre alt, sondern schon so, wie ich jetzt bin, ein ungeduldiger, zerfahrener Mensch, eine, die leicht was fallen läßt, mit oder ohne Absicht, auch Zerbrechliches, Geschirr und Liebschaften, nirgendwo lange tätig ist und oft auszieht, aus Städten und Wohnungen, und die Gründe erst erfindet, wenn sie schon am Einpacken ist. Eine, die sich auf die Flucht begibt, nicht erst, wenn sie Gefahr wittert, sondern schon, wenn sie nervös wird. Denn Flucht war das Schönste, damals und immer noch. Mehr davon später.

Da war ich also bei Hans in England in seinem kleinen Haus, das ihm Freude machte, weil es ihm gehörte, er war verheiratet mit einer Engländerin, Nichtjüdin, hatte Kinder, die waren auf Besuch da, und ich war da aus Amerika, mit einem anderen Cousin, dem Schwestersohn meiner Mutter, sagen wir Heinz, der hatte den Krieg mit falschen Papieren in Ungarn überlebt. Das Wohnzimmer, in dem wir saßen, war so kleinkariert, wie es eigentlich nur den englischen Kleinbürgern gelingt, häßlich zu wohnen. Wir aßen Kuchen, mir wars ungemütlich, ich rutschte auf meinem Stuhl herum, wollte spazieren gehen, irgendwas tun, nur nicht die qualvolle Langeweile des im Gespräch wiedergekauten Alltags über mich ergehen lassen. Heinz vertraute mir nachher schadenfroh an, Hans habe gefragt, ob ich an Hämorrhoiden litte, weil ich nicht stillsitzen mochte.

Aber dieser englische Kleinbürger war als junger Bursch in Buchenwald gefoltert worden, als seine kleine Verwandte die Ohren unter der Decke gespitzt hatte und nicht eingeschlafen war, versessen darauf, etwas über seinen Aufenthalt dort zu erfahren, nicht aus Sympathie, sondern aus Neugier, weil er in einem aufregenden Geheimnis gesteckt hatte, das auch mich irgendwie betraf. Nur daß ich es damals nicht wissen durfte, weil ich zu klein war. Und jetzt?

Jetzt wußte ich sowieso viel und konnte drauflos fragen, wie und wann ich wollte, denn die, die es verboten hatten, waren weg, verstreut, vergast, gestorben in Betten oder sonstwo. Und noch immer dieses prickelnde Gefühl, sich auf die Suche nach Ungebührlichem zu begeben, da ich nichts wissen darf, was mit dem Sterben zu tun hat. Obwohl es ja nichts anderes gibt, worüber es sich lohnte zu reden. Geheimnis der Erwachsenen, die den Kindertod den Kindern verschweigen und ihnen weismachen wollen, daß es nur den Erwachsenentod gebe, daß nur sie, die Überlegenen, dem Tod gewachsen sind, und daher auch nur sie ihn erleiden. Alles Lügen. Unten auf der Straße liefen die Nazibuben herum, mit ihren kleinen spitzen Dolchen, und sangen das Lied vom Judenblut, das vom Messer spritzt. Man mußte nicht sehr schlau sein, um das zu verstehen, vielmehr bedurfte es einer nicht einmal geringen geistigen Akrobatik, um es mißzuverstehen und mit einem Schulterzucken abzutun. (Ein Freund, der als Junge so ein Ding getragen hat, sagt: »Die waren nicht spitz. Fahrtenmesser waren das. Gut zum Schneiden. Mir wäre schon eine richtige Waffe lieber gewesen.« Er nimmt einen Stift und zeichnet ein Fahrtenmesser. »›Blut und Ehre‹ stand darauf, sagt er nachdenklich. Eben, also doch Dolch, wenn auch nicht spitz.)

Ich frag mit Präzision, wie man in den besseren literaturwissenschaftlichen Seminaren lernt, Fragen zu stellen, und die anderen im kleinen Kleinbürgerzimmer, die ihre Ruhe haben wollen, seufzen. Die Kinder versichern, sie seien ohnehin im Begriff gewesen, sich zu verabschieden. Heinz, der die Nazizeit mit falschen Papieren überlebt hat, nimmt die Brille ab, putzt sie und fragt, ob das sein muß. Hans' Frau, die Nichtjüdin und gebürtige Engländerin, geht aus dem Zimmer. Sie habe das alles schon oft genug und mehr als genug gehört. Was sicher stimmt. Und trotzdem hat sie es sich mit Sicherheit nicht gemerkt, auch das ist ihren Bemerkungen zu entnehmen.

Und Hans erzählt. Er beantwortet meine Fragen. Ich will es genau wissen, und er erzählt es genau, nicht ohne eine gewisse ächzende Umständlichkeit, wie das war, die Verrenkungen der Glieder, er kann das erklären, sogar zeigen. Und die Rückenbeschwerden, die er noch heute hat, die von damals datieren. Und doch ebnen seine Einzelheiten diese Qual ein, und nur aus dem Tonfall hört man das Anders-, Fremd- und Bösartige heraus. Denn die Folter verläßt den Gefolterten nicht, niemals, das ganze Leben lang nicht. Während die großen Geburtsschmerzen die Mütter in wenigen Tagen verlassen, so daß sie sich auf ihr nächstes Kind freuen. Es ist schon wichtig, welcher Art, und nicht nur wie heftig die Schmerzen sind, die man erleidet.

Ich hab den Kopf voll von solchen Geschichten und Erwägungen. Will immer noch was wissen. Ich lese sie und hör sie mir an. Ich, die ich mir den Glauben peu à peu abgewöhnt habe, glaube, scheint's nach wie vor, an die Versicherung, die mir jemand in mein Kleinmädchen-Stammbuch (Poesie-Album heißt das in Deutschland) geschrieben hatte: »Knowledge is power.« Ich erzähl auch welche, Geschichten mein ich, wenn man mich fragt, aber es fragen wenige. Die Kriege gehören den Männern, daher auch die Kriegserinnerungen. Und der Faschismus schon gar, ob man nun für oder gegen ihn gewesen ist: reine Männersache. Außerdem: Frauen haben keine Vergangenheit. Oder haben keine zu haben. Ist unfein, fast unanständig.

Daß ich diesen Hans nicht öfter besucht habe,

rührt erstens von meiner Gleichgültigkeit her. Ich habe Jahre gebraucht, bevor ich mir diese Gleichgültigkeit für familiäre Beziehungen eingestand. In jüdischen Kreisen auf der ganzen Welt besteht heutzutage die Gepflogenheit, die Ermordeten in der Verwandtschaft zu zählen, die Zahl den Nachgeborenen einzuschärfen und zu vergleichen, was blieb von der Mischpoche, der Sippschaft. Dabei kommen horrende Zahlen heraus, Massengräber in jeder Familie. »Hundertundfünf«, sagt der eine, und der nächste legt noch ein Dutzend zu. Lange habe auch ich, wenn nicht selbst gezählt, so doch versucht, mir solche Ziffern respektvoll einzuprägen und mir eingeredet, daß ich um diese Menschen, die ich oft nicht kannte oder an die ich nur die vageste Erinnerung habe, trauere. Aber es stimmt nicht, ich war nie eingebettet in eine solche Großfamilie; sie zersplitterte, als ich im Begriff war, sie kennenzulernen, nicht erst danach. Man möchte dazugehören, es geht jedoch nicht so einfach. Man hat eigentlich nie dazugehört, die Zerstreuung hat zu früh begonnen. Doch sieht man sich eben nicht gern als Monade, allein im Raum, dann schon lieber als das Glied einer, wenn auch zerrissenen, Kette.

Es kommt hinzu, daß mir auch die Lebenden aus den alten Wiener Verhältnissen nicht geheuer sind, und ich gehe ihnen eher aus dem Weg. In mir argwöhnt es, daß die Älteren unter ihnen mich im Stich gelassen haben und daß die Jüngeren es tun würden, wenn sich die Gelegenheit böte.

Doch der eigentliche Grund, warum ich mich scheue, Hans noch einmal zu besuchen, ist mein schlechtes Gewissen. Hans' Mutter, meine Großtante, hat auch diesen jämmerlichsten Tod erlitten, den in der Gaskammer. Die hab ich gut gekannt, denn als mein Vater verhaftet wurde und wir nicht länger im 7. Bezirk bleiben durften, teilten meine Mutter und ich zunächst eine Wohnung mit Hans' Eltern. Die Tante bleibt für mich der Mensch, der mir verbot, nach dem Kirschenessen Wasser zu trinken, weil das schädlich sei, und dadurch die Autorität meines abwesenden Vaters, der ja der Arzt in der Familie war, unterhöhlte (»Auf ihn haben sie nie gehört, der hat nie was zu sagen gehabt«, meint meine Mutter bekümmert); die mir meine alte Straßenbahnfahrkartensammlung wegnahm, das sei unhygienisch; die morgens in der Dunkelheit auf der einsamen Fresserei am Küchentisch bestand, die man Frühstück nannte, dieses klebrige Brot und das süßliche Getränk mit der Milchhaut drauf, vor der sich bekanntlich alle Kinder der Welt, außer den hungernden, ekeln; die mich zurechtwies, wenn sie merkte, daß ich Gedichte aufsagte, eine Angewohnheit, die bei mir bis zur Manie gedieh und zweifelsohne ebensosehr neurotischen als kunstliebenden Ursprungs war, so daß ich auch auf der Straße Reime vor mich hinmurmelte; die zwischen mir und meiner Mutter stand, damit meine Mutter, ihre Nichte, wenn sie abends nach Hause kam, nachdem sie sich mit den Behörden herumgeschlagen oder eine Stelle gesucht hatte, nicht durch die Forderungen des Kindes strapaziert werde. – Was soll ich nun ihrem Sohn sagen, wenn er nach ihr fragt, er, der sie geliebt hat, mich, die sie gehaßt hat, mit schmalem, spitzem Kinderhaß?

Und was war überhaupt Schlimmes daran, »Des Sängers Fluch« und andere Balladen von Uhland und Schiller auf der Straße aufzusagen? »Das macht einen schlechten Eindruck, man soll nicht auffallen auf der Straße.« »Judenkinder, die sich schlecht benehmen, machen Risches [Antisemitismus].« War das noch wichtig, wenn die ganze Bevölkerung sowieso gegen uns aufgehetzt war? Die Älteren, einschließlich dieser Tante, die ich hier Rosa nennen will, wiederholten die Litaneien, mit denen sie aufgewachsen waren, und nahmen sich nicht die Mühe, sie angesichts der neuen Verhältnisse zu revidieren. Ich aber war Jahrgang 1931, und es erschien mir unbegreiflich, wie jemand glauben konnte, daß meine guten oder schlechten Manieren das ausgebrochene Unheil vergrößern oder verringern konnten. Oder daß Tante Rosa das für möglich hielt. Und da ich Jahrgang 1931 war, verstand ich ohne weiteres und ohne Sartre gelesen zu haben, daß zwar die Folgen des Antisemitismus ein jüdisches Problem waren, und dazu ein beträchtliches, der Antisemitismus selbst jedoch das Problem der Antisemiten, mit dem sie gefälligst selber und ohne meine Hilfe fertig werden mochten.

Man muß jedoch in Fairneß zugeben, daß die Erwachsenen auch sonst, und ganz abgesehen von dem Benehmen der Kinder, in ihrer Verwirrung und Kopflosigkeit endlos darüber quatschten, was sie oder andere Juden früher hätten anders machen sollen, um die Umwelt nicht gegen sich aufzubringen. So z.B. hätten Jüdinnen, die im Kaffeehaus ihren Schmuck trugen, Risches gemacht. (Und wozu kauft man Schmuck, wenn man ihn nicht tragen darf? Warum waren dann die Juweliere nicht verpönt oder verboten?) Für sie waren die Judenpogrome dunkle, historische, womöglich polnische oder russische, auf jeden Fall längst überwundene Vergangenheit, und sie versuchten dementsprechend, die Proportionen dieser neuen Verfolgung auf ein Mittelmaß einzudämmen.

Ich beschwerte mich bei meiner Mutter über die Großtante. »Eine Bubenmutter«, sagte meine Mutter, in Verteidigung ihrer Lieblingstante. »Sie ist eben nicht an Mädeln gewöhnt.« Ich sah nicht ein, was es da zu gewöhnen gab. So verkörpert sie, festgefroren im Tod, den Abstand zur Elterngeneration, und ich kann an sie und den dazugehörigen Onkel nicht mit Rührung zurückdenken. Gleichzeitig entsetzt es mich, daß die vergaste Tante Rosa nur eine erbitterte Kindheitserinnerung bleibt, die Frau, die mich bestrafte, als sie herausfand, daß ich den Frühstückskakao in die Spüle geschüttet hatte. Dafür mußte ich dann in der Küche bleiben, bis ich mehr gegessen oder getrunken hatte, was weiß ich, ob es das eine oder das andere war, jedenfalls mußte der unwillige Magen mehr aufnehmen, als ihm lieb war, und erst dann durfte ich in die Schule, was natürlich peinlich war. Mir schien es, die Erwachsenen sollten sich einigen, was sie von den Kindern wollten, und ihnen nicht Strafen auferlegen, die andere Erwachsene ihrerseits für strafbar hielten, wie das Zu-Spät-Kommen als Strafe fürs Nicht-Frühstück-Essen.

## 2.

Aber es lag mir im Grunde wenig daran, ob ich pünktlich oder unpünktlich in die Schule kam. Denn es war unwesentlich geworden, ob ich rechtzeitig da war. Wichtiger war schon eher, wieviele von den Klassenkameraden »ausgehoben«, das heißt deportiert worden oder untergetaucht waren oder doch noch das Land hatten verlassen können. Man kam in die Klasse und sah sich um. Die, welche fehlten, waren möglicherweise krank, wahrscheinlicher war es, daß man sie nicht wieder zu Gesicht bekommen würde. Die Zahl der Schüler nahm täglich ab. Wenn es zu wenige waren, dann wurde die Schule aufgelöst und die Schüler wurden in eine andere, ebenso zusammengeschrumpfte, versetzt. Und dann wieder in eine neue. Die Klassenräume waren immer älter und verkommener geworden. Da war sogar einer mit Gaslicht. An den dunklen Wintermorgen stieg die Lehrerin auf einen Stuhl, um das Gaslicht anzuzünden. Das mutete immerhin interessant altertümlich an und entschädigte für die schlechte Beleuchtung. Die Kinder, die in Wien geblieben waren, trugen immer ärmlichere Kleidung, ihre Sprache wurde immer dialektdurchsetzter, man hörte ihnen die Herkunft aus den ärmeren Vierteln der Stadt an. Denn ohne Geld konnte man nicht auswandern. In allen Ländern der Welt waren die armen Juden noch weniger willkommen als die wohlhabenden. Und auch die Lehrer verschwanden, einer nach dem anderen, so daß man sich alle zwei, drei Monate auf einen neuen gefaßt machen mußte.

In acht verschiedenen Schulen hab ich diesen Schulbetrieb etwa vier Jahre lang mitgemacht. Je weniger Schulen es für uns gab, desto länger wurde der Schulweg, man mußte die Straßenbahn und die Stadtbahn nehmen, in denen man keinen Sitzplatz einnehmen durfte. Je länger der Weg, desto geringer war die Chance, gehässigen Blicken und Begegnungen zu entgehen. Man trat auf die Straße und war in Feindesland. Daß nicht alle Passanten feindselig waren, konnte einen nicht über diese Unannehmlichkeiten hinwegtrösten.

Wenn wir einen Lehrer statt einer Lehrerin hatten, sprachen wir am Anfang der Stunde im Chor das »Höre Israel«, ein Gebet, das für Juden ungefähr denselben Stellenwert hat wie das Vaterunser für Christen. Wir leierten es auf deutsch herunter, in einem so monotonen Tonfall, daß er der im Gebet enthaltenen Ermahnung zur Gottesliebe fast widersprach. Die Buben mußten ihre Köpfe bedecken, und da gab es immer welche, die ihre Mützen oder Käppis zu Hause vergessen hatten, dafür vom Lehrer gerügt wurden, und sich dann ihr meist schmutziges Taschentuch mit Knoten an den vier Ecken, so daß es nicht herunterrutschte, auf die Haare legten. Ich fand das widerlich, aber auch der schnodderige Ton, der jetzt vorherrschte, war mir, mit meinem bürgerlichen Elternhaus, zuwider, obwohl ich gar nicht mehr in diesem bürgerlichen Elternhaus lebte.

Einmal, als die Kinder in der Pause besonders laut tobten, beschimpfte uns der Lehrer, natürlich selbst Jude, daß es hier wie in einer Judenschule zugehe. Aber wir *waren* ja eine Judenschule. Warum uns im engen jüdischen Kreis noch weiter erniedrigen, wenn die arische Umwelt es tagtäglich mit Erfolg tat? (Übrigens schreibe ich dieses Wort »arisch« absichtlich nicht in Anführungsstrichen. Es wurde damals nur selten ironisch ausgesprochen.) Und obwohl ich mich in meiner unbelesenen, proletarischen Umgebung als Außenseiterin gefühlt hatte, so war ich plötzlich ganz auf seiten der gedemütigten Kinder und gegen den Lehrer. Ein Getretener hatte die Tritte weitergegeben an noch Schwächere. Ich hatte ihn bis dahin ein wenig angehimmelt, wie kleine Mädchen es gerne mit ihren Lehrern tun. Das änderte sich jetzt schlagartig, die Selbstverachtung der Juden war nichts für mich, ich hatte auf das Gegenteil gesetzt, aufs selbstbewußte Judentum. Was er da gesagt hatte, war auf derselben Ebene wie Tante Rosas Behauptung, daß die schlecht erzogenen Kinder Risches machen.

Bald darauf habe ich, mit Genehmigung meiner Mutter, aufgehört, die Schule zu besuchen. Ich hatte mich zu Hause regelmäßig beschwert über die Sinn- und Trostlosigkeit dieser Anstalt, die immer weniger zu bieten hatte, von den Strapazen des Schulwegs zu schweigen. Eine Zeitlang, nachdem ich die Schule verlassen hatte, erhielt ich noch private Englischstunden von einer gebürtigen Engländerin, die die Nazis bewunderte und die mir dementsprechend verhaßt war. Wie aber, fragt mich ein jüngerer Freund, konnte meine Mutter überhaupt darauf kommen, eine Nazisympathisantin als Hauslehrerin anzustellen? Ich antworte, es war nicht so leicht, Nazis von Nichtnazis wie Kraut von Rüben zu unterscheiden. Überzeugungen waren ungefestigt, Stimmungen schwankten, Sympathisanten von heute konnten schon morgen Gegner sein und umgekehrt. Meine Mutter meinte, der schöne britische Akzent sei die Hauptsache und die politischen Ansichten meiner Lehrerin gingen mich nichts an, ich könnte so oder so was von ihr lernen: Sie hatte unrecht, der Lehrerin war das Judenmädel nicht angenehmer als sie es mir war, diese Stunden waren eine einzige Quälerei aus gegenseitiger Abneigung. Was immer ich lernte, hab ich bis zur nächsten Stunde prompt vergessen, mit einer Gründlichkeit, die einer Penelope Ehre gemacht hätte.

Inbegriff des Straßenkindes in meiner Schulzeit war mir eine gewisse Liesel, die ein paar Jahre älter als ich und körperlich viel entwickelter war, sich mit ihrem Wissen in Sachen Menstruation und Sexualität brüstete und daraus Anspruch auf Überlegenheit ableitete. Den hatte sie sowieso, denn sie war in einer höheren Klasse und war daher, in der unumstößlichen Hierarchie der Schule, Respektperson für die Jüngeren. Sie wußte, daß ich Gedichte schrieb und die Klassiker las, und sie ließ keine Gelegenheit verstreichen, sich über mich lustig zu machen. »Du kannst doch das und das auswendig. Sag's auf.« Ich ging ihr erfreut auf den Leim und rezitierte. Dann verzog sich ihr Mund zu einem höhnischen Grinsen, weil sie etwas aus dem Text herausgelesen hatte, was den Versen eine unanständige Nebenbedeutung gab, was *mich* wieder unglaublich verletzte. Ihre Mutter war tot, ihr Vater arm und ungebildet. Wie sehr sie diesen Vater liebte, sollte ich noch erfahren. Auch daß sie aus dieser ganzen Schulzeit der Mensch ist, der den tiefsten Eindruck auf mich hinterlassen hat.

## 3.

Ich kenne die Stadt meiner ersten elf Jahre schlecht. Mit dem Judenstern hat man keine Ausflüge gemacht, und schon vor dem Judenstern war alles Erdenkliche für Juden geschlossen, verboten, nicht zugänglich. Juden und Hunde waren allerorten unerwünscht, und wenn man doch einen Laib Brot kaufen mußte, dann betrat man den Laden an dem Schild vorbei, auf dem zu lesen war: »Trittst als Deutscher du hier ein, / Soll dein Gruß Heil Hitler sein.« Kleinlautes »Grüß Gott« meinerseits, die Bäckerin grußlos, nur ein grobes »Was willst du?« Ich war immer erleichtert, wenn die beiden schlichten Grußworte auf ein Echo stießen und meinte, wohl mit Recht, es läge auf arischer Seite ein leiser, aber deutlicher Protest darin, etwa: »In Gottes Hand begeb ich mich, nicht in Hitlers«.

Was alle älteren Kinder in der Verwandtschaft und Bekanntschaft gelernt und getan hatten, als sie in meinem Alter waren, konnte ich nicht lernen und tun, so im Dianabad schwimmen, mit Freundinnen ins Urania-Kino gehen oder Schlittschuh laufen. Schwimmen hab ich nach dem Krieg in der Donau gelernt, bevor sie verseucht war; aber nicht bei Wien, auch Fahrrad fahren anderswo, und Schlittschuhlaufen nie. Letzteres hat mir besonders leid getan, denn ich hatte es gerade ein paarmal wackelnd ausprobiert, da war es aus damit. Sprechen und lesen kann ich von Wien her, sonst wenig. An judenfeindlichen Schildern hab ich die ersten Lesekenntnisse und die ersten Überlegenheitsgefühle geübt. Jüngere als mich gab es zufällig nicht in diesem Kreis, ich war die Jüngste und daher die einzige, die nicht in ein sich erweiterndes Leben hineinwachsen konnte, die einzige, die nicht im Dianabad schwimmen lernte, und die einzige, die die österreichische Landschaft nur den Namen nach kannte: Semmering, Vorarlberg, Wolfgangsee. Namen, die vom Nichtkennen her noch idyllischer wurden. Wie eine volle Generation lag es zwischen mir und den Cousins und Cousinen und noch heute zwischen mir und den Exulanten aus Wien, die sich dort einmal frei bewegt haben. Alle, die nur ein paar Jahre älter waren, haben ein anderes Wien erlebt als ich, die schon mit sieben auf keiner Parkbank sitzen und sich dafür zum auserwählten Volke zählen durfte. Wien ist die Stadt, aus der mir die Flucht nicht gelang.

Dieses Wien, aus dem mir die Flucht nicht geglückt ist, war ein Gefängnis, mein erstes, in dem ewig von Flucht, das heißt vom Auswandern, die Rede war. Ich sah uns sozusagen immer auf dem Sprung und im Begriff abzureisen, mit gepackten Koffern eher als für die nächsten Jahre gemütlich eingerichtet. Ich konnte mir daher auch keine Gewohnheiten leisten, und wenn ich mich langfristig auf etwas freuen wollte, wie zum Beispiel auf das kontinuierliche Lesen der Kinderzeitschriften »Der Schmetterling« und »Der Papagei«, so korrigierte ich diese Vorfreude gleich mit der Hoffnung, noch vor der übernächsten Nummer in einem anderen Land zu sein.

Ich war im September 1937 eingeschult worden, kurz vor meinem sechsten Geburtstag, ein halbes Jahr vor Hitlers Einmarsch. Vorher war wenig, außerhalb der Familie. Einmal sind wir im Auto nach Italien gefahren, auf Sommerfrische, und als wir über der Grenze waren, mußten wir auf der anderen Straßenseite weiter, wie komisch, denn in Österreich fuhr man bis Hitler auf der linken Seite. Damals gab es noch keinen Stau auf den Landstraßen, und als weiter südlich auf einer einsamen, staubigen Straße ein Auto mit dem Kennzeichen Österreichs an uns vorbeifuhr, haben wir alle wie die Irren gewinkt. Und die haben ebenso zurückgewinkt. Aber die kennen wir nicht. Zu

Haus hätten wir denen nicht gewinkt. Ich war entzückt von der Entdeckung, daß Fremde in der Fremde sich begrüßen, weil sie anderswo zur selben Gemeinschaft gehören. Ich bin aus Österreich (wo man auf der richtigen Straßenseite fährt und deutsch spricht). Das stimmt, das gilt, das ist, wie mir hier in Italien aufgeht, ein Satz, der mich beschreibt. Ich sollte bald eines Besseren belehrt werden, aber nicht sogleich.

Als ich nach dem ersten Schultag aus dem Schultor kam, wo alle Eltern zu ihren Kindern drängten, sah ich meinen Vater zunächst gar nicht. Er stand ganz hinten, angelehnt an ein Gitter, noch keine vierzig war er damals. Mein Gott, ich bin so viel älter geworden als er je war. Als ich ihn vorwurfsvoll fragte, warum so weit vom Eingang, denn mir waren ja schon die Tränen gekommen, weil niemand mich abholte, erwiderte er: »Warum sich drängen? Wir hab'n ja nix zu versäumen.« Da schien er mir der Vornehmste von allen, und die anderen Eltern mit ihren Ellbogen waren ordinär. Ich nahm ihm versöhnt das Stanitzel, österreichisch für Tüte, mit den Bonbons ab, legte meine Hand in seine und ging sehr zufrieden mit ihm nach Hause.

Ungefähr ein Jahr später gingen wir wieder Hand in Hand durch die Straßen. Wir wohnten im 7. Bezirk, Neubau. Es war im November '38. Auf der Mariahilferstraße hat er mir die zerbrochenen Fenster der Geschäfte gezeigt, fast schweigend, nur immer mit kurzen Hinweisen: »Da kann man jetzt nicht mehr einkaufen. Das ist geschlossen, du siehst ja. Warum? Die Leut, denen das gehört, sind Juden wie wir. Darum.« Ich, voller Schreck und Neugier, hätte gern weitere Fragen gestellt, und gleichzeitig spürte ich, daß er vielleicht selbst nicht weiter wußte, und prägte mir das Gesagte ein. (Siehst du, ich weiß es noch.)

Ich hab zwei Photos von ihm, das eine ist auf seinem Studentenausweis, da sieht er jung und draufgängerisch aus. Das war die Zeit, als er um meine Mutter warb, er ein mittelloser Medizinstudent, in einer Stadt, wo es zu viele Ärzte gab, und sie die Tochter eines wohlhabenden Ingenieurs und Fabrikdirektors. Ihr Vater gab sie dann auch einem anderen, einer besseren Partie. Aus den Büchern von Arthur Schnitzler, der zehn Tage vor meiner Geburt in Wien gestorben ist (das ist mir wichtig, er ist ein Ahnherr, ich denk mir, der hat mir sein Wien vermacht), weiß ich gewissermaßen mehr über meine Eltern als aus der Erinnerung. Der »andere« war ein Langweiler, ein Pedant und geizig, so die Familientradition. Meine Eltern, junge Menschen aus Arthur Schnitzlers Welt, der Student und die Frau des geizigen Pedanten, hatten eine Liebesaffäre, die sich zwischen Wien und Prag abspielte, zwei Städte, zwischen denen man damals leicht hin- und herpendeln konnte, und nachher nicht mehr, und erst sozusagen seit vorgestern wieder. Eine unerreichbare Stadt schien mir Prag, einige Jahre später, nur von den Beschreibungen meiner Mutter bekannt, als es galt, ihren Sohn, meinen Halbbruder Jiři, auf deutsch Georg, auf österreichisch Schorschi, von Wien aus in Prag abzuholen. Was nicht gelang.

Meine Mutter ließ sich scheiden, ein ungewöhnlicher Schritt, ihr Vater verzieh ihr und versorgte sie noch für die zweite Ehe. Mein Bruder, das Kind dieser Schnitzlernovelle mit Werfelschem oder Zweigschem Einschlag, kam also von Prag nach Wien mit unserer Mutter, die nun endlich ein paar Jahre lang das haben sollte, was sie sich gewünscht hatte, den feschen Medizinstudenten aus armer Familie, diese eher von Joseph Roth, neun Kinder, die Mutter Witwe. Er, mein Vater, das siebte Kind und der einzige, der studiert hatte, war inzwischen Arzt geworden, jetzt bekam er noch eine Frau mit Mitgift dazu, nach einem Jahr ein Kind. Zwar ein Mädchen, aber immerhin. Es ging ihnen gut.

Mein Gedächtnis setzt ein. Mein Halbbruder, der sechs Jahre älter war, hat eine Taschenlampe gehabt, die konnte man unter der Decke anschalten, da wurde es hell unter der Decke, so daß man alle Gegenstände genau sehen konnte, obwohl im Zimmer das große Licht aus war (ein strafbares Spiel, wohl weil man es in Sigmund Freuds Stadt nicht gern sah, wenn Bruder und Schwester kuschelten); hat Jules Verne auf dem Klo gelesen, wenn er in die Schule sollte, da gab's Krach; hat mit seinen Freunden Winnetou und Old Shatterhand gespielt, da durfte ich höchstens als Winnetous Schwester, die Blume der Prärie, vor dem Zelt sitzen (nicht sehr ergiebig, aber besser als nichts); hat sich in Großvaters Garten als patriotischer Tscheche zu Ehren Masaryks geschlagen, gegen die Behauptung der gleichaltrigen Österreicher, Schuschnigg sei besser; hat ein Fahrrad gehabt, ich nicht; hatte tschechische Kinderbücher, die er tatsächlich lesen konnte (als er schon weg war, blätterte ich manchmal darin, wunderte mich über die kringeligen Akzente und staunte über Schorschis Geheimwissen); hat sich öfters über mich geärgert und gelegentlich mit mir gespielt.

Ja, und das ist schon alles. Das andere ist Hörensagen. Er war mein erstes Vorbild und wohl das einzige uneingeschränkte. So wie er wollte ich werden, soweit das ein Mädel halt konnte. Eines Tages war er weg.

Meine Mutter ging mit verweinten Augen herum und schimpfte auf ihren Verflossenen, »den Mendel«, der den Buben von den Ferien nicht hatte zurückkommen lassen. Ein Gericht in Prag hatte ihr das Sorgerecht genommen und es auf Schorschis Vater übertragen. Der Grund: die deutsche Erziehung, die diesem kleinen tschechischen Juden angeblich in Wien zuteil wurde. Meine Mutter: »Nach 1918 wurden die Juden tschechischer als König Wenzeslaus seinerzeit höchstpersönlich.« Der Nationalismus schlug den kleinen Jungen und das kleine Land wie eine der ägyptischen Plagen. Daß Schorschi in Großvaters Garten mit seinem Masaryk den richtigen Helden gehabt hatte gegen Schuschnigg, den umstrittenen Anschluß-Kanzler, freut mich zwar im nachhinein, ist aber reiner Zufall gewesen. Den Buben ging es bei ihrer Parteinahme einzig um die Bodenständigkeit, die sie zu besitzen glaubten.

Es war mein erster großer Verlust. Ich war fassungslos. Ich verlor nicht nur einen geliebten Verwandten, sondern auch eine Rolle: kleine Schwester. »Er kommt wieder«, trösteten die Eltern. »Man muß warten lernen.«

Wenn man lang genug wartet, dann kommt der Tod. Man muß fliehen lernen. Einmal in einer Wiese voll blühendem Löwenzahn hast du aus Spaß gesagt, »Susi schau, da sind Löwen, die wer'n uns beißen.« Da sind wir gelaufen, bis wir atemlos waren, und geschrien haben wir vor »Angst« und uns nachher gekugelt vor Lachen. Du, wir hätten gar nicht aufhören sollen zu rennen; dieses herrliche Spiel mit der Flucht vor Gefahr.

Meine Mutter, später, »Wenn du nicht gewesen wärst, hätt ich ihn ja gerettet. Ich konnt dich doch nicht allein in Wien lassen und ihn holen.« Aber was war denn ihr Plan? Worauf hat sie denn gewartet? Will sie seinen Tod auf mich abwälzen, meint sie, die Scheidung sei ein Fehler gewesen, und hat deshalb ein schlechtes Gewissen? Und doch, vielleicht stimmt es.

## 4.

Im März 1938 lag ich mit einer Halsentzündung und einem nassen Halsumschlag im Bett. Unten auf der Straße schrien Chöre von Männerstimmen. Was geschrien wurde, läßt sich in den Geschichtsbüchern nachlesen. Mein Kindermädchen murrte: »Wenn die da unten heiser wer'n, so kriegen's von mir keinen Kamillentee«, als sie mir welchen brachte. In den nächsten Tagen tauchten die ersten deutschen Uniformen auf den Straßen auf. Die sie trugen, sprachen deutsch, aber nicht wie wir, und anfänglich glaubte ich noch, die gehören nicht so hierher wie ich. Mein Vater brachte vergnügt das neue Geld nach Hause und zeigte es mir. Also von jetzt ab keine Schillinge und Groschen, sondern Mark und Pfennige. »Die können es nicht einmal richtig aussprechen, die sagen ›Fennig‹, und wenn sie Groschen sagen, so meinen sie zehn ›Fennige‹.« Letzteres wollte ich nicht glauben, denn wie konnte jemand zwischen eins und zehn nicht unterscheiden? Wir hatten Spaß an den neuen Münzen, er und ich, er am Erklären, ich, weil sie glänzten und anders waren. Das war, wie wenn mein Bruder, frisch von Prag, seine Taschen leerte und dann ratlos vor seine'm tschechischen Kleingeld stand, nicht recht im klaren darüber, wieviel es in Wien wert war. Meine Mutter fand, es sei ein Skandal, sich in solchen Zeiten so kindisch zu vergnügen. Ich verstand das nicht genau und fragte mich, ob sie recht hatte (ihre Besorgnis schien echt) oder ob sie uns nur den Spaß verderben wollte. Denn das tat sie manchmal.

Mein Vater hatte diese Art. Er ließ sich die gute Laune nicht so leicht austreiben. Anfänglich kamen noch arische Frauen an die Tür zur Behandlung. Denen mußten wir sagen, er dürfe von nun an nur noch Jüdinnen behandeln. Dann wurde es Mode unter den Juden, die ins Ausland wollten, ein neues Gewerbe zu lernen. Mein Vater lernte Würste machen. Wir aßen seine Lehrlingswürste und machten schnöde Bemerkungen über ihre Asymmetrie. Er erläuterte am Mittagstisch, wie man die Füllung in die Därme stopft, und ich verschluckte mich vor Lachen. Kein Mensch war so witzig wie mein Vater.

Er muß sich die ganze Welt so vorgestellt haben wie Wien, wie sein Wien. Er dachte, es gebe überall zu viele Ärzte, zu viele Spezialisten. Nach Indien hätte er auswandern können, dort gab es einwandfrei nicht zu viele Ärzte. Doch dort sei das Klima unerträglich, »Indien ist mir zu heiß«. Wahrscheinlich war es ihm einfach zu fremd, eingefleischter Wiener, der er war. Denn was die Hitze betrifft, so hatte er schon Jahre vor dem Anschluß verkündet: »Wir sitzen mit dem

Toches [Hintern] auf einem Pulverfaß.« Einen seiner angeheirateten Cousins hat er auf Umwegen nach Palästina geschickt. Kurz bevor der in Haifa starb, war er meinem Vater immer noch dankbar für den guten Rat, die gute Laune und die Hilfe.

Nicht los werde ich den Impuls, ihn zu feiern, eine Zeremonie, eine Totenfeier für ihn zu finden oder zu erfinden. Doch Feierlichkeiten sind mir suspekt, lächerlich, und ich wüßte auch nicht, wie ich es anstellen sollte. Bei uns Juden sagen nur die Männer den Kaddisch, das Totengebet. Mein immer freundlicher Großvater, den ich mir nur mit ausgestreckten Armen und Taschen voller Geschenke denken kann, soll mit gespielter Trauermiene zu seinem Hund gesagt haben: »Du bist der einzige hier, der Kaddisch für mich sagen kann.« Vor seinen Töchtern hat er so mit seinem Hund gesprochen, und meine Mutter hat mir das unkritisch erzählt, hat die Herabsetzung hingenommen, wie es sich für jüdische Töchter schickte. Es war ja humorvoll gemeint. Wär's anders und ich könnte sozusagen offiziell um meine Gespenster trauern, zum Beispiel für meinen Vater Kaddisch sagen, dann könnte ich mich eventuell mit dieser Religion anfreunden, die die Gottesliebe ihrer Töchter zur Hilfsfunktion der Männer erniedrigt und ihre geistlichen Bedürfnisse im Häuslichen eindämmt, sie zum Beispiel mit Kochrezepten für gefilte fish abspeist.

Du unterschätzt die Rolle der Frau im Judentum, sagen mir die Leute. Sie darf die Sabbatkerzen anzünden am gedeckten Tisch, eine wichtige Funktion. Ich will keine Tische decken und Sabbatkerzen anzünden, Kaddisch möchte ich sagen. Sonst bleib ich bei meinen Gedichten.

Und warum willst du Kaddisch sagen? fragen mich dann die Leute erstaunt. Bist doch sonst nicht aufs Beten versessen und raufst dir auch die Haare nicht in der Öffentlichkeit. Ja, aber die Toten stellen uns Aufgaben, oder? Wollen gefeiert und bewältigt sein. Gerade die Deutschen wissen das, denn sie sind doch ein Volk von Bewältigern geworden, denen sogar ein Wort für diese Sache einfiel, das von der Vergangenheitsbewältigung.

Also wie soll ich ihn feiern? Beim Namen kann ich ihn nennen, das ist schon alles. Viktor hieß er. Auf dem kleinen Schild unten am Haus stand »Frauen- und Kinderarzt« und darüber Doktor Viktor Klüger, und ich fand die Verdoppelung der Silbe »tor« lustig, als ich sie zum ersten Mal richtig lesen konnte. Die Erwachsenen fanden das nicht komisch, was mich erstaunte, wie so oft, diese Diskrepanz der Wahrnehmungen.

Mein Vater hat immer Geld hergegeben, sagt meine Mutter. Wem hat er Geld gegeben? Manchmal sogar seinen Patienten, behauptet sie, aber vor allem seiner Familie. Die waren ja alle arm. Meine deutschen Bekannten sagen: Die Juden haben alle Geld gehabt, die waren wohlhabend. Außer den Armen. Wie meine Freundinnen in New York. Wie die Geschwister meines Vaters. Wie meine Klassenkameraden, nachdem die wohlhabenden Juden ausgewandert waren, in Länder, wo der Sozialdarwinismus seine Spuren hinterlassen hatte und wo der reiche Jude stets der bessre Jude war. (Seit wann kenn ich eigentlich den »Nathan«? Schon damals?) Warum hab ich mein Lebtag lang so viel arme Juden gekannt, wenn es so viel reiche geben soll?

Mein ältester Sohn hätte so heißen sollen wie mein Vater, nach jüdischem Brauch heißen die Kinder nach den Toten. Aber im neunten Schwangerschaftsmonat, und ich war noch sehr jung, da war es mir unheimlich, ein Kind nach dem so elend Ermordeten zu nennen, und der Name selbst war wie ein Spott: der ein Sieger? Und so gaben wir dem Neugeborenen einen für uns unbedeutenden englischen Namen. Manchmal kommt mir das wie ein Verrat vor. Und vielleicht wollte ich ihm tatsächlich den an mir begangenen Verrat heimzahlen, nämlich daß er wegfuhr und mich nicht mitnahm und nicht zurückgekommen ist, indem ich ihm ein Weiterleben in den Enkeln verweigerte. Denn auch mein zweiter heißt nicht nach ihm.

Die Generation meines Vaters hat sich traditionsgemäß nicht viel mit kleinen Kindern beschäftigt. Meine Mutter behauptet zwar, er sei von Anfang an vernarrt in mich gewesen, aber ein solches Bild gehört auch zur Konvention. Ich weiß es besser. Als ich lesen gelernt hatte, begann ich, ihn ein wenig zu interessieren. Er brachte mir ein paar Bücher aus der städtischen Bibliothek, und einmal nahm er mich in eine Buchhandlung mit, wo ich mir etwas aussuchen durfte. Ich wählte das dickste Buch unter denjenigen, die zur Wahl standen, ein Auswahlkriterium, das er anerkennenswert fand. Jüdische Sagen, es wurde ein Lieblingsbuch. Beim Turmbau zu Babel warf Gott verschiedenfarbige Konfetti unter die Menschen, um sie zu den verschiedenen Sprachen und den Mißverständnissen zu verurteilen. Gottes Zorn als ein bunter Karneval des Zufalls.

Schachspielen kann ich von ihm. Er war ein guter

oder zumindest ein begeisterter Schachspieler, und als ich sechs war, hat er mir die Regeln dieser völlig zweckfreien und vielleicht daher so befriedigenden geistigen Betätigung beigebracht. Ich war sehr aufgeregt, mit ihm im »Herrenzimmer« vor dem Brett sitzen zu dürfen, und gab mir alle erdenkliche Mühe, mir die Züge zu merken und das Gelernte richtig anzuwenden. Nach den ersten paar Sitzungen hat er es gelangweilt aufgegeben, weil ich ihm nicht genügend talentiert war, was er auch offen kundgab. Ich war enttäuscht, und was ärger war, mich quälte der Gedanke, ihn enttäuscht zu haben. Und doch hat mir das Spiel, in dem ich es tatsächlich nie weit gebracht habe, im Lauf der Jahre viel Vergnügen gebracht. Es gab sogar Wochen (Monate doch wohl nicht), in denen ich ein wenig (doch nicht völlig) besessen davon war, mir auch Schachbücher anschaffte und Meisterspiele studierte. Dahinter stand dieses an den Vater gerichtete: »Siehst du, du hast deine Zeit doch nicht verschwendet. Nichts hab ich vergessen, sogar noch dazu gelernt hab ich, wenn ich's auch halt nicht so gut kann, wie du es erwartet hast.« Dieses ›Siehst du.‹ Neulich hab ich sogar versucht, gegen einen Computer zu spielen, und dachte wieder einmal an ihn: diese Computerspiele, das hätte er unter Umständen noch erleben können.

Aber ich hab ihn auch gefürchtet, meinen Vater. Da war die Geschichte mit der Schreibmaschine. Sie stand auf seinem Schreibtisch, und einmal hatten meine Cousine und ich die Idee, daß wir sie zu irgendeinem Spiel gut verwenden könnten. Die Cousine war etwa vierzehn, ich wohl sieben. Er war nicht zu Hause, wir holten sie uns einfach, die Cousine in voller Zuversicht, der joviale Onkel werde schon nichts dagegen haben. Doch als der Onkel nach Hause kam, war er böse auf uns und sehr schroff. So eine Maschine sei nichts für Kinder. Ich hab seine üble Stimmung ernst genommen, wie alles von ihm, und dachte, wir hätten uns schwer vergangen. Den ganzen Abend hab ich gezittert und den verärgerten Ausdruck in seinem Gesicht ein halbes Jahrhundert nicht vergessen. Meine Mutter hab ich einmal gefragt, warum ihm wohl so viel daran lag, daß wir das Ding nicht berührten, wo man doch weiß Gott an einer mechanischen Schreibmaschine (es war Jahre vor der Zeit der elektrischen) nichts kaputtmachen kann. »Er kam eben aus kleinen Verhältnissen, und solche Anschaffungen waren wertvoll für ihn«, war ihre hochnäsige Erklärung. Es war nach dem Anschluß, kurz bevor mein Vater verhaftet wurde, und er war sicher dünnhäutiger als sonst, ich vielleicht auch. Und doch nehm ich ihm seine kleinliche Haltung übel. Das war nicht nötig, denke ich, wie ich jetzt, in diesem Moment, in unserer ihm Sternenfernen elektronischen Welt, an meinem Computer sitze, und ertappe mich dabei, »siehst du« zu ihm zu sagen. Siehst du, ich pfeif auf deine alte Schreibmaschine, ich hab was Besseres. Und laß dir gesagt sein, auch Kinder dürfen da ran, wenn da eins kommt und sehen will, wie so ein Computer funktioniert. (Dreht sich mein Leben im Kreis? Leb ich trotz aller Umzüge noch immer im 7. Bezirk?)

Ich erzähle diese Kindereien, weil sie alles sind, was ich von ihm habe, und obwohl ich sie beim besten Willen nicht zusammenbringe mit seinem Ende; weil ich mich, ohne in ein falsches Pathos zu geraten, nicht umstellen kann, auf das, was ihm geschehen ist.

Aber auch nicht loslösen kann. Für mich war mein Vater der und der. Daß er schließlich nackt im Giftgas krampfhaft nach einem Ausgang suchte, macht alle diese Erinnerungen belanglos bis zur Ungültigkeit. Bleibt das Problem, daß ich sie nicht durch andere ersetzen und auch nicht löschen kann. Ich bring's nicht zusammen, da klafft etwas.

Ja, sagen die Leute, wir sehen ein, daß das ein Schlag für dich gewesen ist, und bedauern dich auch, wenn du das wünschst. Nur das kognitive Problem sehen wir nicht. Dein Vater hat ein normales Leben geführt und ist leider eines unnatürlichen Todes gestorben. Traurig – aber wo liegt die Schwierigkeit?

Die liegt in der Diskrepanz der Affekte. Da ist einerseits die Rührung, die wir gegenüber den Menschen unserer Kindheitserinnerungen haben, die nicht viel Höheres ist als Eigenliebe, Liebe zu den eigenen Wurzeln. Sie läßt sich belegen in der Art, wie ich eben, auf den vorhergehenden Seiten, über ihn, das heißt meinen Vater, und auch über meinen Bruder, geschrieben habe, genüßlich abstaubend, was in der Rumpelkammer noch vorhanden war. Zu Schorschis Taschenlampe hätte ich noch sein Taschenmesser hinzufügen können, das sich nach Kriegsende unversehrt auffand und das ich dann jahrelang mit mir als Memento herumschleppte. (Weiß Gott, bei welchem Umzug ich es verloren hab!)

Von Menschen, die wir lieben und kennen, haben wir doch ein Bild, das in einen geistigen Rahmen paßt und nicht in ein Dutzend Momentaufnahmen zersplittert. Ich sehe meinen Vater in der Erinnerung höflich den Hut auf der Straße ziehen, und in der Phantasie sehe ich ihn elend verrecken, ermordet von den Leuten, die er in der Neubaugasse begrüßte, oder doch von ihresgleichen. Nichts dazwischen. Und wir haben einen Ton, in dem wir über einen uns bekannten Lebenslauf sprechen, ohne dem Anfang das Ende vorzuenthalten. Zu diesem Zweck schaffen wir Voraussetzungen und setzen Warnsignale. Ich versuche das hier, und es gelingt nicht, weil das Gedächtnis auch ein Gefängnis ist: man rüttelt umsonst an den in der Kindheit geprägten Bildern. Wie bei jener Zeichnung, die man sowohl als Ente oder als Geldbörse sehen kann, aber nicht als beides gleichzeitig, und an der sowohl der Kunsttheoretiker Gombrich wie der Philosoph Wittgenstein ihre Freude hatten, kann ich die richtigen Gefühle für den lebenden oder für den sterbenden Vater aufbringen, aber sie vereinigen für die eine, untrennbare Person kann ich nicht.

So verführen gerade die genauesten Erinnerungen zur Unwahrheit, weil sie sich auf nichts einlassen, was außerhalb ihrer selbst liegt, und den auf ein später entwickeltes Urteil und weiteres Wissen gegründeten Gedanken stur ihre eigene Beschränktheit entgegensetzen und daher auch keine kommensurablen Gefühle aufkommen lassen. Keine Notwendigkeit hält diese disparaten Vaterfragmente zusammen, und so ergibt sich keine Tragödie daraus, nur hilflose Verbindungen, die ins Leere stoßen oder sich in Rührseligkeit erschöpfen.

Ich kann's nicht besser machen und versuche vor allem, dieses, wie mir scheint, unlösbare Dilemma am Beispiel meiner eigenen Unzulänglichkeit zu demonstrieren. Mein Vater ist zum Gespenst geworden. Unerlöst geistert er. Gespenstergeschichten sollte man schreiben können.

## 5.

Ich erzähle ungern, was ich nur vom Hörensagen weiß. Mein Vater wurde verhaftet, die Beschuldigung Abtreibung. Meine Mutter: »Sie war arm und jung, und er hat Rachmones [Mitleid] mit ihr gehabt. Sie hat ihn angefleht. Dann hat ihn jemand angezeigt.« Er hat damals mehreren Frauen die Schwangerschaft unterbrochen. Wer wollte schon Kinder zu solcher Zeit? Auch meiner Mutter, also sein eigenes Kind. Das wäre ein Bub geworden, »und er war tagelang traurig«, sagt sie. Die SS hat ihn verhaftet, sagt sie, nicht die Polizei, und er war in keinem Lager, sondern im Gefängnis. Meine Mutter wurde aktiv. Sie fand einen Anwalt, »der äußerlich ein Nazi war, aber innerlich nicht. Geld hat er auch genommen.« Ein Parteimitglied aus Opportunismus.

Sie hatte sich verpflichtet dazubleiben, bis sie die Reichsfluchtsteuer gezahlt hatte. Das Reich wollte Entschädigung, wenn die Staatsbürger, die es hinauswarf, auch wirklich gingen. Dazu fällt mir das DDR-Wort »Republikflucht« ein: Der Mensch ist dem Staat leibeigen. Das Gegenteil heißt, staatenlos sein. Das heißt, obwohl du geboren bist, darfst du eigentlich nirgendwo leben. Das sind geläufige Alternativen meiner Generation. Mein Vater mußte innerhalb einer Woche das Land verlassen und fuhr ins benachbarte Italien. Meine Mutter hatte ihm mit ihrem Versprechen die Ausreise ermöglicht. Aber sie konnte das Geld nicht auftreiben, denn der Grundbesitz war beschlagnahmt worden und die Bankkonten gesperrt. So blieben wir stecken, und er konnte fliehen. Und doch haben wir es überlebt und er nicht. Diese Geschichte dreht sich im Kreis, und je länger man sie erzählt, desto sinnloser wird sie.

Mein Vater kam also zunächst aus der Gefangenschaft wieder nach Hause. Wir hatten inzwischen umziehen müssen, wohnten im 13. Bezirk, Hietzing, in dem Haus, das meinen verstorbenen Großeltern gehört hatte, und teilten die Wohnung mit Tante und Onkel meiner Mutter. Es war 1940, wir waren schon im Krieg. Ich erinnere mich übrigens nicht an den Kriegsausbruch. An den Tag der Invasion der Tschechoslowakei, fast genau ein Jahr nach dem Anschluß, erinner ich mich dagegen genau: ein Cousin kam damit auf meine Mutter zugestürzt, mit der freudigen Erregung von Kindern, die schlechte Nachrichten, für die sie aber nichts können, überbringen dürfen. Die Erwachsenen sprachen davon, daß ein Krieg bevorstehe, und als ich einmal sagte, »Wenn der Krieg kommt«, belehrte man mich, daß wir den Krieg schon hätten, und ich schämte mich, so ein Dummerl gewesen zu sein. Das erste Ereignis überschattet wohl das zweite, weil ich mir unter Krieg noch nichts Richtiges vorstellen konnte, außer Kämpfen, und in meinem Wien wurde ja nicht gekämpft. Indessen konnte ich mir sehr wohl vorstellen, daß die Deutschen nun auch beim Schorschi waren. Mir hatten die Erwachsenen erzählt, der Papa sei verreist, aber es war nicht glaubwürdig, ich hatte ja Ohren, so daß ich daran herumrätselte, beunruhigt. Man konnte ihnen nicht trauen. Sie bestanden darauf, daß man ihnen die Wahrheit, auch über Kleinigkeiten, sagte, und sie selbst logen unbekümmert drauflos, sogar in drastischen Fällen wie diesem. Die offizielle Lüge machte es mir unmöglich, mich durch Fragen zu informieren, bis sie mit der Rückkehr meines Vaters ohne Entschuldigung aufgehoben wurde.

Es gab ein großes Mittagessen, mit viel Familie, und ich hatte meine beste Freundin eingeladen, um ihr meinen aus dem Gefängnis zurückgekehrten Vater zu zeigen. Er sprach mit den Erwachsenen, alles hörte auf ihn, und ich wollte seine Aufmerksamkeit. Ich wollte da sein für ihn, wahrgenommen werden, Kontakt aufnehmen. Da wurde ich ihm zu aufdringlich, und er hat mich vor der Freundin, die entsetzt zusah, gewaltig verprügelt und dann eingesperrt. Oder vielleicht nur ausgesperrt aus dem Eßzimmer. Die Freundin wußte nicht, was sie sagen und wohin sie schauen sollte, ich auch nicht. Das ist der letzte starke Eindruck, den er hinterlassen hat: Schrecken, Gewalt, ein Gefühl von erlittenem Unrecht und Erniedrigung. Unkorrigierbar sind die aus der Erinnerung gespeisten Gefühle. Ist es nicht etwa so, daß ich ihm seinen Tod verüble, weil das geschlagene Kind keine Gelegenheit mehr hatte, sich mit ihm zu versöhnen? Als hätte sein unfertiges Leben keinen anderen Sinn gehabt, als sich mein achtjähriges Gegreine anzuhören oder meine nachträglichen Erklärungen, Entschuldigungen hinzunehmen.

Im Gefängnis hatte er das Buchenwaldlied gelernt: »Oh Buchenwald, ich kann dich nicht vergessen, / Weil du mein Schicksal bist. / Wer dich betreten, kann es erst ermessen / Wie wunderbar die Freiheit ist.« In den KZs wurde keine große Lyrik verfaßt. Wäre es anders, so könnte man behaupten, diese Lager wären doch zu etwas gut gewesen, etwa zu einer Läuterung, die große Kunst zur Folge hatte. Sie waren jedoch zu nichts gut. – Ich eignete mir sofort die Worte des Lieds an.

Mein Vater hat seine Abreise noch mehrere Tage hinausgezögert. Dann stand er an meinem Bett vor dem Einschlafen und verabschiedete sich. Ich war noch ganz unter dem Eindruck des vorhergegangenen Strafgerichts. Ich konnte mir nicht vorstellen, daß er mich wirklich ungern verließ, und ich hatte Angst vor ihm. Das ist das zweite Photo, das ich von ihm habe. Da sieht er so aus wie an dem letzten Abend, ernst, die Haare schon ein bißchen dünn, an den Schläfen Andeutungen einer Glatze, die er nicht mehr bekommen sollte. Ich hab ihn nicht wiedergesehen.

Meine Mutter hat ihn zum Bahnhof gebracht. Sie sagt, »Er hat sich aus dem Fenster gebeugt und geschrien: ›Alma, Alma, steig ein, so wie du bist, du und das Kind, jetzt, sonst sehen wir uns nie wieder.‹« Das kann nicht stimmen, ich war zu Hause. Sie vergißt, verwechselt, erfindet. Aber ich wollte mitgehen, das stimmt. Und ich dachte, wenn er wollte, so könnte er mich mitnehmen. Aber er will nicht, weil ich mich schlecht benommen hab und weil ich ihm im Weg wär. Er hätte mich auf seinem Paß mitnehmen können, davon war die Rede gewesen, das hab ich dann vergessen und verdrängt, jetzt hat es mir meine Mutter wieder bestätigt. »Viktor hatte dich auf seinem Paß drauf und wollte dich auch gleich mitnehmen.« Und warum hat er's nicht getan? Das sagt sie nicht, wie es auch damals nicht gesagt wurde. Entweder wollte sie mich nicht gehen lassen, oder er wollte mich nicht dabeihaben. Mehr Möglichkeiten gibt es nicht. Und dann durfte ich nicht einmal zum Bahnhof mit. Weil es abends war, und Kinder dürfen nicht so spät auf sein. Das war eine faule Ausrede. Vielleicht hatte meine Mutter Angst, er und ich würden im letzten Moment zusammen in den Zug steigen. Bett war immer so ein Gefängnis. Da mußte man hin, wenn was los war, und ich dachte weinerlich, daß sie einem alles verweigern, auch einfache, bescheidene Wünsche haben sie mir verweigert, man wußte nie, warum sie einem etwas verweigerten.

Meine Mutter sieht meinen Vater als einen schwachen, sensiblen Mann, ich dagegen als einen Menschen mit absoluter und doch falscher Autorität, ein Tyrann von wunderbarer Leuchtkraft, auf den man sich letzten Endes nicht verlassen konnte, denn er ist ja nicht wiedergekommen. Für mich ist er zwiespältig: zornig und undurchdringlich, dann wieder leicht und lustig, und letzte Instanz in allen Fragen. Seine Lebenslust: davon sprechen alle, die ihn kannten. Und seine Fähigkeit, den Tag zu genießen. Sein Bauchlachen: das hör ich noch. Er konnte sich schütteln vor Lachen. Ich lach auch manchmal so, sehr unweiblich oder zumindest nicht wie eine Dame, hab ich mir sagen lassen. Nur wie meines Vaters Tochter, denk ich dann.

Wenn ich mir nur das Gedächtnis meiner Mutter zu eigen machen könnte, um mein eigenes, unvollständiges zu ergänzen und dadurch zur eigenen Vergangenheit durchzudringen. Wenn sie wahrhaftiger wäre; aber sie biegt sich die Welt zurecht, so gut sie's kann. Und doch, immer wieder stell ich ihr Fragen, der alten Frau. Diese Wände der frühen Erinnerungen, wenn ich nur sehen könnte, was in ihrem Kopf spukt, wenn man sich nur nehmen könnte, woran sich eine andere erinnert, ohne die Glättungen und die Beschönigungen, die das Körnige, das Sandige des wirklich Erlebten bis zur Widerstandslosigkeit in der Nacherzählung ausfiltrieren. Ihr Bild ist einheitlich, meines konfus. Sie kannte ihn, ich kaum, so daß er nur ein unverrückbares Gerät in meinem Gedankenhaushalt geworden ist, durchtränkt von Fluten späteren Geschehens, wie ein Möbelstück, das langsam verfault, sich aber nicht wegschieben und schon gar nicht hinauswerfen läßt.

Doch neulich am Telephon, wo sie mich wegen zunehmender Schwerhörigkeit kaum noch versteht, sagte meine sehr alte Mutter unvermutet, mein Vater habe öfters behauptet, er habe keine Ellbogen, er könne sich nicht wehren, nicht drängen oder durchsetzen. Ich horchte auf, die zitierten Worte klangen echt, ein Stück Wirklichkeit. Keine Ellbogen. Da wir alles erforschen, so wissen wir ja jetzt auch genau, wie man in den Gaskammern umgekommen ist. In der letzten Agonie sind die Starken auf die Schwachen getreten, und so waren die Leichen der Männer stets oben, die der Kinder ganz unten. Ist mein Vater auf Kinder getreten, auf Kinder wie mich, als ihm der Atem ausging? Aber er hatte doch keine Ellbogen, und am ersten Schultag stand er ganz hinten, ans Gitter gelehnt. Wer erstickt, hat die Grenzen der Freiheit erreicht und trampelt dann doch auf andere? Oder gibt es auch da Unterschiede, Ausnahmen?

Es ist schon wichtig, wie und wo einem etwas passiert, nicht nur, was einem passiert. Sogar der Tod. Besonders der, besonders die Tode; weil es ihrer so viele gibt, liegt viel daran, welchen Todes man stirbt.

## 6.

Darum habe ich auch jahrelang, nein, jahrzehntelang nicht glauben wollen und können, daß er wirklich vergast worden ist. Er ist zunächst von Österreich nach Italien gefahren. Und dort hat er den Fehler begangen, aus einem faschistischen Land in ein demokratisches zu flüchten, nämlich nach Frankreich. Da haben ihn die Franzosen den Deutschen ausgeliefert. Von dem Sammellager Drancy ist er 1944 nach Auschwitz abtransportiert und wohl sofort nach der Ankunft ins Gas geschickt worden. Mir aber gelang es, diesem Gedanken hartnäckig auszuweichen, indem ich mir einredete, er hätte noch auf dem Transport Selbstmord machen können und es daher auch getan, denn er war doch ein Arzt und hat sicher Tabletten bei sich gehabt. Ein halbes Leben hab ich gebraucht, bis mir klar wurde, daß diese Fabel nur auf dem Mist meiner Wunschvorstellungen gewachsen war. Ich schrieb ihm Gedichte, deutsche und englische, eine Art Exorzismus, oder vielmehr, ich schrieb sie nicht nur, ich verfaßte sie im Kopf, gedächtnisfreundliche Verse, mit denen ich wie mit leichtem Gepäck herumlaufen konnte, die einzelnen Strophen sozusagen auf der Zunge zergehen ließ und immer wieder ein Wort daran verbesserte. Ich zündete Jahrzeitlichter, wie sie auf Jiddisch heißen, für ihn an, Wachs im Wasserglas, die man in Amerika für diesen Zweck, mit papierenem Aufkleber und teils hebräischer Aufschrift, den Zweck verbürgend, im Supermarkt in jeder Gegend, wo es Juden gibt, kaufen kann. Sie sollen 24 Stunden lang brennen und brennen meistens noch länger, ein preisgünstiges, wenn auch verlogenes Sonderangebot für eine, die nicht aus frommer Familie kommt. Alles, um wegzudenken, um abzulenken. Zum Beispiel, aus Kalifornien:

### MIT EINEM JAHRZEITLICHT FÜR DEN VATER

*Gestern abend stöbert' ich durch alte Bilder,*
*Und da fand ich eins von dir als junger Mann.*
*So wie ich dich kannte, nur ein wenig wilder,*
*Sahst du mich vergnügt und höflich an.*
*Wind weht vom Stillen Ozean.*

*Heute morgen hatt' ich noch kein Brot gebrochen,*
*Und ich starrte in mein Wasserglas.*
*Hab als kleines Mädel dir etwas versprochen,*
*Und ich kann mich nicht besinnen, was.*
*Auf den Küstenhügeln wächst ein salzig-braunes Gras.*

*Rollt Erinnerung wie Wolle auf der Spule*
*Zu Kastanienbaum und Straßenbahn.*
*Meine Kinderhand in deiner breiten, kühlen –*
*Doch der Faden bricht in rätselhaftem Wahn.*
*Wind weht vom Stillen Ozean.*

*Dunkel wird's am Ende eines Spieles,*
*Dessen Pfand und Regeln ich vergaß.*
*Ohne dich und schluchzend stolpr' ich ziellos*
*Über Straßen voll zerbrochnem Glas.*
*Auf den Küstenhügeln wächst ein salzig-braunes Gras.*

*Meine Kerze will dein Augenlid berühren,*
*Wenn dein Aug sie auch nicht sehen kann.*
*Blinde Väter barfuß durch die Welt zu führen,*
*Steht sich leider nur für Königstöchter an.*
*Wind weht vom Stillen Ozean.*

*Um verlornes Spielzeug möchte ich dich bitten,*
*Das der Rost mit roten Zähnen fraß.*
*Und ich lauf dir nach mit kurzen Kinderschritten,*
*Der die Zeit mit Siebenmeilenstiefeln maß.*
*Auf den Küstenhügeln wächst ein salzig-braunes Gras.*

*Doch du lachst mich aus und läßt dich nicht mehr stören.*
*Sag, wie lacht man ohne Lippe, Zunge, Zahn?*
*Meine Kerze will dich einmal noch beschwören.*
*Denn was fang ich sonst mit deinem Lachen an?*
*Wind weht vom Stillen Ozean.*

Wenn ich diese Verse jetzt wieder lese, so scheint mir der unreine Reim und der wechselnde Refrain das beste daran. Ich war eines schönen kalifornischen Abends zu einem Spielplatz geschlendert und hatte mich auf eine Schaukel gesetzt. Der Rhythmus meiner Verse, besonders der »Küstenhügel«-Zeile kommt von dem langen Schwung, wenn die Schaukel in Gang ist. Was mir gefällt, ist das bißchen gelungene Technik, nicht das Ausgesagte.

In der fünften Strophe hab ich mich in eine Antigone verwandelt, aber bitte, in eine Antigone in Kolonos, deren Vater gar nicht stirbt, sondern in eine Apotheose steigt. Ich hatte mir einen Tochter-Vater-Mythos gefunden, wo der Vater den Tod nie erleidet. Das war in einer anderen Fassung deutlicher, wo die sechste Strophe das Kolonos des Sophokles so wiederzugeben suchte:

*Fänden du und ich gepflegte Erde,*
*Weinlaub, Efeu und die Fluren naß?*
*Land der Ruder und der Reiter hoher Pferde,*

*Und gezähmte Furien ohne Haß?*
*Auf den Küstenhügeln wächst ein salzig-braunes Gras.*

Diese Strophe hab ich dann gestrichen und durch die andere Mythologisierung ersetzt, in der dieser Vater die Siebenmeilenstiefel eines Zauberers und Zeitüberwinders trägt. Das ist besser, denn einer von denen mit den Siebenmeilenstiefeln war ein Schlemihl. Aber der Kinderstandpunkt verbirgt eine Tücke. Denn indem ich mir, oder meinem lyrischen Ich, wie man so gern sagt, den beschränkten Blick kindischer Unwissenheit genehmige, gelingt es mir, »den Faden in rätselhaftem Wahn abzubrechen«, genau dort, wo es unbequem wird.

Ich meine nicht, daß man »keine Gedichte nach Auschwitz« schreiben dürfe. Ich meine nur, daß Gedichte neben ihren Schaukelrhythmen und unreinen Reimen auch aus sinnträchtigen Sätzen bestehen, und hinter diesen lauert oft wieder ein anderer Sinn, der in meinem, in diesem Fall aus einer zähneklappernden Angst besteht, sich der Wahrheit zu stellen. Was hier nicht zur Sprache kommt, ist die knirschende Wut, die unsereiner irgendwann haben muß, um den Ghettos, den KZs und den Vernichtungslagern gerecht zu werden, die Einsicht, daß sie eine einzige große Sauerei waren, der mit keiner traditionellen Versöhnlichkeit und Märtyrerverehrung beizukommen ist. Man muß diese Wut gehabt haben, um sich wieder zu beruhigen, und wenn man sie gehabt hat, dann wird man keine solchen Gedichte mehr schreiben wie das obige, keinen Exorzismus der Gaskammern, Beschwörung mit Kerzen und anderem Spielzeug.

Und doch kann ich ihn nicht ganz verwerfen, diesen hausbackenen Kaddisch der Tochter, hausbacken im wörtlichen Sinne, das heißt in keinem Tempel gelernt und gesprochen. Besser als nichts, solche gebastelten Mythologien, Phantasien.

## 7.

Zunächst jedoch sind wir in der ersten Schulklasse alle zusammen Österreicher gewesen und haben das Dollfußlied gesungen. Auswendig lernen konnte ich's leicht, aber mit der Melodie haperte es, und die Klasse brach in so helles, fröhliches Spottgelächter aus, als ich im Singen geprüft wurde, daß die Lehrerin es danach aus Mitleid unterließ, mich vorsingen zu lassen, und mir die schlechte Note erteilte, ohne daß ich den Beweis meiner Unfähigkeit erst erbringen mußte.

Mit meinem wahllosen und unkritischen Gedächtnis für alles Gereimte habe ich auch diesen fanatisierenden Text nicht vergessen. Ich muß ihn im ersten halben Schuljahr gelernt haben, eine merkwürdige Zumutung für Sechsjährige, aus der sich das Wesen der öffentlichen Erziehung in Schuschniggs Österreich ablesen läßt. Hiermit die erste Strophe:

*Ihr Jungen, schließt die Reihen gut,*
*Ein Toter führt euch an.*
*Er gab für Österreich sein Blut,*
*Ein wahrer deutscher Mann.*
*Die Mörderkugel, die ihn traf,*
*Die riß das Volk aus Zank und Schlaf.*

*Wir Jungen stehn bereit,*
*Mit Dollfuß in die neue Zeit!*

Das Lied hatte ein kurzes Leben. Im März war Anschluß, und da war von Dollfuß, dem Helden, nicht mehr die Rede, da die besagte Mörderkugel ja von einem Nazi abgeschossen worden war, wiewohl dabei *ein* Faschist den anderen umlegte.

Zu Hause war man sozialdemokratisch und daher wenig erbaut, als ich mit meinem Dollfußlied einzog. Das Wort »Floridsdorf« fiel, die erste der unheimlichen Anspielungen, von denen ich jetzt so viele hören sollte. Das ließ mir keine Ruhe. Schließlich brachte ich jemand, vielleicht das Dienstmädel, vielleicht meine Mutter, dazu, das Rätsel halbwegs aufzuschlüsseln: »In Floridsdorf hat der Dollfuß auf die Arbeiter schießen lassen.« Das war zu viel oder zu wenig gesagt, es war wie die Kinder, die angeblich aus dem Bauch der Mutter kommen (»aber wie, um Gottes willen, wie?«). Floridsdorf war beängstigend nahe, und da hatte also eine von der Regierung angezettelte Schießerei stattgefunden? Ich wußte nicht recht, wohin mit meinem noch nestwarmen Patriotismus.

Manchmal erzählte jemand vom Weltkrieg, der noch nicht der Erste Weltkrieg hieß. Eine Dienstmädchengeschichte rührte mich bis zu Tränen. Es ging um Brot in Hungerszeiten: Bei der Verteilung hätten alle Kinder immer das Scherzi (Kante oder Knust) verlangt, weil daran mehr zu kauen war. Als die Erzählerin endlich ein Scherzi abbekam, sparte sie die kostbare Brotscheibe in einem Versteck auf. – Der geübte Leser kann sich denken, daß das Scherzi gestohlen wurde und das kleine Mädchen leer ausging. Eine herzzerreißende Anekdote aus höhlendunkler Vergangenheit.

Meine erste Leiche war Großpapas sprechender Papagei oder Papageiin. Sie hieß Laura, und ich kannte sie von frühester Kindheit. Laura war also kein gewöhnlicher Vogel, sondern fester Bestandteil der Großfamilie, seit Urzeiten, das heißt, vor dem eigenen Gedächtnis. Sie wurde in meinem Beisein von einem überzüchteten, überkandidelten Drahthaarterrier erwischt und zerfleischt. Die Erwachsenen schrien und gestikulierten, befahlen dem Hund umsonst, den Papagei fallen zu lassen. Der Hund dachte nicht daran zu gehorchen, sondern kroch unter das Sofa und ließ den quietschenden Vogel nicht los, bis nur noch blutige Fetzen übrig waren. Ich stand in der Tür und brüllte drauflos.

Und nun hieß das Land Ostmark, und der Direktor kam persönlich in die Klasse und erklärte uns den Hitlergruß. Er machte ihn uns vor, und die Klasse machte ihn nach, nur die jüdischen Kinder, die sollten von nun an hinten sitzen und nicht so grüßen. Er war freundlich, die Lehrerin war verlegen, so daß ich mit unverwüstlichem Optimismus nicht sicher war, ob unser Ausnahmezustand eine Auszeichnung oder eine Zurücksetzung sein sollte. Schließlich wußten die Erwachsenen doch, daß unser Land überfallen worden war. Sie konnten doch nicht alle Nazis sein.

In der Handarbeitsstunde lernten die Klassenkameradinnen nun Hakenkreuze aus buntem Papier zusammenkleben, wir vier bis sechs Jüdinnen durften kleben, was wir wollten, was eigentlich gemütlich war, wenn es nicht auch wieder ungemütlich gewesen wäre. Gelegentlich kamen die arischen Mädchen und ließen uns bewundern, was sie da Schönes gebastelt hatten. Wir durften kritisieren und vergleichen. Daß es so auf die Dauer nicht weiterging, mußte der Obrigkeit einleuchten. Wir wurden aus den öffentlichen Schulen ausgeschlossen und bekamen unsere eigene Schule.

Ich war für ein Heimatgefühl sehr empfänglich gewesen: Donauweibchen und Basiliskenhaus, Stock im Eisen und Spinnerin am Kreuz, Türkenbelagerung und unsere Frühstückskipferl, als Halbmond gebakken, um die Feinde zu verunglimpfen, das lodernde Barock der Pestsäule und dazu die Geschichte vom lieben Augustin, der mit dem Dudelsack, der besoffen in die Pestgrube fiel, unter Leichen schlief und heil davonkam. Der aus dem Massengrab Gestiegene, nicht Infizierte, der Unverwüstliche, Verächtliche und Liebenswerte. (Doch hier gehe ich zu weit, das sind schon die Gedanken einer späteren Lebensepoche.) Wenn die Deutschen erst weg sind, so dachte ich lange, dann ist das alles auch wieder meine Vergangenheit, meine Legende, und die Stadt ein Ort, wo auch ich hingehöre. Inzwischen galt es, sich den Glauben an Tannengrün und Ährengold nicht nehmen zu lassen, also den Glauben an ein Land, das Österreich hieß und nicht Ostmark, und wo die Deutschen nichts zu suchen hätten. Ich verfaßte dementsprechend einige vaterländische Verse, zeigte sie meiner Mutter und erfuhr zum ersten Mal die Beschämung einer vernichtenden Kritik am eigenen Werk. Tränenvoll plädierte ich für das andere, wahre Österreich, das gibt es doch, das sagt ihr doch selbst oft, dieses Österreich ist's, worüber ich schreibe. Nichts zu machen. Meine Mutter wollte von meiner Vaterlandsliebe verschont bleiben.

Und nun, als mein ungefestigter Glaube an Österreich ins Schwanken geriet, wurde ich jüdisch in Abwehr. Bevor ich sieben war, also schon in den ersten Monaten nach dem Anschluß, legte ich meinen bisherigen Rufnamen ab. Vor Hitler war ich für alle Welt die Susi, dann hab ich auf dem anderen Namen bestanden, den ich ja auch hatte, warum hatte ich ihn denn sonst, wenn ich ihn nicht benutzen durfte? Einen jüdischen Namen wollte ich, den Umständen angemessen. Niemand hat mir gesagt, daß Susanne genau so gut in der Bibel steht wie Ruth. Wer war schon bibelfest bei uns zu Haus? Ich hab die Erwachsenen mit großer Sturheit ausgebessert, wenn sie mich beim alten Namen riefen, und siehe, man gab nach, lächelnd, ärgerlich oder anerkennend. Es war das erste Mal, daß ich etwas durch reine Hartnäckigkeit durchsetzte, und so hab ich mir den richtigen Namen ertrotzt, ohne zu wissen, wie sehr er der richtige war, den Namen, der »Freundin« bedeutet, den Namen der Frau, die ausgewandert ist, weil sie die Freundschaft höher schätzte als die Sippschaft. Denn Ruth ist ausgewandert, nicht um des Glaubens, sondern um ihrer Schwiegermutter Naëmi willen, die sie nicht allein ziehen lassen wollte. Sie war einem Menschen treu, und dieser Mensch war eben nicht der geliebte oder angetraute Mann, sondern es war eine frei gewählte Treue, von Frau zu Frau und über die Volkszugehörigkeit hinweg. (Diese Lesart des Buches Ruth wird mir kein Theologe rauben und schon gar nicht ein männlicher. Dafür schenk ich euch das Buch Esther und Makkabäer dazu. Die brauch ich nicht, diese Fabeln vom Sieg durch Sex und Gewalt, die könnt ihr so nationalistisch und chauvinistisch lesen, wie ihr wollt.)

Nur meine alte Großmutter nannte mich bis an ihr Ende Susi. Sie starb in Theresienstadt, keines ihrer neun Kinder war bei ihr, nur ihre einstmals verwöhnte, aber in dieser Situation rührend töchterliche Schwiegertochter, meine Mutter. Die anderen, die ausgewandert waren, hatten ja alle geglaubt, daß niemand einer alten Frau was antun würde. Oder einem Kind, wie ihrem jüngsten Enkel, der Susi.

Wir waren emanzipiert, aber nicht assimiliert. Der Unterschied mag als Haarspalterei gelten, uns war er wichtig. Am Versöhnungstag aßen und tranken die Erwachsenen von Sonnenuntergang bis zum nächsten Sonnenuntergang nichts, und so war Erwachsensein unter anderem Fastendürfen. Wenn ich erst dreizehn bin, dann darf ich das auch. Zehn Tage vor dem Jom Kippur, dem Versöhnungstag, war Rosch Haschana, Neujahr, man feierte die Erschaffung der Welt, Anlaß genug, um ausnahmsweise in die Synagoge zu gehen. Ich saß oben bei den Frauen, hörte die Männer unten in einer Sprache beten, die ich nicht verstand, und langweilte mich bitterlich. Bei uns gab es Schweinefleisch und Schinken, aber bitte zeig Respekt für die vielen Juden, auch in der eigenen Familie, die das nicht essen, und tu mir den Gefallen und friß bitte nicht Schinken auf Matzeh vor Leuten, die daran Anstoß nehmen könnten. Dieser Ausspruch meines Vaters (oder war's mein Großvater mütterlicherseits?) war als pädagogischer Witz gemeint und wurde mit gebührender Heiterkeit aufgenommen. Matzeh, das ungesäuerte Osterbrot, war eine gute Sache einmal im Jahr, aber anders als bei frommen Juden gab es bei uns auch in der Pessachwoche Brot. Im übrigen bestand die Auffassung, daß die Kaschruth-

Gesetze für uns Heutige ein Blödsinn seien, aus einer Zeit und einem Land stammend, wo es gefährlich war, Schweinefleisch zu essen. Hygienegesetze. Moses als Aufklärer. Und wir schon immer das aufgeklärte Volk.

Ich besann mich also auf mein Judentum. Aber was hieß jüdisch sein? Ich war in der Schule eingetragen worden als »mosaischer Konfession«. Das Wort war mir unbekannt. Ein Mosaik gab es unter meinen Spielsachen. Aber nein, mosaisch hat nichts mit Mosaik zu tun, das kommt von Moses, unserem Gesetzgeber, dem aufgeklärten. Kein Wunder, daß ich das Wort nicht kannte: Es war ein Euphemismus, als sei das Wort »jüdisch« durch antisemitischen Geifer entwertet worden. Im mosaischen Religionsunterricht erzählte ein lieber alter Herr Bibelgeschichten, ließ sie uns auch manchmal mit verteilten Rollen spielen. Die christlichen Kinder, bei denen ich mich nach ihrem Religionslehrer erkundigte, waren weniger zufrieden. Es gebe zu viel auswendig zu lernen. Das schien mir nicht so schlimm, aber daß Gott einen Sohn gehabt hätte, war unwahrscheinlich: Menschen haben Kinder, Gott ist kein Mensch.

Ende 1938 müssen wir noch das Dienstmädchen gehabt haben, die kurz darauf nicht mehr bei uns bleiben durfte, denn ich bekam eine Süßigkeit von ihrem kleinen Weihnachtsbaum geschenkt. Als ich erfuhr, wo das »Zuckerl« herkam, hab ich es ausgespuckt, nichts Christliches sollte meine jüdischen Lippen berühren. Da merkte ich, daß ich die Spenderin gekränkt hatte und erschrak. Ich hatte ein Zeichen setzen wollen und erfahren, daß symbolische Handlungen wie die Wetterhähne schwanken und, vom Wind abhängig, in alle vier Himmelsrichtungen zeigen können. Verwirrt in meiner Selbstgerechtigkeit hätte ich sie zur Versöhnung fast um ein zweites Zuckerl gebeten, weil das erste nun schon einmal weg war, im Klo hinuntergespült. Doch so weit konnte ich mich nicht überwinden. Es blieb beim Unbehagen über die neu entdeckte Möglichkeit moralischer Ambivalenzen.

## 8.

Ich muß gestehen, daß ich tatsächlich eine sehr schlechte Jüdin bin. Ich kann mich an kein Fest erinnern, bei dem mir wohl gewesen wäre. Ich denke hier vor allem an die Sederabende in Wien. Diese rituale Mahlzeit, überfrachtet mit poetischen und symbolischen Bedeutungen, war sehr aktuell, denn sie feiert die Erlösung des Volks durch Flucht und Auswanderung. Pessach ist an und für sich das phantasievollste Fest, das man sich denken kann, eine Gesamtinszenierung von Geschichte, Fabel und Lied, von Folklore und Großfamilienessen, und hat noch im bescheidensten Rahmen einen Aspekt von Pracht und Welttheater. Nur ist es leider ein Fest für Männer und Kinder, nicht eines für Frauen.

Nicht einmal einem unerfahrenen kleinen Mädchen konnte die geschlechtsspezifische Rollenverteilung des Abends entgehen, da die Tanten den ganzen Tag erhitzt in der Küche standen, um die Gerichte zuzubereiten – was sie zu diesem Anlaß ohne die christliche Haushaltshilfe tun mußten –, die Gerichte, die dem ältesten Onkel dann dazu dienten, die Geschichte vom Auszug aus Ägypten feierlich auszulegen. Die Tanten waren an diesem Tag nicht immer gut gelaunt oder auch nur ansprechbar. An einem Sederabend saß die Schwester meiner Mutter weinend und vornübergebeugt, die Arme auf dem Tisch, den Kopf auf den Armen. Warum? Sie war abergläubisch und unglücklich, weil dreizehn bei Tisch saßen. Mein Bruder spricht sie an, sichtlich verstört: »Man muß doch heute *angelehnt* sitzen, Tante« (ein Gebot des Fests). Mein Vater, sichtlich angewidert, nimmt den Hut und verläßt Tisch und Haus, damit wir nur noch zwölf sind und die Schwägerin aufhören kann zu weinen. Wer weiß, vielleicht war ihr Benehmen darauf angelegt, ihn loszuwerden. Allgemeine Betretenheit der Zurückgebliebenen.

An einem anderen Sederabend kam es zu einem Zusammenstoß zwischen mir und dem nächstälteren Cousin. Ich hatte fest damit gerechnet, daß ich, jetzt wo ich lesen konnte, die zentrale Frage des Abends stellen durfte, die der jeweilig Jüngste fragen muß: »Warum ist diese Nacht ausgezeichnet von allen anderen Nächten?« Auch auf hebräisch konnte ich diesen wichtigen Satz, das Maneschtane, sagen.

Aber der Jüngste ist nicht *die* Jüngste, und meinem Cousin gefiel es, sich auf sein männliches Vorrecht zu berufen. Wir zankten uns, einer selbstgerechter als die andere. »Laß sie doch«, sagte schließlich einer der Erwachsenen gereizt, »wenn sie das Maneschtane sagen will. Du bist ein großer Bub. Schäm dich.« Die heilige Hagadah, das Gebetbuch für den Sederabend, kam aus der Hand des ärgerlichen Cousins quer über den Tisch auf mich zugeflogen. Der Streit war zu meinen Gunsten entschieden worden, aber viel Freude hatte ich daran nicht mehr, und man atmete auf, als das kurze Frage-und-Antwort-Spiel, der Teil des Rituals, um den es sich handelte, vorüber war.

Nicht lange danach schrieb Friedrich Torberg in New York, die Hagadah in einem nachdenklichen Pessach-Gedicht in finsteren Zeiten gegen den Strich lesend und den Herrn bittend, er möge ihm die besagte Frage ersparen:

*Denn ich bliebe dir stumm.*
*Herr, ich weiß nicht warum deinen Knechten*
*Ausgezeichnet vor allen Nächten*
*Diese heutige Nacht ist. Warum?*

Mir gefällt diese Strophe, weil sie wie ein Nein vor dem Traualtar anmutet. Man ist aufsässig vor Gott, wenn man ›ich weiß nicht‹ antwortet auf die Frage, warum die Nacht, in der wir die Rettung aus der ägyptischen Fron feiern, vor allen anderen Nächten ausgezeichnet sei. Damals zankte ich mich mit meinem Cousin um die Ehre, die Frage stellen zu dürfen. Heute schätze ich ihre Dekonstruktion, weil mir das Wenige, was mir an jüdischem Glaubensbekenntnis geboten wurde, abbröckelte, bevor es gefestigt war. Das wäre auch ohne Nazis geschehen. Unter den Nazis war es die Enttäuschung, bei einem Schiffbruch eine morsche Rettungsplanke umklammert zu haben.

## 9.

Es muß 1940 gewesen sein, ich war acht oder neun Jahre alt, im Kino um die Ecke wurde »Schneewittchen« gespielt. Der berühmte Walt Disney-Film läuft noch heute alle Jubeljahre mal in Amerikas großen Kinos, und wenn er auf dem Programm steht, ist es ein Volksfest für kleine wie für erwachsene Disneyfans. Ich bin seit meinem ersten Micky-Maus-Film, den ich noch vor dem Anschluß mit dem Kindermädel in einer Nachmittagsvorstellung innigst genoß, sehr gern ins Kino gegangen, und so wollte ich auch diesen Film unbedingt sehen, durfte aber als Jüdin leider nicht hinein. Darüber klagte und schimpfte ich abwechselnd, bis meine Mutter vorschlug, daß ich doch einfach gehen sollte und basta.

Es war Sonntag, wir waren in der Nachbarschaft bekannt, hier ins Kino zu gehen, war eine Herausforderung. Meine Mutter war der Überzeugung, daß niemand sich darum kümmern würde, ob ein Kind mehr oder weniger im Saal säße, und gab mir zu verstehen, daß ich mich einerseits zu wichtig nehme, andererseits beschämend feig sei. Das konnte ich nicht auf mir sitzen lassen, zog also drauf los, wählte die teuerste Platzkategorie, eine Loge, um nicht aufzufallen, und kam gerade dadurch neben die neunzehnjährige Bäckerstochter von nebenan und ihre kleinen Geschwister zu sitzen, eine begeisterte Nazifamilie.

Ich hab diese Vorstellung ausgeschwitzt und hab nie vorher oder nachher so wenig von einem Film mitbekommen. Ich saß auf Kohlen, vollauf mit der Frage beschäftigt, ob die Bäckerstochter wirklich böse zu mir hinschielte, oder ob es mir doch nur so vorkäme. Die Niederträchtigkeiten von Schneewittchens Stiefmutter verschwammen mir auf der Leinwand zu einem vorgekauten Brei unechter Schlechtigkeit, während ich und keine Prinzessin im wahren, triefenden Fettnäpfchen saß, umzingelt.

Warum bin ich nicht aufgestanden und weggegangen? Vielleicht, um mich meiner Mutter nicht zu stellen oder weil ich meinte, gerade durchs Aufstehen und Weggehen Aufmerksamkeit zu erregen, vielleicht nur, weil man nicht aus dem Kino geht, bevor der Film aus ist, oder am wahrscheinlichsten, weil ich vor Angst nicht denken konnte. Ich weiß ja nicht einmal, warum wir alle nicht rechtzeitig aus Wien weg sind, und vielleicht gibt es eine Familienverwandtschaft zwischen dieser Frage und meinem Kinoproblem.

Als es im Saal hell wurde, wollte ich die anderen vorgehen lassen, aber meine Feindin stand und wartete. Ihre kleinen Geschwister wurden ungeduldig, die Große sagte »Nein, seid's stad«, und sah mich streng an. Die Falle war, wie gefürchtet, zugeschnappt. Es war der reine Terror. Die Bäckerstochter zog noch ihre Handschuhe an, pflanzte sich endlich vor mir auf, und das Ungewitter entlud sich.

Sie redete fest und selbstgerecht, im Vollgefühl ihrer arischen Herkunft, wie es sich für ein BDM-Mädel schickte, und noch dazu in ihrem feinsten Hochdeutsch: »Weißt du, daß deinesgleichen hier nichts zu suchen hat? Juden ist der Eintritt ins Kino gesetzlich untersagt. Draußen steht's beim Eingang an der Kasse. Hast du das gesehen?« Was blieb mir übrig, als die rhetorische Frage zu bejahen?

Das Märchen vom Schneewittchen läßt sich auf die Frage reduzieren, wer im Königsschloß etwas zu suchen hat und wer nicht. Die Bäckerstochter und ich folgten der vom Film vorgegebenen Formel. Sie, im eigenen Hause, den Spiegel ihrer rassischen Reinheit vor Augen, ich, auch an diesem Ort beheimatet, aber ohne Erlaubnis, und in diesem Augenblick ausgestoßen, erniedrigt und preisgegeben. Ich hatte mich unter Vorspiegelungen falscher Tatsachen hier eingeschlichen, den Nazivers bestätigend: »Und der Jud hat den Brauch, / Und es bringt ihm was ein, / Schmeißt man vorne ihn raus, / Kehrt er hinten wieder rein.« Wenn ich auch das Gesetz, das ich verletzt hatte, für ungerecht hielt, so war ich doch beschämt, ertappt worden zu sein. Denn die Scham entsteht einfach dadurch, daß man einer verbotenen Tat überfuhrt wird, und hat oft mit schlechtem Gewissen gar nichts zu tun. Wäre ich nicht erwischt worden, so wäre ich auf meine Waghalsigkeit stolz gewesen. So aber war es umgekehrt: Man sieht sich im Spiegel boshafter Augen, und man entgeht dem Bild nicht, denn die Verzerrung fällt zurück auf die eigenen Augen, bis man ihr glaubt und sich selbst für verunstaltet hält. Das hat W. B. Yeats, Irlands größter Lyriker, in Versen geschrieben, und hätte ich die Zeilen über den »mirror of malicious eyes« nicht erst zehn Jahre später auswendig gelernt, so wäre mir vielleicht wohler gewesen.

Es ging dann doch schneller vorbei als erwartet, für mich immer noch lang genug. Der Vertreterin unanfechtbarer Gesetzlichkeiten fiel nicht mehr viel ein. Wenn ich mich noch ein einziges Mal unterstehen tät, hierher zu kommen, so würde sie mich anzeigen, ich hätt ja noch ein Glück, daß sie's nicht gleich täte. Ich stand mit weit aufgerissenen Augen, einigermaßen erfolgreich meine Tränen schluckend. Die Platzanweiserin, die zugehört hatte, denn wir waren die letzten im Saal, half mir nachher in den Mantel, drückte mir meine Geldbörse, die ich sonst liegengelassen hätte, in die Hand und sagte ein paar beruhigende Worte.

Ich nickte, unfähig zur Gegenrede, dankbar für den Zuspruch, eine Art Almosen.

Es war noch hell, ich lief ein wenig durch die Straßen, wie betäubt. Ich hatte an diesem Nachmittag für meine Person, in meinem Bereich und ganz unmittelbar erfahren, wie es mit uns und den Nazis stand. Daß der Schrecken in diesem Fall nicht ganz gerechtfertigt war, änderte nichts an der Tatsache, daß ich es nun wußte. Ich hatte das Gefühl gehabt, in tödlicher Gefahr zu schweben, und dieses Gefühl verließ mich nicht mehr, bis es sich bewahrheitete. Ohne es richtig durchdenken zu müssen, war ich von jetzt an den Erwachsenen voraus.

Ich kam weinend und wütend nach Hause, empört über meine Mutter und fand diesmal ausnahmsweise Unterstützung bei Tante Rosa. Meine Mutter zuckte die Achseln. »Wem fällt so was schon ein? Ein Kind bei einem Märchenfilm zu belästigen.« Und zu mir: »Reg dich nicht auf über die blöde Schikse. Es gibt Ärgeres.« Aber das war es ja gerade. War das nicht schon das Arge? Ich wär ja fast angezeigt worden. Wo fing das Ärgere an? Wie sollte ich denn wissen, was ernst war und was nicht? Meine Mutter hatte gut reden, sie wußte vermutlich, wo man ertrinkt und wo man sich noch gerade über Wasser hält. Ich aber kannte mich nicht aus und wollte die Welt erklärt haben. Was war das Ärgste, konnte es letzten Endes etwas anderes als der Tod sein? Kein Mensch informierte einen. Warum nahm man meine Erfahrungen nicht ernst, warum war man nicht deutlicher? Daß meine Erwachsenen selbst nicht ein noch aus wußten und daß ich schneller lernte als sie, begriff ich natürlich nicht, oder war erst im Begriff, es zu begreifen. Ich gewann den Eindruck, daß von meiner Mutter hauptsächlich schlechte Ratschläge zu erwarten seien. Dieser Eindruck war falsch. Wie andere Menschen erteilt meine Mutter abwechselnd schlechte und gute Ratschläge. Manchmal steckt Verfolgungswahn, manchmal Vernunft und exakte Information, manchmal Wohlwollen, manchmal Mißgunst dahinter, meistens jedoch ein undifferenzierter Instinkt, Gemisch aus unausgewogenen Lebenserfahrungen aller Art, eine trübe, brodelnde Suppe von Gedanken und Gefühlen. Mein mangelndes Vertrauen zu ihr, das mit diesem mißlungenen Kinobesuch anfing, hätte mich zwei, drei Jahre später, als sie wieder einmal recht hatte, fast das Leben gekostet.

## 10.

Die Erinnerung spült zurück. Die meisten von uns, die den Judenstern getragen haben, meinen, sie hätten ihn schon viel früher tragen müssen. Auch ich irre mich da, muß nachschlagen. Das kommt daher, daß die Ausgrenzung von Juden eben schon vor September 1941 im vollen Gang war. Ich kann nicht sagen, daß ich ihn ungern getragen habe, den Judenstern. Unter den Umständen schien er angebracht. Wenn schon, denn schon.

Wir mußten die Dinger kaufen, und zwar bei der Jüdischen Kultusgemeinde, die das Geld natürlich nicht behalten durfte, sondern den Handel für das Reich vermittelte. Die Nazis haben sich für alles bezahlen lassen, und dieser kommerzielle Zynismus steht in enger Verbindung mit den Untugenden, die sie den Juden nachsagten. Wo ein unsauberer Profit zu machen war, und sei er auch noch so kleinlich, wie die 10 Pfennige pro Judenstern, haben die Nazis einkassiert.

Meine Mutter schätzte, zehn Stück würden reichen, kam damit nach Hause und hat sie vor meinen neugierigen Augen angenäht, an die Kleidungsstücke, die man auf der Straße trägt, Mäntel, Jacken. Schnell hat sie die gelben Flecken angeheftet, mit dem verächtlichen Gesichtsausdruck, den ich bewunderte und mir zu eigen machen wollte, wenn er gegen unsere Feinde gerichtet war, und der mich zur Verzweiflung trieb, wenn er sich auf meine Freunde oder die Dinge, die ich schön fand, wie den Schillerschen Blankvers, bezog.

Man war nicht sicher, wie die Bevölkerung auf die neue Verordnung reagieren würde, und so verließen wir am ersten Tag zusammen das Haus. Überall trafen wir Leute, die auch den Stern trugen. Ein neues Straßenbild. Eine Jüdin sagte schnell im Vorbeigehen zu meiner Mutter: »Er paßt zu Ihrer Bluse.« Ich fand das mutig und witzig, meine Mutter war weniger beeindruckt.

Einmal, als wir schon den Judenstern trugen, aber noch die öffentlichen Verkehrsmittel, wenn auch nicht die Sitzplätze, benutzen durften, tappte jemand in der Stadtbahn im Tunnel nach meiner Hand. Mein erster Gedanke war, ein Mann, der mich belästigen will, mein zweiter, ein Taschendieb. Ich hielt also meine Tasche fest. Aber nein, dieser Mann drückte mir etwas in die Hand, ein Geschenk. Offensichtlich wollte er so sein Mitleid mit mir bekunden, dem Kind mit dem Judenstern. Ich verstand das sofort. Juden zu beschenken, war aber verboten, darum hatte er's im Tunnel getan. In der Zeitung hatte ich erst neulich eine Bildserie mit Versen, à la Wilhelm Busch, über eine Judenfreundin, und daher Volksfeindin, gelesen.

*Für Rebekka Rosenstengel,*
*Bei der sie in Schulden steckt,*
*Schafft Frau Knöterich, dieser »Engel«,*
*Schokolade und Konfekt.*

Ich kann, wie gesagt, nicht umhin, mir alles Gereimte zu merken. Das Geschenk war eine Orange. Als der Zug aus dem Tunnel herausfuhr, hatte ich sie schon in die Tasche gesteckt und sah dankbar zu dem Fremden auf, wie er wohlwollend auf mich herunterschaute. Meine Gefühle waren aber gemischt, wie beim Zuckerl vom Weihnachtsbaum, und ich gefiel mir nicht in dieser Rolle. Ich wollte mich als oppositionell statt als Opfer sehen, daher nicht getröstet werden. Kleine geheime Kundgebungen wie diese halfen ja nicht, standen in keinem Verhältnis zu dem, was geschah, halfen nicht einmal mir in der fortschreitenden Verarmung und Beschränkung meines Lebens. Es war eine sentimentale Geste, in der der Spender sich in seinen guten Absichten bespiegelte, für mich nicht einmal so brauchbar wie die tröstenden Worte der Platzanweiserin beim Schneewittchen-Film. Doch ich hätte ihn ja in Verlegenheit und wahrscheinlich in größere Schwierigkeiten gebracht, wenn ich sein Almosen in der vollen Straßenbahn abgelehnt hätte, wenn ich es ihm zurückgegeben hätte, etwa mit den Worten: »Du machst es dir leicht. Auf deine Orange pfeif ich.« Eine undenkbare Reaktion.

So ungefähr erklärte ich den Vorfall meiner Mutter, als ich mit der unerwünschten Gabe und der dazugehörigen Geschichte nach Hause kam. Sie aber war radikaler als ich: »Was fällt dir ein, Geschenke von Fremden auf der Straßenbahn anzunehmen? Wir sind keine Bettler. Kriegst du nicht genug zu essen?« Aber es war doch ein Dilemma, oder? Keines, das ich mit ihr besprechen konnte. Ich stieß nur auf den mir bekannten, starren, an mir vorbei ins Leere gerichteten Blick, der bedeutete, daß sie einen freien Auslauf für ihre aufgestaute Angst und Wut gefunden hatte. Ich stand ratlos vor dieser moralischen Ausweglosigkeit, wo man nichts richtig machen konnte. Hätte ich gerade diesen Menschen, der es ja gut gemeint hatte, gefährden sollen? Andererseits: Hatte ich nicht auch meinen Spaß gehabt bei dem Abenteuer einer kleinen Verschwörung zwischen mir und einem Fremden, eine Szene, in der ich die mir zugeteilte Rolle des dankbaren Judenkindes doch mit einer gewissen Überzeugung gespielt hatte?

## 11.

Man ließ mich lesen, weil ich dann niemanden behelligte. Manchmal sah man darin ein Zeichen von Intelligenz, manchmal auch eine Unart. Einmal angelte ich mir eine Bibel, um die Geschichte von Ruth nachzulesen. Ich war an der Stelle angelangt, wo meine Namensschwester Boaz' Füße aufdeckt, und hätte meinen Großonkel, der gerade da war, gerne um eine Auslegung gebeten. Statt dessen nahm er mir schimpfend das Buch weg. Ich verteidigte mich: Ich hatte nicht versucht, etwas Verbotenes zu lesen. Die Bibel sei nicht zur Unterhaltung da, so mein Onkel. Ein heiliges Buch. Aber ich wollte mich doch nur informieren, und keineswegs respektlos. Wenn ich ein Bub gewesen wär, hätte er mich anders behandelt, das wußte ich. Buben mußten für ihre Konfirmation, die Bar Mitzve, lernen, und bei ihnen war man froh und glücklich, wenn sie sich freiwillig mit der Bibel beschäftigten. Für Mädchen war das unnötig, die lasen nur zur Unterhaltung. Mein Vater hätte mir die Bibel nicht weggenommen, der hatte mir jüdische Sagen geschenkt, aber der war ja nicht mehr da. Ich fühlte mich ungerecht behandelt und war beleidigt.

Das war nicht untypisch dafür, wie man mit meiner Lesesucht umging. Ich suchte mir schon deshalb keine verbotenen Bücher aus, weil ich es haßte, wenn ich ein angefangenes Buch aufgeben mußte. Und da das meistens bei modernen Romanen der Fall gewesen war, war ich zu dem Schluß gekommen, daß bunte Einbände für Erwachsene seien und die einförmig gebundenen Bände, nämlich die Klassiker, für Kinder. Klassiker gab's überall, und niemand scherte sich darum, was ich mir aus diesen Beständen jeder bürgerlichen Ausstattung holte. Man begnügte sich damit, darauf hinzuweisen, daß Goethe schwerer sei als Schiller, und ich mich daher eher an Schiller halten sollte. Ich tat's und las mich mit Geduld und Profit in einen Sprachduktus ein, der mir hinter allem Pathos die Vernunft und Logik eines der hellsten Köpfe der deutschen Klassik vermittelte.

Freilich gab es eine Art von verbotenem Lesematerial, das ich unwiderstehlich fand, und zwar Naziliteratur. Es war einerseits schwer für mich, an so was ranzukommen, andererseits aber auch schwer, der staatlichen Propaganda völlig zu entgehen. Die »Stürmer«-Kästen an den Straßenecken, in denen je eine Seite dieses politisch-pornographischen Blattes ausgestellt war, übten von Anfang an die Faszination von Lügengeschichten auf mich aus. Was haben die jetzt wieder ausgeheckt? Die Einfachheit jüdisch-orthodoxer Begräbnisse (am besten bloß ein Tuch statt einem Sarg, damit der Leib zur Erde zurückkehren kann) wurde in einer »Stürmer«-Nummer als typisch für jüdischen Geiz und Hang zum Schmutz ausgelegt. Die zehn Gebote seien eine solche Selbstverständlichkeit, daß nur ein korruptes Volk sie aufgeschrieben haben müsse. Welcher Germane müsse es schriftlich verbrieft haben, daß man nicht töten, stehlen und ehebrechen dürfe? Die Gesichter der abgebildeten Rassenschänder waren denen meiner Onkel zum Verwechseln ähnlich, und ich versuchte den Blick nachzuvollziehen, auf den sie abscheulich wirkten.

Den Schrecken vom Besuch des »Schneewittchen«-Films hab ich übrigens auskuriert, indem ich später gelegentlich illegal ins Kino ging, ohne Judenstern und ohne es meiner Mutter zu sagen. Wo man mich nicht kannte, wie in den Kinos der Innenstadt, schien mir das verhältnismäßig ungefährlich, und es bereitete mir eine doppelte Genugtuung. Ich wählte nämlich nicht die Unterhaltungs-, sondern die Propagandafilme, und trotzte so nicht nur der Regierung, sondern auch meiner Familie, die es mir nie erlaubt hatte, auch nur eine Hitlerrede im Radio zu hören, entgegen meiner Einstellung, daß man doch wissen müsse, woran man sei. »Das weiß man auch so«, kam die unwiderlegbare Antwort.

Durch diese Filme lernte ich die herrschende Ideologie kennen, die mich ja betraf, die ich nicht einfach durch Gleichgültigkeit quittieren konnte. Der Reiz dieser Kinobesuche bestand in der zu leistenden Kritik, im Widerstand gegen die Versuchung zur Identifikation und Bejahung. Ich sah »Jud Süß«, einen Film mit hübschen Kostümen und häßlichen Juden, »... reitet für Deutschland«, einen Film mit schönen Pferden und waghalsigen Reitern – edle Männer gleich edle Tiere im Dienst des Vaterlands. Und ich sah zwei Filme über Deutschtum in Afrika. Der eine hieß »Ohm Krüger« und handelte vom Burenkrieg. Die Buren, also die afrikaanssprechenden Südafrikaner, waren von deutschem Geist beseelt, anders als ihre Feinde, die Engländer, die Krämerseelen. Der andere, und für mich weit eindrucksvollere Film, war eine gezielte Verherrlichung deutscher Kolonisationsansprüche anhand der deutschen Kolonie in Ostafrika. Der Vertreter deutscher Macht hieß Peters und stand in einer zentralen Szene im weißen Tropenanzug mit der Peitsche in der Hand vor kaum bekleideten und sich duckenden Schwarzen. Man muß bedenken, daß es noch Jahre dauern sollte, bis realistisch gefilmte Gewaltakte zum Kinoalltag gehörten. Eine solche Szene mit ihren Sinnbildern der Brutalität wirkte beunruhigend und faszinierend, vibrierte im Saal und wird die Hitlerjungen im Publikum, mit ihren kurzen Hosen und Dolchen (oder Fahrtenmessern), ebenso hell begeistert haben, wie sie das Judenmädel beeindruckten, *die* allerdings in Umkehrung des Wahrgenommenen. Das heißt, ich fühlte mich von Peitsche, Stiefel und der rassischen, schwarz-weißen Konfrontation auf schwarz-weißer Leinwand persönlich bedroht.

Das erinnerte Bild einer flimmernden Filmleinwand spanne ich hier als Folie auf, hinter dem später erlebten Machtgefüge der wirklichen Männer mit Stiefeln und Peitsche, um der lebendigen Unheimlichkeit einen Kontext zu geben, denn die Kinoszene war sinnträchtig, die schwerfällige Wirklichkeit eher chaotisch.

Ich las, was mir in die Hände fiel. Niemand sprach mit mir über Bücher. Monatelang sah ich keine Kinder, und die Erwachsenen hatten nicht die Geduld, sich mit mir zu unterhalten. Eines Tages saß ich im Garten des jüdischen Spitals, wo meine Mutter arbeitete, neben einer Patientin, die mich plötzlich nach meiner Lektüre fragte. Erfreut über ihr Interesse, zeigte ich ihr das Stück von Grillparzer, das ich gerade in der Hand hatte. Sie erzählte mir, auf der modernen Bühne gebe es keine Verse mehr, da werde in Prosa gesprochen, und erklärte mir mit einfachen Worten die Grundsätze des Realismus. Ich war hingerissen von diesem kleinen Vortrag, weil ich noch nie jemanden über Literatur hatte sprechen hören. Einerseits wollte ich mir den Blankvers nicht schlecht machen lassen, andererseits war es aufregend zu wissen, daß solche Fragen überhaupt erörtert wurden. Wer schreibt denn solche Stücke? Gerhart Hauptmann zum Beispiel. Ich überlegte, wie ich was von dem bekommen könnte. Ich bekam ja meine Bücher wie abgelegte Kleider, überhaupt keine neuen mehr. Die letzten Bücher in Wien waren eine Biographie vom Kaiser Augustus und ein Roman über Hannibal, der dem Heldenverehrungsbedürfnis kleiner Jungen Rechnung trug. Nichts, was mich anging, reiner Eskapismus.

## 12.

Man sieht schon, diese Aufzeichungen handeln fast gar nicht von den Nazis, über die ich wenig aussagen kann, sondern von den schwierigen, neurotischen Menschen, auf die sie stießen, Familien, die ebensowenig wie ihre christlichen Nachbarn ein ideales Leben geführt hatten. Wenn ich den Leuten erzähle, meine Mutter sei auf meinen Vater eifersüchtig gewesen, als dieser in Frankreich war, und daß sich die beiden in ihrem letzten gemeinsamen Jahr gestritten hätten, daß meine Mutter und ihre Schwester einander in meinem Beisein buchstäblich an den Haaren gerissen hätten, so daß sich meine Großtante beschwörend zwischen ihre Nichten warf, und daß ich meiner Mutter, ohne mit der Wimper zu zucken, die verschiedensten kleinen und kleinlichen Bosheiten und Grausamkeiten vorwerfen und nachweisen kann, so tun die Leute erstaunt und sagen, unter solchen Umständen wie denen, welche ihr in der Hitlerzeit auszustehen hattet, hätten die Verfolgten sich doch näher kommen sollen. Besonders die jungen Leute hätten das tun sollen (so die Alten). Das ist rührseliger Unsinn und beruht auf fatalen Vorstellungen von Läuterung durch Leid. Im stillen Kämmerlein und für die eigene Person weiß so ziemlich jeder, wie es wirklich zugeht: Wo es mehr auszuhalten gibt, wird auch die immer prekäre Duldsamkeit für den Nächsten fadenscheiniger, und die Familienbande werden rissiger. Während eines Erdbebens zerbricht erfahrungsgemäß mehr Porzellan als sonst.

Ich bestaune oft die ungezwungene Familienintimität unter meinen jüngeren Freunden und beneide sie auch ein bißchen. Ich bin keine zärtliche Mutter geworden, wahrscheinlich, weil mich die aufdringlichen Zärtlichkeiten meiner eigenen Mutter, die mit unvermuteten und ungerechten Strafen und Zurechtweisungen abwechselten, anwiderten. Die Zuwendung meiner ersten Jahre galt nicht ihr, sondern einem Kindermädchen, die ich Anja nannte und sehr liebte. Sie war jung und lustig und beschämte einen nie. Ich sehe sie hell vor dunkler Folie, z.B. beim Strümpfeanziehen, wo ich ihr neugierig zuschaue und mir wünsche, daß auch ich einmal so lange glatte Beine bekomme wie meine Anja; mit ihrem Freund Egon im Park, mit ihren spontanen Reaktionen auf alles Dumme und Gscheite, was ich tat und sagte, offen, unverstellt. Es muß Spaziergänge mit ihr gegeben haben, vielleicht in Baden bei Wien. Sie bekreuzigt sich vor einem Marterl an einer Wegkreuzung. Ich steh daneben, verwundert: Anja tut was Ungewöhnliches. Und dann noch eine Assoziation mit Zyklamen, wie die stark duftenden Alpenveilchen bei uns hießen.

Wieder muß ich sagen, das ist alles. Sie durfte als Arierin nicht bei uns bleiben. Einmal hat sie uns danach noch besucht. Helle Freude, ich sprang an ihr hoch wie ein junger Hund. Meine Anja. Meiner Mutter war das peinlich, oder sie war eifersüchtig auf diese unverhohlene Liebe, die Anja als selbstverständlich hinnahm. Ich weiß nicht, was aus ihr geworden ist; ob sie in den Sog der »Volkserhebung« kam? Wahrscheinlich. Suchen kann ich sie nicht, denn ich weiß ihren richtigen Namen nicht. Es ist auch niemand da, den ich fragen könnte, denn für meine Mutter war diese »Anja« nur eine Angestellte wie andere gewesen. So gehört auch sie, die wahre und unkomplizierte Mutter meines Lebensanfangs, zu den unersetzlichen Verlusten.

In den ersten Jahren habe ich meine Mutter nur von fern gekannt. Man konnte sie leicht beim Nachmittagsschlaf stören, und sie bestand auf unbequemen Kleidungsstücken, kratzender wollener Unterwäsche, weil das warm war, Kleidchen, die nicht schmutzig oder zerdrückt werden durften, weil sie hübsch waren. Und hohen schwarzen Schnürschuhen, die drückten und in denen die Füße schwitzten. Sie selbst trug keine solche Wäsche oder Schuhe, nichts, worin man sich auch nur annähernd so schlecht bewegen konnte wie in dieser lieb- und achtlos ausgewählten Kinderkleidung. Wenn man sich das Gesicht beschmutzt hatte, so spuckte sie in ein Taschentuch und rieb einem damit die Stelle rein. Das war scheußlich unappetitlich, zum Kotzen war das, ich hab mich dagegen gesträubt. Es gibt ganz frühe Erinnerungen, die alle späteren Spannungen zwischen ihr und mir vorwegnehmen. Bevor ich sechs war, habe ich ihr einmal mit der Schere, die ich gar nicht anfassen durfte, die Handtasche zerschnitten, aus selbstgerechtem Ärger; der Grund längst verwischt, versunken, ganz deutlich jedoch in der Erinnerung das Gefühl von Beleidigung, Empörung, gemischt mit dem vorweggenommenen Schuldgefühl. Ich zerschneide die Tasche vor dem großen Toilettentisch mit dem Spiegel und schau in den Spiegel, während ich es tue. Ich wollte mich für irgendetwas rächen, und nach vollbrachter Tat kam sofort die Reue. Als meine Mutter die verunstaltete Tasche entdeckte, habe ich mich gleich zu der Schandtat bekannt. Es folgte keine Strafe, nur das Gefühl, Böses getan zu haben, und im Widerstreit dazu der nicht wegzudenkende Eindruck, auch mir sei Unrecht geschehen.

Dann gab es die Geburtstage meiner Mutter. Wer Geschenke gibt, verfügt über eine gewisse Autorität. Wer Geschenke ablehnt, will kein Zugeständnis machen. Ein Anspruch auf Gleichheit liegt darin, wenn die Abhängigen, Untergebenen schenken. Meine Mutter forderte, daß man ihren Geburtstag feierlich zur Kenntnis nehme, reagierte dann aber so überschwenglich auf die Geschenke, noch bevor sie sie richtig angeschaut hatte, daß man erkennen mußte, sie habe sich gar nicht so sehr über den sorgfältig ausgewählten Gegenstand gefreut, sondern daß ihr vor allem daran lag, einen wissen zu lassen, daß die gespielte Freude ein Geschenk ihrerseits sei. Man verlor die Lust, Geschenke für sie auszusuchen, und auch meine Geburtstagsgedichte für sie schienen mir immer weniger ihren Zweck zu erfüllen.

Das hat sich mit der Zeit nicht geändert. Auch später sind Kleidungsstücke für sie immer die falsche Farbe oder Größe gewesen, was einem nie rechtzeitig gesagt wurde, so daß man es noch hätte umtauschen können; statt Blumen am Muttertag wollte sie Süßigkeiten oder umgekehrt. Wenn man die Geschenke überhaupt nicht gäbe, wäre sie bitter gekränkt. Ich muß sofort hinzufügen, daß ich mich wenig anders verhalte: Ich finde ihre Geschenke unmöglich, gebe Kleidungsstücke, die ich von ihr bekomme, an die Heilsarmee weiter, auch und besonders wenn sie sie selbst gestrickt oder genäht hat, und halte die Anlässe, besonders die verwünschten Geburtstage, für eine heimliche Auseinandersetzung, der man nur entgeht, indem man das Geschenk und womöglich den Anlaß ablehnt. Die Symptome dieser blühenden gegenseitigen Mutter-Tochter-Neurose sind perfekt, und man kann nur staunen, daß nicht nur die Neurose selbst, sondern auch die Symptome so weit zurückreichen. Doch hilft die Erkenntnis keineswegs darüber hinweg, *pace* Sigmund Freud.

## 13.

Meine Mutter hatte am Ende nur noch mich und begann, mich mit eingebildeten sowie mit beglaubigten Unheimlichkeiten zu quälen. Da gab es geheimnisvolle Anspielungen auf Frauen, die Selbstmordversuche gemacht hatten, und da war die Rede von tödlichen Krankheiten oder von dem mutmaßlichen Bestimmungsort der Deportierten. Das Todesgeheimnis der großen Judenverfolgung, die im Anschwellen war, wurde dadurch nicht faßbarer.

Ich war wie ein junger Hund ohne Auslauf, und sie versuchte mich abzuhalten von den wenigen Spielen, die mir noch möglich waren. Die jüdische Kultusgemeinde stellte uns, den letzten jüdischen Kindern in Wien, Lese- und Freizeiträume zur Verfügung, und der jüdische Friedhof war unser Park und Spielplatz. Wenn ich mich, was immer seltener geschah, mit anderen jüdischen Kindern draußen herumgebalgt hatte und glücklich und ermüdet nach Hause kam, stellte sie mir eine lebensgefährliche Lungenentzündung in Aussicht. Sie redete mir ein, ich hätte Plattfüße und massierte mir die Sohlen, um künftigen Gehbehinderungen vorzubeugen. Meine Mutter wäre eine hingebungsvolle Pflegerin für ein krankes Kind geworden. Sie hat mir gestanden, daß sie in Träumen oft eine bettlägerige Tochter hat, an deren Seite sie sitzt. Ich halte das für einen Wunsch-, nicht für einen Angsttraum. Diese Erziehung zur Abhängigkeit hat der psychiatrische Jargon bei Söhnen Kastration genannt, ein einseitiger und daher schädlicher Ausdruck, in dem nicht vorgesehen ist, daß Töchter durch dieselben Manöver genauso entmündigt und entmächtigt werden können.

Als ich meine Mutter am Ende eines meiner einsamen Tage mit zu heftigen Liebkosungen malträtierte, versicherte sie mir, ich hätte sie soeben beinah erwürgt und daß einem Kind, das auch nur aus Unachtsamkeit der Mutter weh getan hat, die Hand aus dem Grab herauswächst. Sie erzählte mir soviel Unsinn, daß ich aufhörte, ihr zu glauben. Indem sie unentwegt behauptete, sie sei ein mutiges Kind gewesen, versuchte sie, ein furchtsames Kind aus mir zu machen, was ihr streckenweise gelang, aber mich letzten Endes nur von ihr entfremdete. Mit sechs Buben hätte sie sich geschlagen und hätte gewonnen. Mit Erleichterung und Dankbarkeit hörte ich einen Freund der Familie lächelnd erläutern, daß dieser ungleiche Kampf beim besten Willen nicht glaubhaft sei. Denn ich hatte weder Lust noch Absicht, irgendwas anderes zu tun als davonzurennen, wenn mich die arischen Buben auf der Straße anpöbelten.

Es gab nichts, was sie nicht besser gemacht hatte als ich, und ich verzweifelte, es ihr je gleichzutun. Als Kind habe sie sowohl Märchen wie Gedichte verfaßt, aber als ich diese aus genuinem Interesse zu sehen verlangte, waren leider keine mehr vorhanden. Gedichte hätte sie sehr schnell geschrieben, viel schneller als ich, wie ich zu meinem Leidwesen feststellen mußte, nur eine halbe Stunde pro Gedicht. Ich brauchte manchmal Tage, um mir auch nur eine Strophe zurechtzulegen. Und mein Unwissen, im Vergleich zu ihrer Bildung, war ein schweres Defizit. (»Wer ist Michelangelo Buonarotti?«, fragte ich mit mühsamer und falscher Aussprache, über einem Geschichtsbuch sitzend. »Was, das weißt du nicht? Und sagst es nicht einmal richtig? Das hab ich in deinem Alter längst gewußt.« Ich schämte mich, und das nächste Mal fragte ich nicht mehr.) Manchmal hat sie mich aus reiner Nervosität geohrfeigt oder geküßt, einfach weil ich da war.

## 14.

Meine ersten zwei Wohnungen waren helle Wohnungen. Als wir aus Hietzing wegmußten, sind wir nacheinander in zwei andere gezogen, dunkle Wohnungen, die wir mit ein oder zwei anderen jüdischen Familien teilten. Meine Mutter und ich bewohnten zusammen ein kleines Zimmer, das nur von einem Lichthof her erhellt war. Die Wiener Architekten müssen diese Zimmer mit geradezu sadistischer Beharrlichkeit in die Häuser hineingebaut haben. Es gehört doch eine gewisse Planmäßigkeit dazu, das Tageslicht trotz vorhandener Fenster derart auszuschließen. Es gab Wanzen. Man dreht das Licht ab und stellt sich vor, daß die Wanzen jetzt aus den Matratzen herauskriechen. Dann wird man gebissen, dreht das Licht an und jammert laut, weil dieses widerliche Ungeziefer tatsächlich im Bett herumläuft.

Ich hatte tagelang so ein Jucken am Kopf. Als meine Mutter endlich auf mich hörte und meine Haare eines Abends besichtigte, stellte sie entsetzt fest, daß ich Läuse hatte. Kopfläuse natürlich, die anderen Sorten waren ihr noch unbekannt. Aber auch der Umgang mit Kopfläusen hatte nicht zum Pensum ihres Prager Mädchenlyzeums gehört. Eine Hausgenossin riet zu einer Petroleumkur. Das war mir nicht geheuer, ich bettelte: »Können wir nicht bis morgen warten?« Aber die beiden Frauen hatten schon Benzin gefunden, nötigten mich, den Kopf mit den langen Haaren über eine Waschschüssel zu beugen, und machten sich eifrig daran, mir die stinkende Flüssigkeit darüber zu gießen. Dann banden sie mir ein Handtuch fest um den Kopf und schickten mich schlafen.

Ich hab diese Nacht überhaupt nicht geschlafen. Mein Kopf brannte wie Feuer. Da ich das Zimmer mit meiner Mutter teilte, ließ ich auch sie nicht zur Ruhe kommen. Trotz aller Klagen war sie nicht dazu zu bringen, mir das Handtuch abzunehmen oder es mich abnehmen zu lassen. Ich möge gefälligst nicht so wehleidig sein, und sie brauche ihren Schlaf, weil sie am nächsten Tag arbeiten müsse. Am nächsten Tag, als ich endlich Luft an meinen gequälten Kopf lassen durfte, waren die Läuse zwar weg, aber die Kopfhaut auch. Ich wurde kahl geschoren und bekam Salbe auf die wunde Haut gestrichen. Es dauerte Wochen, bevor diese Brandwunden ganz geheilt waren. (Ich hab beim Friseur nie unter einer Trockenhaube sitzen können. Bevor es den Handfön gab, bin ich mit nassem Kopf hinausgelaufen.) Die heimliche, oder vielmehr die unheimliche Frage war aber: Warum hatte sie auf mein Gejammer in der Nacht nicht reagiert? Sie spielte zerknirscht und unwissend, und der Arzt glaubte ihr, aber ich glaubte ihr nicht. Es war doch nicht möglich, daß sie nicht gemerkt hatte, was für üble Stunden das für mich gewesen waren. Ich begann zu zweifeln, ob die Grausamkeiten der Erwachsenen zufällig seien. Oder zum Besten der Kinder, wie sie behaupteten. Es ist dieselbe Frage, die sich bei der Betrachtung von Zivilisationen stellt, bei denen man den Teufel oder Dämonen austreibt, indem man den Kindern, die die bösen Geister beherbergen, auf den Leib rückt.

Meine Mutter wurde abergläubisch, hatte eine Kartenaufschlägerin, die ihr die Zukunft voraussagte, wie sie früher eine Schneiderin gehabt hatte, die ihr die Kleider nach Maß nähte, und redete von einem Wunderrabbiner, von dem sie abstammen wollte und der die Familie in der Not oft beschützt hatte. Sie beschwor mich, nie einen Goj zu heiraten, denn alle Gojim schlagen ihre Frauen. Das Pauschalurteil reizte zum Widerspruch. Alle, frage ich zweifelnd, sogar Goethe hat seine Frau geschlagen? Meine Mutter, verblüfft, bejaht nach kurzer Überlegung. Auch Goethe wird das getan haben, er war ein Goj wie die anderen.

Das Unheil war aus heiterem Himmel über sie hereingebrochen, auch wenn man nachher die Vorzeichen mit Gusto an allen zehn Fingern herzählte. Politik war ein unweibliches Interessengebiet gewesen, und im Prager Mädchenlyzeum wird man daher kaum gründliches und kritisches Zeitunglesen gelernt haben, ebensowenig wie die Behandlung von verlausten Kinderköpfen. Antisemiten verkehrten nicht mit

Juden, sonst wären sie ja keine Antisemiten gewesen, so daß es auch in ihrer gesellschaftlichen Erfahrung keine Anhaltspunkte gegeben hat. Man meinte, man lebe ja nicht in Polen, dem traditionellen Land der Pogrome. Vor dem Anschluß gab es Dinge, die hautnäher waren als die Politik, z.B. Zwistigkeiten innerhalb der Familie, Erbschaftsangelegenheiten und die leidigen Geschichten mit dem ersten Mann. Außerdem hatte sie, die Sportlerin in der Familie, eine kleine Turnschule eröffnet, wo sie ein wenig Gymnastik betrieb, für gewesene höhere Töchter, die den ersten Hausfrauenspeck ansetzten. Nach dem Anschluß gab es nur noch die Politik.

Einmal bin ich mit ihr zur jüdischen Gemeinde gegangen, wo ein junger Mann uns gefragt hat, ob sie mich nicht mit einem Kindertransport nach Palästina schicken wolle. Es sei gerade noch Zeit, die letzte Chance. Sehr zu raten. Mir klopfte das Herz, denn ich wäre liebend gern weggefahren, auch wenn es ein Verrat an ihr gewesen wäre. Aber sie hat mich nicht gefragt und nicht einmal angeschaut, sondern sagte, »Nein. Man trennt kein Kind von der Mutter.« Auf dem Heimweg kämpfte ich mit meiner Enttäuschung, die ich ihr ja nicht ausdrücken konnte, ohne sie zu verletzen. Ich glaube, das hab ich ihr nie verziehen. Der andere Mensch, der ich geworden wär, wenn ich nur ein Wort hätte mitreden können, wenn sie mich nicht einfach als ihr Eigentum behandelt hätte.

Aber sie besaß auch so erbarmungswürdig wenig. Als ich mich in ihrem damaligen Alter von meinen Kindern trennte, gingen sie ins College, nicht ins KZ, und ich hatte Beruf und Freunde, ein weites Land und ein freies Leben. Sie war damals so fertig mit den

Nerven, daß sie einen Tick entwickelte, ein nervöses Zucken am Bein. Mir war dieses Zucken sympathisch, weil es zu meiner Mutter gehörte. Sie spintisierte, wie sie noch mehr verlieren könnte, und dachte dabei nicht an Mord, sondern, wie es sich für Frauen ihrer Generation gehörte, an Untreue. Sie war eifersüchtig auf meinen Vater, wohl nicht ganz ohne Grund. Sie hatte ihn schon vorher einiger »Seitensprünge« verdächtigt, und nun war er in Frankreich. Leute, die ihn im Sammellager Drancy kannten, haben ihr geschrieben, er sei bis zum Ende hilfsbereit und humorvoll gewesen. Es gab oder gibt aber auch eine Familienlegende, daß mein Vater in Frankreich eine Freundin hatte, daß beide vor der bevorstehenden Verhaftung gewarnt worden waren und nicht schnell genug aus der Wohnung gekommen sind, weil die Freundin noch ihre Hüte einpacken wollte. Möglich ist alles. Aber es klingt nach Werfel.

Daß sie mir jedoch von ihrer Eifersucht berichtete, mir sozusagen ihr Herz über meinen Vater ausschüttete, war sinnlos. Ich schob ihre Vertraulichkeiten von mir, als eine unappetitliche Intimität. Im Grunde interessierte mich eben nur eine Art von Klatsch, nämlich wohin unsere prekäre Beziehung zur arischen Umwelt führen sollte. Meine Mutter, Jahrzehnte später: »Der Papa hat mir so einen liebevollen Brief aus Drancy geschrieben. Den hab ich bis Auschwitz gehabt, da hab ich ihn verloren.« Sie sagt »verloren«, als sei es aus Unachtsamkeit geschehen und so, als hätte sie irgendwas von dort mitnehmen können, als hätten die nicht noch alle Körperöffnungen durchspürt, damit der Jud nur ja nichts hat, was das Reich brauchen könnt. Und sie sagt's, als hätte sie ihre Eifersucht von damals vergessen, das hat sie wohl auch.

Ich war im Weg, aber vielleicht auch manchmal ein willkommenes Objekt zum Abreagieren. Im Weg und unnütz und faul und doch das einzige, was ihr geblieben war. Innerhalb von drei oder vier Jahren war sie entwurzelt worden, ihr Leben war zusammengeschrumpft, und sie war vereinsamt. Der Mann auf der Flucht, der Sohn in Prag, die Schwester mit Familie in Ungarn, der Freundes- und Verwandtenkreis ausgewandert, nach Amerika, Palästina, England, oder verschickt nach Theresienstadt und »nach Polen«, wie man sagte. Und sie stand da mit ihrer Reichsfluchtsteuer, die sie nicht zahlen konnte. Dann kam die Nachricht, daß mein Bruder mit seinem Vater von Prag aus nach Theresienstadt verschleppt worden war. Meine Mutter erhielt einige Postkarten von ihm. Die Aussicht, ihn wiederzusehen, nahm ihr die Furcht vor der Deportation.

Ich wurde krank, »septische Masern«. Vielleicht war's rheumatisches Fieber, das wurde behauptet. Ich dämmerte wochenlang vor mich hin, in dem finsteren kleinen Loch, wo wir hausten, dann im Spital, in einem großen Saal, wo mir die anderen Kinder ein Greuel waren, und hatte es gründlich satt weiterzumachen. Ich war schrullig, exzentrisch, asozial geworden. Es gab nichts mehr, worauf man sich freuen konnte. Am Ende konstatierten die Ärzte einen Herzfehler. Meine Mutter ließ durchblicken, ich würde keine Kinder haben können. Höchstes Glück der Frau, das sie voll genossen, dem aber ihr armes, krankes Pupperl entsagen müsse. Ich begann mir selbst absonderlich vorzukommen.

Warum waren wir noch da? Ich hab's damals gefragt, ich frag es noch heute. Wenn andere so fragen, dann sag ich, die Frage ist blöd, schaut doch nicht immer auf die Exulanten, die Glück oder Geld oder beides hatten, denkt doch an die Hunderttausende deutsche und österreichische Juden, die umgekommen sind, wir waren eben unter denen, die in den Strudel gerieten. Aber *sie* frag ich, »Warum? Du bist doch sonst tüchtig, warum warst du's damals nicht?« »Die Reichsfluchtsteuer«, sagt sie. (Und vielleicht dein Wahnsinn, deine angesammelten Neurosen? Und die Nazis obendrein, die haben dich so fertiggemacht, daß dir nichts mehr eingefallen ist zu unserer Rettung?) »Und ich konnte doch den Schorschi nicht in Prag lassen.« »Und warum bist du nicht hingefahren und hast ihn geholt?« »Das war gefährlich, da hätte ich dich zurücklassen müssen.« Die Schlange, die sich in den Schwanz beißt: ein Teufelskreis.

Und irgendwann wurde es aussichtslos. Sie hielt sich dann, so lange sie konnte, in Wien. Sie bekam eine Stelle im jüdischen Krankenhaus als Hilfsschwester und Krankengymnastin. Sie ging früh morgens fort, ich schlief mich aus, las im Bett, ging dann zum Spital hinüber, wo ich zu essen bekam und wo es eine schöne warme Dusche gab, und verbrachte den Rest des Tages lesend und einsam im Spitalgarten. Wir sind aus Wien so ziemlich mit den letzten Juden verschickt worden, mit dem »Spitaltransport«, im September 1942.

Heute habe ich keine Freunde, keine Verwandten mehr in Österreich, höchstens daß sich hie und da ein Kollege oder ein entfernter Bekannter dort aufhält. Nur die Literatur dieses Landes, von Adalbert Stifter bis Thomas Bernhard, redet mich intimer an als andere Bücher, nämlich im bequemen Tonfall einer vertraut hinterfotzigen Kindersprache.

## 15.

Nach dem Krieg bin ich nochmals ein paar Wochen lang in diesen Urschleim eingetaucht, erstaunt, daß die Stadt noch da war, denn das eigene Leben schien sie überholt zu haben. Da waren die Russen, man ging ihnen aus dem Weg, gefürchtet hab ich sie eigentlich nicht so, wie sie es verdienten, denn da hatte ich schon das Fürchten verlernt.

Vieles war unverändert. Da war noch der mickrige Esterhazy Park im 7. Bezirk, wo ich in frühester Kindheit gespielt hatte und den ich beim Wiedersehen als den ekelhaften Geschmack von Lakritzen in die Geruchserinnerung einatmete. »Hasipark« hatte ich ihn in der sprachlichen Unschuld genannt, mit der Kinder sich das Fremdartige zurechtlegen, und der Haushalt hat's jauchzend übernommen. Dort lernte ich ein Spiel, bei dem man so schnell wie möglich vom Schutz eines Baumes zum anderen laufen mußte. Das gefiel mir gut, weglaufen, Schutz suchen. Es hieß »Vater, Vater, leih' m' [mir] d'Scher«, ein Satz, über den ich endlos grübelte, weil ich statt drei oder vier Wörter nur *ein* Wort, und das ein Unsinnwort, ungefähr »leimatschär« hörte. Umgekehrt gab ich anscheinend harmlosen Wörtern einen tieferen Sinn, wie wenn ich das Wort »Scharführer« als »Scharfführer« aufnahm, passend sinnverändert, wie in Scharfrichter: Ich wußte von meiner Lektüre, was der für eine Aufgabe hatte. Ein schwarzer Kollege an der University of Virginia erzählte mir einmal, er habe in seiner Kindheit den Ort Lynchburg, der nach einem berühmten General benannt ist, für eine Stadt gehalten, wo man als Schwarzer automatisch gelyncht würde. Sprachgebundene Terrorphantasien der Kinder von verfolgten Minderheiten.

Als ich es mir 1962 in Berkeley einfallen ließ, mein Leben wieder einmal umzukrempeln und dort Germanistik zu studieren, und die Erinnerungen auf mich eindrangen, einschlugen, dadurch, daß ich wieder anfing, deutsch zu sprechen, durch meine Seminararbeiten auch mühsam lernte, es zu schreiben, jeder Satz wie hinter sieben Schleiern: Da war auch die Stadt wieder da, die ich etwa zwanzig Jahre davor unfreiwillig verlassen hatte, die Stadt, von der aus ich in den Tod fahren sollte und nicht in den Tod gefahren bin. Da hab ich mir einen traumhaft verzerrten Geister-Hasipark so vorgestellt:

SAND

*Auf verlassenem Spielplatz wirbelt der Sand.*
*Balken torkeln.*
*Sengende Sonne über den Schaukeln*
*blendet; blinde*
*Stadt, die ein Kind*
*sandigen Auges verbannte,*
*menschenleere:*

*was soll mir dieser Wind*
*von einem andern Meer?*

Mein Vers durfte nicht ausklingen auf »Meere«, also auf keinen reinen Reim, wie auch »Sand« auf »verbannte« anklingen, aber nicht auf »verbannt« reimen sollte. Es sollte offen bleiben, ob der Wind vom Pazifik der Gegenwart herwehte oder vom trägen Gewässer der Gespensterstadt, wo ich keinen lebenden Menschen mehr kenne.

Wien ist Weltstadt, von Wien hat jeder sein Bild. Mir ist die Stadt weder fremd noch vertraut, was wiederum umgekehrt bedeutet, daß sie mir beides ist, also heimatlich unheimlich. Freudlos war sie halt und kinderfeindlich. Bis ins Mark hinein judenkinderfeindlich.

# ZWEITER TEIL

## *Die Lager*

Das Volk der Touristen, das heute nach München strömt, geht erst zum Marienplatz, um das hübsche Glockenspiel zu genießen und die putzigen Holzpuppen zu bewundern, die am Rathausturm pünktlich ihren Tanz aufführen, und fährt dann nach Dachau zu den Baracken. Wer Goethes und seiner Christiane Gartenhaus zu Weimar in freundlicher Erinnerung behalten will, besichtigt auch gleich das Mahnmal in Buchenwald in ehrerbietiger Bestürzung. In dieser Museumskultur der KZs verpflichtet das historische Gewissen jeden sensiblen Zeitgenossen, vom sittlichen Politiker ganz zu schweigen, an einer solchen Stätte zu photographieren oder, besser noch, sich photographieren zu lassen.

Was haben wir davon? Neulich lernte ich zwei sympathische deutsche Studenten kennen, ernste junge Leute mit Grundsätzen. Sie waren Germanisten im ersten Semester, ihr Seminarleiter, mit mir befreundet, war mit seinen Leuten zum Hainbunddenkmal spaziert, und ich hatte meine gleich daneben liegende Wohnung zum Hainbundcafé stilisiert und sie alle eingeladen. Die beiden sprachen angeregt miteinander, ich hörte das Wort Auschwitz, aber nicht, wie so oft in Deutschland und auch anderswo, als Kürzel für Massenmord oder als politisches Stichwort, sondern sachlich, als Bezeichnung für einen Ort, den sie zu kennen schienen. Ich horchte auf, fragte, gab aber aus Bequemlichkeit meine eigene Bekanntschaft mit dem Lager nicht preis. Ich erfuhr, sie hätten eben ihren Zivildienst hinter sich gebracht. Ihre Aufgabe war es gewesen, in Auschwitz die Zäune weiß zu streichen. Ja, das sei möglich. Zivildienst als Wiedergutmachung. Ob das sinnvoll sei, fragte ich zweifelnd. Aber das Gelände muß doch erhalten bleiben, erwiderten sie, ihrerseits verdutzt über die Frage. Zwar waren sie nicht besonders gut auf die Touristen zu sprechen (all die Amerikaner!), und auch den Schulklassen waren sie eher abhold, und trotzdem: Bewahrung der Stätten. Wozu nur?

Der liebe Augustin der Wiener Legende erwachte in der Pestgrube, und nichts war ihm passiert. Er stolperte aus der Grube heraus, ließ sie hinter sich und dudelte weiter, Symbol der Lebensbejahung im großen Sterben. Uns geht es anders, uns lassen sie nicht locker, die Gespenster, mein ich. Wir erwarten, daß Ungelöstes gelöst wird, wenn man nur beharrlich festhält an dem, was übrigblieb, dem Ort, den Steinen, der Asche. Nicht die *Toten* ehren wir mit diesen unschönen, unscheinbaren Resten vergangener Verbrechen, wir sammeln und bewahren sie, weil *wir* sie irgendwie brauchen: Sollen sie etwa unser Unbehagen erst beschwören, dann beschwichtigen? Der ungelöste Knoten, den so ein verletztes Tabu wie Massenmord, Kindermord hinterläßt, verwandelt sich zum unerlösten Gespenst, dem wir eine Art Heimat gewähren, wo es spuken darf. Ängstliches Abgrenzen gegen mögliche Vergleiche, Bestehen auf der Einmaligkeit des Verbrechens. Nie wieder soll es geschehen. Dasselbe geschieht sowieso nicht zweimal, insofern ist alles Geschehen, wie jeder Mensch und sogar jeder Hund, einmalig. Abgekapselte Monaden wären wir, gäbe es nicht den Vergleich und die Unterscheidung, Brücken von Einmaligkeit zu Einmaligkeit. Im Grunde wissen wir alle, Juden wie Christen: Teile dessen, was in den KZs geschah, wiederholt sich vielerorts, heute und gestern, und die KZs waren selbst Nachahmungen (freilich einmalige Nachahmungen) von Vorgestrigem.

Im heutigen Hiroshima, einer fleißigen Industriestadt, ist die Gedenkstätte der großen Katastrophe, die ein neues Zeitalter eröffnete, ein Blumen- und Tempelpark, in dem Schulklassen japanischer Kinder, in ihren englischen Schuluniformen, toben. Die Japaner sind dem verflossenen Entsetzen ebenso hilflos ausgeliefert wie wir, weil auch ihnen nichts Gescheites dazu einfällt, außer das auch uns bekannte »Nie wieder«. Man sieht das leichter in einer fremden Stadt. Die Kinder kommen mit ihren Geschichtslehrern und hängen Origami, aus Papier gefältelte Kraniche und andere symbolische Objekte, an die diversen Büsche und Bäume der Friedensgöttin und treiben ansonsten Allotria. Wasser plätschert, wie überall in Japan, wo man es schön oder eindrucksvoll oder gemütlich haben will. Auf Kassetten gespeicherte poetische Mahnworte zum Thema Frieden und Menschlichkeit werden in regelmäßigen Zeitabschnitten abgespult. Eingezäunt steht inmitten dieser Beschwichtigungsmanöver die häßlichste Ruine der Welt: Das Gebäude wurde ja nicht von einer Bombe »getroffen«, sondern die Bombe explodierte über dem Gebäude und verunstaltete es durch die Hitze, so daß es so unnatürlich aussieht wie ein menschliches Gesicht, das seine durch das Leben geformten Züge im Feuer verloren hat.

Nichts gegen den Gespensterglauben, den ich ja teile. Nur muß man wissen, zu wem man betet. Einer meiner beiden Zaunanstreicher, der ein guter Christ ist und im Stammlager Auschwitz Gelegenheit zum Beten fand, weiß bestimmt nicht den Unterschied zwischen dem Herrgott und einem Gespenst. Denn der Herrgott ist das personifizierte Gleichgewicht, und nord- und südliches Gelände, versichert uns der Dichter, ruht im Frieden seiner Hände. Hingegen ist das Gelände, das der Zaunanstreicher instand halten half, höchstens ein Quartier in der Vorhölle, wo die Unerlösten sich aufhalten. So ist es nur passend, daß sich auf diesem heutigen Gelände die Konfessionen befeinden, Juden gegen Nonnen, unausgewogen, bitterböse; kirchliche Würdenträger mischen sich ein, ein speicheltriefender Streit. Gespenstergelände, kein Gottesgelände.

Meine jungen Bekannten, die ein so unbeabsichtigtes wie freiwilliges Interesse an meiner Kindheit genommen hatten, weigerten sich hartnäckig, den Unterschied zwischen Polen und Juden zuzugeben und den Antisemitismus der polnischen Bevölkerung in ihre Besinnungsstunden und Beschaulichkeiten miteinzubeziehen. Das geschundene Volk muß gut gewesen sein, wo kämen wir sonst hin mit dem Kontrast von Tätern und Opfern?

Nicht anders die höheren Semester. Ich sitze am Mittagstisch mit einigen Göttinger Doktoranden und Habilitanden. Einer berichtet, er habe in Jerusalem einen alten Ungarn kennengelernt, der sei in Auschwitz gefangen gewesen, und trotzdem, »im selben Atem« hätte der auf die Araber geschimpft, die seien alle schlechte Menschen. Wie kann einer, der in

Auschwitz war, so reden? fragte der Deutsche. Ich hake ein, bemerke, vielleicht härter als nötig, was erwarte man denn, Auschwitz sei keine Lehranstalt für irgend etwas gewesen und schon gar nicht für Humanität und Toleranz. Von den KZs kam nichts Gutes, und ausgerechnet sittliche Läuterung erwarte er? Sie seien die allernutzlosesten, unnützesten Einrichtungen gewesen, das möge man festhalten, auch wenn man sonst nichts über sie wisse. Man gibt mir weder recht, noch widerspricht man mir. Deutschlands hoffnungsvoller intellektueller Nachwuchs senkt die Köpfe und löffelt verlegen Suppe. Jetzt hab ich euch mundtot gemacht, das war nicht die Absicht. Eine Wand ist immer zwischen den Generationen, hier aber Stacheldraht, alter, rostiger Stacheldraht.

Dabei hätte es schon Einwände geben können. Glaub ich denn nicht selbst, in den Lagern über Menschen in Not etwas gelernt zu haben, das auch später anwendbar war? Eben weil ich Vergleiche nicht ablehne? Und gelten meine zähneknirschendsten Reaktionen nicht denen, die mir dieses Wissen streitig machen, und denen, die ohne weiteres Hinsehen annehmen wollen, an einem solchen Ort müsse man unzurechnungsfähig werden?

Ein Bekannter, ein Jude in Cleveland, verlobt mit einer Deutschen, sagt mir ins Gesicht: »Ich weiß, was ihr getan habt, um euch am Leben zu erhalten.« Ich wußte es nicht, aber ich wußte, was er meinte. Er meinte: »Ihr seid über Leichen gegangen.« Hätte ich antworten sollen: »Ich war damals erst zwölf? Das hieße ja: »Die anderen waren übel, ich aber nicht.« Oder sagt man: »Ich bin von Haus aus ein guter Mensch«, auch das im Gegensatz zu den anderen.

Oder sagt man: »Wie kommst du dazu?« und macht Krach. Ich hab gar nichts gesagt, ich bin nach Haus gegangen und war deprimiert. Und in Wirklichkeit war es Zufall, daß man am Leben geblieben ist.

Da sollen wir Überlebenden entweder zu den Besten oder zu den Schlechtesten gehören. Und die Wahrheit ist auch hier, wie üblich, konkret. Die Rolle, die so ein KZ-Aufenthalt im Leben spielt, läßt sich von keiner wackeligen psychologischen Regel ableiten, sondern ist anders für jeden, hängt ab von dem, was vorausging, von dem, was nachher kam, und auch davon, wie es für den oder die im Lager war. Für jeden war es einmalig.

Heute gibt es Leute, die mich fragen: »Aber Sie waren doch viel zu jung, um sich an diese schreckliche Zeit erinnern zu können.« Oder vielmehr, sie fragen nicht einmal, sie behaupten es mit Bestimmtheit. Ich denke dann, die wollen mir mein Leben nehmen, denn das Leben ist doch nur die verbrachte Zeit, das einzige, was wir haben, das machen sie mir streitig, wenn sie mir das Recht des Erinnerns in Frage stellen.

Kindern, die Pogromen und anderen Katastrophen entkommen sind, hat man oft untersagt, diese Erfahrungen zu verarbeiten und sie dazu angehalten, sich wie »normale« Kinder zu benehmen. Man tut das zum Besten der Kinder, die nicht über »diese Dinge« sprechen sollen. Die verarbeiten ihre Traumata oft in erfundenen Spielen, die sie vor den Erwachsenen geheimhalten.

Erst neulich gab es (wieder einmal) Geiseln im Fernsehen, darunter ein Kind, von einem Machthaber zynisch ausgestellt. Am nächsten Tag schreibt einer, der es besser wissen sollte, in der Zeitung, daß das Kind gelangweilt ausgesehen habe und nicht verstand, was vorging. Das Kind war jedoch alt genug, um zu wissen, was mit ihm geschah, und war weder blind noch taub. Verdrängungsbedarf der Erwachsenen. Ich kenn das gut.

Oder das deutsche Ehepaar, zu Gast bei gemeinsamen amerikanischen Freunden, er einarmig, das Fleisch tranchierend, seine Überwindung der Kriegsverletzung als Tugend zur Schau stellend. Die Gastgeberin hat die Frau des Veteranen auf mich aufmerksam gemacht, die sagt: »Die kann nicht im KZ gewesen sein, die ist zu jung.« Sie hätte sagen müssen, »Die war zu jung zum Überleben«, nicht zu jung, um dort gewesen zu sein. Ich ärgere mich, als ich zu spät von diesem Wortwechsel informiert werde. Denn daß auch Kleinkinder, viel jüngere als ich, verschleppt wurden, gehört zur Allgemeinbildung der Deutschen, wie es zur Allgemeinbildung der Juden in aller Welt gehört. Somit wird auch hier ein Bedürfnis der Erwachsenen gestillt, das Erlebnisvermögen der Kinder in Frage zu stellen.

In Buchenwald gibt es ein metallenes Schild am alten Verwaltungsgebäude, das die Rettung eines jüdischen Kindes, beim Namen genannt, wenn auch nicht als jüdisch identifiziert, festhält und feiert. Es gibt auch einen Roman über die Rettung dieses Kindes. Das Schild verschleiert die wahren, zumeist unguten, wenn überhaupt vorhandenen Beziehungen zwischen politischen und jüdischen Häftlingen. Die Politischen, die teils selbst aus antisemitischem Milieu kamen, verachteten die Juden, weil sie sich als moralisch höherstehend vorkamen, waren sie doch wegen ihrer Überzeugungen inhaftiert worden, die Juden hingegen wegen nichts und wieder nichts. (Politisch aktive Juden wurden im KZ immer noch als Juden behandelt.) Noch nach dem Krieg ist mir dieser Hochmut der Politischen aufgefallen, der eigentlich ein Fanatismus ist. Sich etwas einbilden darauf, im KZ gewesen zu sein? Freiwillig war keiner hingegangen. Freiwillig gingen nur manchmal Verwandte mit Verwandten in den Tod, am häufigsten Mütter mit ihren Kindern. Die waren allemal Juden. Einmal hat sich ein katholischer Priester für einen anderen Katholiken vergasen lassen. Der Priester ist heilig gesprochen worden, in Anbetracht des großen Seltenheitswertes der Selbstlosigkeit. Den Politischen war es um die eigene Rettung und höchstens noch um ihre Organisation zu tun, nicht um die Rettung der Unsrigen, denen es noch schlechter ging als ihnen. Die Agitprop-Burschen, die das Schild vom geretteten Kind anbrachten, infantilisierten, verkleinerten und verkitschten damit den großen Völkermord, die jüdische Katastrophe im 20. Jahrhundert. Das ist mir der Inbegriff von KZ-Sentimentalität. Und der Roman über dieses Kind ist trotz der Achtung, die er genießt, ein Kitschroman.

Gewiß, es zieht auch welche, die ohne Touristenneugier oder Sensationslust kommen, zu den alten Lagern, aber wer dort etwas zu finden meint, hat es wohl schon im Gepäck mitgebracht. So einer war Peter Weiss, als er einen Aufsatz schrieb, in dem er, nach einem Besuch in Auschwitz, das Lager als »seine Ortschaft« bezeichnet, weil er als Jude verurteilt war, dort zu sterben. Das wird schon richtig gewesen sein, denk ich, für diesen Besucher, der eben doch nicht verurteilt war, dort zu sterben, sondern es nur gewesen wäre, hätte er nicht auswandern können. Den Aufsatz verstehe ich gut, handelt er doch von meiner Frage, ob man Gespenster in Museen bannen kann, und Peter Weiss schleppte damals die seinen vom Frankfurter Auschwitz-Prozeß nach Polen. Da heißt es zuerst »Nein«, man kann es nicht, denn das Lager, das Peter Weiss sieht, ist leer vom alten Geschehen, eben nicht mein Lager, sondern schon eher das Lager, wo die zwei lieben deutschen Jungen die Zäune brav weiß streichen, um das Gelände instand zu halten. Und doch gibt er eine zweite Antwort, ein »Ja« im letzten Moment, auf der letzten Seite, denn da gelingt es diesem Gast in Auschwitz, in einer alten Baracke die Geister zu beschwören. Der springende Punkt: Er sah das, was er mitgebracht hatte, in der neuen Konstellation des Ortes, die da heißt Gedenkstätte und Besucher, und was könnte weiter entfernt sein von der Konstellation Gefängnis und Häftling?

Dabei war Weiss der beste Besucher, den man sich wünschen kann, denn er sah kein fertiges, starres Mahnmal. Er endet mit der Bemerkung, daß »es« noch nicht vorbei sei, und so hat er mit der ihm eigenen Konsequenz die Judenverfolgung mit anderen Massenverbrechen verglichen, was ihm viele übel genommen haben. Aber ich weiß gar nicht, wie man anders an die Sache herankommen soll als durch Vergleiche.

Claude Lanzmann, auf der Suche nach den Lagern, fragt die Einheimischen in seinem quälenden *Shoah*-Film: »War's drei Schritte rechts oder links von hier? Da oder dort? Waren die Bäume damals schon da?« Ein Besessener, denk ich, Zuschauerin im dunklen Raum, und bewunder ihn halb, halb bin ich ihm voraus: »Du brauchst die Orte. Mir genügen die Ortsnamen«, und bin doch gebannt von seiner Besessenheit.

Es liegt dieser Museumskultur ein tiefer Aberglaube zugrunde, nämlich daß die Gespenster gerade dort zu fassen seien, wo sie als Lebende aufhörten zu sein. Oder vielmehr kein tiefer, sondern eher ein seichter Aberglaube, wie ihn auch die Grusel- und Gespensterhäuser in aller Welt vermitteln. Ein Besucher, der hier steht und ergriffen ist, und wäre er auch nur ergriffen von einem solchen Gruseln, wird sich dennoch als ein besserer Mensch vorkommen. Wer fragt nach der Qualität der Empfindungen, wo man stolz ist, überhaupt zu empfinden? Ich meine, verleiten diese renovierten Überbleibsel alter Schrekken nicht zur Sentimentalität, das heißt, fuhren sie nicht weg von dem Gegenstand, auf den sie die Aufmerksamkeit nur scheinbar gelenkt haben, und hin zur Selbstbespiegelung der Gefühle?

Andererseits: Eine deutsche Psychiaterin meines Alters erzählt mir, wie sie als Kind, nach dem Krieg, eine Gruppe gleichaltriger Kinder organisiert und zu einer Wanderung ins nahe KZ Flossenbürg angespornt habe. Das KZ war verlassen, aber die Spuren der Häftlinge waren noch da, verrostete Gegenstände, Kleiderfetzen, die Baracken. Der Ort war nach der Befreiung hastig verlassen und nachher nicht wieder aufgesucht worden. Meine Freundin sagt, dort hätte sie etwas angeweht von der Shoah, und das sei keine Museumsatmosphäre gewesen. Jahre später waren es dann die Lehrer selber, die solche Gruppen leiteten und den Schülern ihre Reaktionen zu diktieren suchten. Damals war noch alles frisch, das Blut zwar unwiderruflich vergossen, aber sozusagen noch nicht geronnen. Ich stelle mir diese Kinder vor, wie sie mit offenem Mund und kleinem verlegenem Kichern einen Blechlöffel aufheben, das Bettstroh betasten, mit dem wohlig-schuldigen Gefühl, den Erwachsenen heimlich eins auszuwischen, ihnen hinter die Vorhänge geschaut zu haben, also Verbotenes zu tun, angeführt oder verleitet von einer dreisten Schulkameradin.

Für mich hat dieses Lager, Flossenbürg, das ich gar nicht kenne, einen einmaligen Stellenwert, denn dorthin wäre ich selbst beinahe verfrachtet worden, es wäre somit fast mein viertes Lager geworden. Das hab ich erst Jahrzehnte später herausbekommen, als ich über die Lager zu lesen begann, denn lange Zeit habe ich mich nicht dafür interessiert. Flossenbürg, das ich vermieden und das die gleichaltrige deutsche Freundin unter anderen Vorzeichen aufgesucht hat: Sie stand im verlassenen Lager und wurde Zeugin. Man könnte fast meinen, da schließt sich ein Ring.

Dachau hab ich einmal besucht, weil amerikanische Bekannte es wünschten. Da war alles sauber und ordentlich, und man brauchte schon mehr Phantasie, als die meisten Menschen haben, um sich vorzustellen, was dort vor vierzig Jahren gespielt wurde. Steine, Holz, Baracken, Appellplatz. Das Holz riecht frisch und harzig, über den geräumigen Appellplatz weht ein belebender Wind, und diese Baracken wirken fast einladend. Was kann einem da einfallen, man assoziiert eventuell eher Ferienlager als gefoltertes Leben. Und heimlich denkt wohl mancher Besucher, er hätte es schon schlimmer gehabt als die Häftlinge da in dem ordentlichen deutschen Lager. Das mindeste, was dazu gehörte, wäre die Ausdünstung menschlicher Körper, der Geruch und die Ausstrahlung von Angst, die geballte Aggressivität, das reduzierte Leben. Geistern hier noch die Männer, die sich durch die langen, kranken Stunden geschleppt haben, die sogenannten Muselmänner, die Kraft und Energie zum Weiterleben verloren hatten? Oder die Privilegierten, denen es besser ging, die dafür aber exponierter waren und noch eher umgebracht wurden? Die selbstgerechten Politischen und die auf ihre Art nicht minder selbstgerechten eingesessenen deutschen Juden, denen das Haus überm assimilierten Kopf zusammengebrochen war? Sicher helfen die ausgehängten Bilder, die schriftlich angeführten Daten und Fakten und die Dokumentarfilme. Aber das KZ als Ort? Ortschaft, Landschaft, landscape, seascape – das Wort Zeitschaft sollte es geben, um zu vermitteln, was ein Ort in der Zeit ist, zu einer gewissen Zeit, weder vorher noch nachher.

Heute verschweigen sie oft ebensoviel wie sie vermitteln. In Auschwitz sind die jüdischen Opfer so vereinnahmt worden in die polnischen Verluste, daß meine Zaunanstreicher einen Unterschied nicht wahrhaben wollten. Meine Zaunanstreicher glaubten alles, auch das Ärgste, von ihren eigenen Großvätern, viel Arges von den Alliierten und nichts Schlimmes von den Opfern. Das heißt: von der Großvätergeneration, daß sie noch immer vieles verdränge; von den Allierten, daß sie die KZs nicht rechtzeitig befreit hätten, auch wenn und wo es möglich gewesen wäre; aber keineswegs, daß die Polen Antisemiten waren und ihre Juden nicht ungern loswurden. Mein Einwand, die Polen sollten nicht einfach die polnischen Juden als polnische Opfer zählen, denn vergast worden seien ja vor allem die Juden, und die ermordeten Kinder seien allesamt Juden- oder Zigeunerkinder gewesen, wurde von den beiden abgelehnt, und das mit einer Entschiedenheit und Endgültigkeit, die mich verblüffte, von diesen sonst nachdenklichen und keineswegs selbstgerechten Kindern. Dabei hatte ich meinen letzten Hintergedanken gar nicht ausgesprochen, den über die Devisen, die durch die Juden auf Wallfahrt, besonders die amerikanischen Juden, nach Polen kommen und durch die Auschwitz vermutlich zu einer einträglichen Einkommensquelle für Polen geworden ist.

Es ist unsinnig, die Lager räumlich so darstellen zu wollen, wie sie damals waren. Aber fast so unsinnig ist es, sie mit Worten beschreiben zu wollen, als liege nichts zwischen uns und der Zeit, als es sie noch gab. Die ersten Bücher nach dem Krieg konnten das vielleicht noch, jene Bücher, die damals niemand lesen wollte, aber gerade sie sind es, die unser Denken seither verändert haben, so daß ich heute nicht von den Lagern erzählen kann, als wäre ich die erste, als hätte niemand davon erzählt, als wüßte nicht jeder, der das hier liest, schon so viel darüber, daß er meint, es sei mehr als genug, und als wäre dies alles nicht schon ausgebeutet worden – politisch, ästhetisch und auch als Kitsch.

Ja, und nun trotzdem meine Zeitschaften. Ort in der Zeit, die nicht mehr ist. Ich wollte meine Erinnerungen »Stationen« nennen und ganz unbefangen an Ortsnamen knüpfen. Erst jetzt, an dieser Stelle, frage ich mich, wieso Orte, wenn ich doch eine bin, die nirgendwo lange war und wohnt. Wiederholt bin ich gestrandet, und so sind mir die Ortsnamen wie die Pfeiler gesprengter Brücken. Wir können nicht einmal sicher sein, daß es die Brücken hier, wo es nach Pfeilern aussieht, gegeben hat, und vielleicht müssen wir sie erst erfinden, und es könnte ja sein, daß sie, obwohl erfunden, trotzdem tragfähig sind. Wir fangen mit dem an, was blieb: Ortsnamen.

Erinnerung ist Beschwörung, und wirksame Beschwörung ist Hexerei. Ich bin ja nicht gläubig, sondern nur abergläubisch. Ich sag manchmal als Scherz, doch es stimmt, daß ich nicht an Gott glaub, aber an Gespenster schon. Um mit Gespenstern umzugehen, muß man sie ködern mit Fleisch der Gegenwart. Ihnen Reibflächen hinhalten, um sie aus ihrem Ruhezustand herauszureizen und sie in Bewegung zu bringen. Reibeisen aus dem heutigen Küchenschrank für die alten Wurzeln; Kochlöffel, um die Brühe, die unsere Väter gebraut, mit dem Gewürz unserer Töchter anzurühren. Zaubern ist dynamisches Denken. Wenn es mir gelingt, zusammen mit Leserinnen, die mitdenken, und vielleicht sogar ein paar Lesern dazu, dann könnten wir Beschwörungsformeln wie Kochrezepte austauschen und miteinander abschmecken, was die Geschichte und die alten Geschichten uns liefern, wir könnten es neu aufgießen, in soviel Gemütlichkeit, als unsere Arbeits- und Wohnküche eben erlaubt. (Sorgt euch nicht, daß es zu bequem wird – in einer gut funktionierenden Hexenküche zieht es immer, durch Fenster und Türen und bröckelnde Wände.)

Wir fänden Zusammenhänge (wo vorhanden) und stifteten sie (wenn erdacht).

## *Theresienstadt*

### 1.

Der Geist der Geschichte genehmigt sich oft auf Kosten der Juden schlechte Witze: Zum Beispiel daß die Festung Theresienstadt ausgerechnet von Joseph II., dem Kaiser der jüdischen Emanzipation in Österreich, erbaut wurde; oder daß es dort zu meiner Zeit, September 1942 bis Mai 1944, tschechische Häftlinge gab, die den Ort schon früher als Rekruten kennengelernt hatten und ihn jetzt zum zweiten Mal als Gefangene erlebten. Rational angelegt, mit einem kleinen Raster von Straßen für die Zivilbevölkerung und Baracken für die Soldaten, die dort ihren Militärdienst absolvierten, war es immer ein ärmliches Städtchen gewesen, kein Kurort. Ferdinand von Saar, ein zweitrangiger österreichischer Autor der Jahrhundertwende, schreibt in einer Liebesgeschichte, betitelt »Ginevra«:

*Ich war zwanzig Jahre alt und Fähnrich bei einem Regiment, das einen Teil der Friedensbesatzung von Theresienstadt bildete. Diese Festung mag – abgesehen von ihrer anmutigen Lage in einem der gesegnetsten Landstriche Böhmens – auch noch heute kein besonders erfreulicher Aufenthaltsort sein; damals aber – in den vierziger Jahren – konnte er wahrhaft trostlos genannt werden. Denn außer dem großen, mit zwei Baumreihen umpflanzten Hauptplatze, der fast durchgehends militärische Gebäude aufwies, gab es dort nur vier Gassen. Sie führten in den entsprechenden Windrichtungen nach den Toren und Wällen und bestanden zumeist aus kleinen, hütten-*

*ähnlichen Häusern, in denen sich Krämer und Handwerker, Bierwirte und Branntweinschänker angesiedelt hatten.*

Theresienstadt wurde in der Hitlerzeit als Ghetto bezeichnet, heute rechnet man es zu den KZs. Auch ich nannte es ›Ghetto‹ und unterschied es von Auschwitz, Dachau und Buchenwald, den KZs, deren Namen ich kannte. Uns hatte man erst aus unseren Wohnungen vertrieben und in Judenhäuser gepfercht, nun sollten wir in eine jüdische Siedlung verschickt werden. Daher Ghetto. So die Logik. Doch liegt auf der Hand, warum der Ausdruck unzutreffend ist. Ein Ghetto im normalen Sprachgebrauch ist kein Gefangenenlager von Verschleppten gewesen, sondern ein Stadtteil, in dem Juden wohnten. Theresienstadt hingegen war der Stall, der zum Schlachthof gehörte.

In Auschwitz-Birkenau verstand ich, daß ich im Konzentrationslager war. Das Wort »Vernichtungslager« gab es noch nicht. Mein drittes Lager, dessen Namen sich niemand merken will, hieß Christianstadt, war ein Außenlager von Groß-Rosen, auch das ein KZ, und wurde als Arbeitslager bezeichnet. Die Unlust der meisten Leute, darunter in meinem Fall auch gute Bekannte und meine eigenen Söhne, sich die Namen der kleineren Lager zu merken, ist vielleicht darauf zurückzuführen, daß man die Lager möglichst einheitlich und unter den großen Schildern der berühmt gewordenen KZs haben möchte. Das ist weniger strapaziös für Geist und Gefühl, als sich mit Differenzierungen auseinanderzusetzen. Ich bestehe auf diesen Unterscheidungen, riskiere bewußt, wenn auch ungern, die Leserin (wer rechnet schon mit männlichen Lesern? Die lesen nur von anderen Männern Geschriebenes) durch Belehrungen, die noch dazu teils von Laienpsychologie abhängig sind, zu irritieren oder gar zu brüskieren, im Glauben, daß es um einer guten Sache willen geschieht, nämlich um den Vorhang aus Stacheldraht zu durchbrechen, den die Nachkriegswelt vor die Lager gehängt hat. Da ist eine Trennung von Einst und Jetzt, von uns und denen, die nicht der Wahrheit, sondern der Faulheit dient. Absolut getrennt werden die Beschauer von den Opfern, auch das womöglich eine Funktion der KZ-Museen, die damit das Gegenteil ihrer vordergründigen und angeblichen Aufgabe erreichen. Es ist einfacher für das Fassungsvermögen, wenn das Wort »Lager« alles Wissenswerte über diese Anstalten umreißt. Und so werden alle Opfer, alle Lager in der Zusammenfassung nivelliert.

Zum Beispiel: Neulich las ich in der Zeitung von einem Forschungsprojekt, das frühere KZ-Häftlinge, die an Alpträumen leiden, betraf. Man verglich sie mit solchen, die sich eines ungetrübten Schlafes erfreuen, und suchte den Unterschied in Charaktereigenschaften und in den Situationen ihres gegenwärtigen Lebens. Was sie im Lager erlebt hatten, ließ man beiseite: Das *wußte* man ja. Ich sage, im Gegenteil, was man kennt, ist die Gegenwart. Die forschenden Psychologen ließen sich auf nichts Neues ein, sondern analysierten forsch den Vordergrund, das, was sie kannten, die Gegenwart. Ich meine, man müßte doch fragen, wie es diesen Forschungsobjekten *damals* ergangen war; ihre Häftlingszeit war ja der Ausgangspunkt des Projekts, wie kann die uninteressant sein? Was für unterschiedliche Dinge sind ihnen in den Lagern zugestoßen und angetan worden? Ob vielleicht die, die schlecht träumten, gefoltert worden waren und die anderen nicht. Auch das Schreckliche bedarf der näheren Untersuchung. Hinter dem Stacheldraht-Vorhang sind nicht alle gleich, KZ ist nicht gleich KZ. In Wirklichkeit war auch diese Wirklichkeit für jeden anders.

Also dieses »Ghetto« Theresienstadt. Öfter kommen Leute zu mir, die mir sagen: »Ich habe den oder jenen gekannt, der in Theresienstadt war, erinnern Sie sich an den oder die?« Nie hab ich diese Frage bejahen können. Theresienstadt war kein Dorf, wo man in Ruhe alle Nachbarn kennenlernen und mit ihnen verkehren konnte. Theresienstadt war ein Durchgangslager. Alles in allem sind fast 140000 Menschen nach Theresienstadt deportiert worden, von denen nicht einmal 18000 bei Kriegsende befreit werden konnten. Ich lebte dort mit 40000 bis 50000 Menschen, wo von Rechts wegen nur 3500 Soldaten oder Zivilisten hingehörten.

Mir war Theresienstadt zunächst Menschen. Das Wien, aus dem ich kam, das war dieser Spitalgarten gewesen, die Vereinzelung und Abgeschiedenheit meiner letzten Monate. Hier war ich auf einmal in einen überfüllten Ort gekommen, wo alle den Judenstern trugen und man daher auf der Straße auf keine Stänkerei gefaßt sein mußte. Wo allerdings auch eine Epidemie nach der anderen grassierte: Enzephalitis, die Schlafkrankheit, war gerade im Abflauen, als wir ankamen, darauf folgte unter anderem Gelbsucht, an der auch meine Mutter erkrankte (ich seh sie noch gelb wie eine Zitrone, unglaublich gelb, im oberen Stockbett liegen; in die Krankenkaserne konnte oder wollte sie nicht), und immer Gastroenteritis. Transporte kamen an, andere wurden abgeschickt, Betten leerten sich, wurden wieder gefüllt. Die Todesnachrichten rissen nicht ab, gehörten zum Alltag.

Unter den Alten und Kranken, die dort in Massen starben, war auch meine Großmutter Klüger, die Mutter meines Vaters. Sie hatte neun Kinder und einen Stiefsohn großgezogen. Von denen, die auswandern konnten, hatte keiner sie mitgenommen. Freilich war daran nichts Ungewöhnliches. Mein Vater hatte uns auch nicht mitgenommen. Die alte Vorstellung, oder vielmehr das alte Vorurteil, daß Frauen von Männern beschützt und geschirmt werden, war so eingefleischt und verinnerlicht, daß man das Offensichtlichste übersah, nämlich wie exponiert gerade die Schwächeren und in der Gesellschaft Benachteiligteren sind. Daß die Nazis vor den Frauen haltmachen würden, widersprach der rassistischen Ideologie. Hatte man sich durch einen absurden, patriarchalen Kurzschluß etwa auf ihre Ritterlichkeit verlassen? Sogar Theodor Herzl, unser Held und damaliger Chefideologe, hat noch geglaubt, daß die jüdischen Ehefrauen die Pflicht hätten, ihre Gatten besonders freundlich zu behandeln, denn nur die Männer hätten unterm Antisemitismus zu leiden. Nachzulesen in seinem Drama »Das neue Ghetto«. Diese Einstellung war ganz echt und ehrlich, sie ist mir unbegreiflich, aber dafür gehöre ich ja auch der Generation an, die den Preis für solche Illusionen zahlte.

Die Mutter meines Vaters starb als Gefangene, in einem großen, lazarettartigen Saal voll von Kranken, denen unter den Umständen nicht zu helfen war. Meine Mutter, die meist und leicht etwas Verächtliches über ihre Mitmenschen sagt, hat ihre Schwiegermutter verehrt als den Inbegriff von Herzenswärme und Humanität. Sie hat in ihr wohl das Gegenteil von ihrer eigenen hilflosen Mutter gesehen, einer Frau, die, immer umhegt und umsorgt, abhängig war von Männern, von Geld, von einer quälenden Selbstsucht, die sich im Alter zur Hypochondrie steigerte. Die Mutter meines Vaters hingegen war präsent für Kinder, nahe oder entfernte Verwandte, weltoffen bei aller Armut. Bei ihr wurde jeder herzlich begrüßt und bewirtet, denn sie kochte nach dem Prinzip: »Wo für zehn genug zu essen ist, werden noch mehr was abbekommen können.« Nachdem die Kinder erwachsen und die größte Not vorbei war, weil die Söhne verdienten und zu ihrem Unterhalt beisteuerten, starb sie zu früh, verlassen und in einem tieferen Elend, als ihr je begegnet war. Von all den vielen Kindern, Verwandten und Freunden, denen sie im Laufe ihres Lebens warmes Essen auf den Tisch gestellt hatte, waren meine Mutter und ich die einzigen, die bis zuletzt bei ihr waren. Rücksichtsvoll bis ans Ende hat sie meine Mutter, wenn diese lange an ihrem Bett gesessen war, weggeschickt mit der Mahnung, »Geh jetzt schlafen, Kind.« Das waren die letzten Worte, die meine Mutter von ihr hörte.

Theresienstadt sei ja nicht so schlimm gewesen, informierte mich die deutsche Frau eines Kollegen in Princeton, die sich der Gnade der späten Geburt erfreute. Da wir uns, obwohl nicht befreundet, der amerikanischen Sitte gemäß beim Vornamen nannten, soll sie hier Gisela heißen. Sie war äußerlich wie auch geistig adrett, sie belächelte meine Leidenschaft fürs Kino und spielte dagegen ihre Passion für die Oper aus. Im Gegensatz zu meinen mißtrauischen Zaunanstreichern, die ihren eigenen Leuten nicht trauen und die Opfer hochstilisieren, war ihr daran gelegen, alles Geschehene in ihre beschränkte Vorstellungswelt einzuordnen. Alle Kriegserlebnisse sollten auf einen einzigen Nenner, nämlich den eines akzeptablen deutschen Gewissens, zu bringen sein, mit dem sich schlafen läßt. So sind die einen in einer Art Schrekkensrührung befangen, in der ihnen alle Lager wie in einem Entsetzensnebel, worin man sowieso keine Einzelheiten erkennen kann, verschwimmen, warum es also versuchen? Die wollen nicht hören, daß ich in Theresienstadt letzten Endes ein besseres Milieu für ein Kind vorfand als im Wien der letzten Zeit; das wollen sie nicht hören, weil es die klaren Grenzlinien ihres Denkens verschiebt. Und andere, wie meine Gisela, machen es umgekehrt, und weigern sich, von dem gepolsterten Sofa ihres Alltags aufzustehen und aus dem Fenster zu schauen. Ungetrübt von Informationen, also von außen kommenden Anstößen, oder Einsichten, also durch Nachdenken verursachten Schwierigkeiten, ziehen sie ihre Schlüsse und merken nicht, wieviel Uneingestandenes ihre Vergleiche belastet. Giselas Besserwisserei war unüberhörbar aggressiv. Sicher hat sie mir unter anderem übel genommen, daß ich bei warmem Wetter keine langen Ärmel trage oder auf andere Weise, etwa durch Armschmuck, die tätowierte Auschwitznummer zu verbergen trachte. »Ein Ghetto für alte Leute und jüdische Kriegsveteranen« sei Theresienstadt doch gewesen. Diese Durchschnittsgesprächspartnerin würde meinen Bericht über Theresienstadt triumphierend mit den Worten quittieren, »Na eben!

Sogar noch besser als im schönen Wien war's in diesem Ghetto.«

Heute ist mir Theresienstadt eine Kette von Erinnerungen an verlorene Menschen, Fäden, die nicht weitergesponnen wurden. Theresienstadt war Hunger und Krankheit. Hochgradig verseucht war das Ghetto mit seinen militärisch rasterförmig angelegten Straßen und Plätzen und hatte als Grenze einen Festungswall, über den ich nicht hinausdurfte, und eine Übervölkerung, die es fast unmöglich machte, gelegentlich eine Ecke zu finden, wo man mit einer anderen reden konnte, so daß es ein Triumph war, wenn man mit einiger Anstrengung eine solche Stelle doch auskundschaftete. Über einen Quadratkilometer hinaus hatte man keine Bewegungsfreiheit, und innerhalb des Lagers war man mit Haut und Haar einem anonymen Willen ausgeliefert, durch den man jederzeit in ein unklar wahrgenommenes Schreckenslager weiter verschickt werden konnte. Denn Theresienstadt, das bedeutete die Transporte nach dem Osten, die sich unberechenbar wie Naturkatastrophen in Abständen ereigneten. Das war der Rahmen der Denkstruktur unserer Existenz, dieses Kommen und Gehen von Menschen, die nicht über sich selbst verfügten, keinen Einfluß darauf hatten, was und wie über sie verfügt wurde, und nicht einmal wußten, wann und ob wieder verfügt werden würde. Nur daß die Absicht eine feindliche war.

Als wir ankamen und die Wohnverhältnisse erfuhren, nämlich mehrere Menschen in einem kleinen und viele Menschen in einem größeren Zimmer, schlug ein junger Mann von der jüdischen Lagerverwaltung meiner Mutter vor, mich im Kinderheim wohnen zu lassen. Da könnte sie mich, so oft sie wollte, besuchen, ich sie auch und wäre ansonsten mit anderen Kindern zusammen, das sei doch besser, als anderswo mit alten Leuten zu wohnen.

Zu beiden Seiten der geschlossenen Kirche des Städtchens standen zwei ansehnliche frühere Offizierskasernen, L 410 und L 414. In der einen hatte die jüdische Lagerverwaltung tschechische, in der anderen deutschsprachige Kinder untergebracht. Ich wurde in L 414 aufgenommen, in die jüngste oder zweitjüngste Mädchengruppe. L 414 ist die einzige meiner vielen Adressen, die ich nie vergessen habe. Ich hätte Glück überhaupt reinzukommen, denn es sei ja nicht Platz für alle, war uns versichert worden.

Anfangs sah ich das allerdings anders. Wir waren dreißig gleichaltrige Mädchen in einem Raum, wo es sich zwei oder drei hätten gemütlich machen können. Das war kein Schlafraum, das war unser Wohnort, der einzige. Auch als Waschraum diente er. Das kalte Wasser zum Waschen holte man in Schüsseln vom Gang, Seife war eine Kostbarkeit. Wenn es kalt war, klapperte man lautstark mit den Zähnen. Im Keller gab es einen Duschraum, da durften wir alle zwei Wochen warm duschen. Das heiße Wasser war kaum angedreht, da wurde es schon wieder abgedreht, man mußte flink sein, um es auszunützen. Wir schliefen in Stockbetten, auf Strohsäcken, einzeln oder zu zweit. Es waren die ersten Hungerwochen, denn in Wien hatte ich satt zu essen gehabt. Man kann wenig über chronischen Hunger sagen; er ist immer da, und was immer da ist, wird langweilig im Erzählen. Er schwächt, er nagt. Er nimmt im Gehirn Platz ein, der sonst für Gedanken reserviert wäre. Was kann man mit dem bißchen Essen machen? Mit Gabeln schlugen wir Magermilch zu Schaum, ein beliebter Zeitvertreib. Das konnte Stunden in Anspruch nehmen. Wir taten uns nicht leid, wir lachten viel, wir tobten und machten Krawall, wir meinten, stärker zu sein als »verwöhnte« Kinder »draußen«.

Immer war eine Schlange vor dem Klo. Es lohnte sich, sich an die Zeiten zu gewöhnen, in denen man auf weniger Andrang hoffen durfte. Es gab auf jedem Stockwerk nur zwei Klosette, wenn ich mich recht erinnere. Im Gebäude waren Hunderte von Kindern, unter ihnen immer eine Menge, die an Durchfall, der Dauerkrankheit des Lagers, litten.

In den ersten Wochen war ich die Außenseiterin, die Dumme, Ungeschickte, über die sich die anderen im Zimmer lustig machten. Ich weiß nicht recht, welche die eigenbrötlerischen Angewohnheiten waren, die mich von den anderen Kindern absetzten, denn man sieht sich ja nicht selber. Es werden wohl Exzentrizitäten gewesen sein, die sich in der Wiener Einsamkeit, dieser paradoxen Einsamkeit unter Kranken, Krankenpflegern und zu vielen Erwachsenen im beengten Wohnraum, herausgebildet hatten. Ich war daran gewöhnt, mich selbst zu beschäftigen, nicht mich anzupassen, und wollte zunächst nur in die Baracke zu meiner Mutter. Wenn sie mich besuchen kam, lief ich ihr verzweifelt nach und bat sie, mich mitzunehmen. Sie ging dann einfach fort, ohne weitere Erklärung oder Trost, und ließ mich mit meiner Enttäuschung und Unsicherheit alleine fertig werden.

Die dauerten jedoch nicht lange. Ich war schließlich ganz froh, den widersprüchlichen Forderungen meiner Mutter nicht mehr ausgesetzt zu sein, und begriff, daß es leichter sein könnte, mit Gleichaltrigen zu wohnen. Ich begann, auf die Eigenheiten der anderen Kindern zu achten und merkte, daß es nicht so schwierig war, mich auf sie einzustellen, und entwikkelte schließlich ein Talent für Freundschaft, das ich bis heute zu haben meine.

Nein, anwortete ich langsam auf Giselas Bemerkungen, so schlimm war es nicht, und fragte mich, ob die Deutsche einen Streit vom Zaun brechen will und ob sie erwartet, daß ich auf ihre aufsässigen Behauptungen mit Leidensgeschichten reagiere. Wir saßen nebeneinander im Flugzeug, auf der Reise von Amerika nach Deutschland, und ich hatte die Dummheit besessen, ihr von der Stimmung zu erzählen, die mich jedesmal vor der Landung auf deutschem Boden überfällt, ein leiser Schwindel, eine kaum wahrnehmbare Übelkeit, ein Anflug von Kopfschmerz. Das alles so leicht, daß man es fast als Metapher und nicht als Symptom deuten oder es überhaupt abstreiten könnte, nur daß es eben nicht vor der Landung in Brüssel, Manchester oder Newark geschieht. Was will sie nur? Soll ich etwa verleugnen, was mich stark geprägt hat, oder defensiv daran erinnern, daß wir in einer Falle saßen, auf das Kriegsende hoffend, den Abtransport fürchtend, von keinem Gesetz geschützt? Ich hör meinen Vater sagen: Stell dich nicht hin, oder auch: Misch dich nicht. Wir landen in München. Sie geht ihre Wege, ich gehe meine.

L 414 bestand aus Jugendlichen, die andere Jugendliche beschäftigten. Eine Sechzehnjährige war unsere Zimmerälteste. Wir haben diese Zwangsgemeinschaft in ein Stück Jugendbewegung verwandelt, wobei die Grundsätze von verschiedenen Jugendbewegungen mitspielten, vor allem der zionistischen. Der Zionismus durchtränkte unser Denken, meines auf jeden Fall, nicht etwa weil wir nichts anderes hörten, sondern weil er das Sinnvollste war, dasjenige, das einen Ausweg versprach. Das war die Lösung, das war so einleuchtend, das mußte gehen, und außerdem war mein Vater in Wien Mitglied eines zionistischen Jugendvereins gewesen. Ein Land ohne Volk für ein Volk ohne Land. Aus Judenjungen junge Juden machen. Auf dem Land arbeiten und ein Vorbild, ein Leuchtturm für die übrige Menschheit werden. Wir lernten, was wir konnten, über die Geschichte der zionistischen Bewegung und über das Land Palästina, das wir Erez Israel nannten, wir sangen zionistische Lieder und tanzten stundenlang die Hora im Kasernenhof, ließen uns mit »Chaverim und Chaveroth« (»Kameraden und Kameradinnen«) ansprechen, und abends vor dem Einschlafen sagten wir »Leila tov« statt »Gute Nacht«.

Wir hielten uns für privilegiert, weil wir im Kinderheim wohnten, und in kürzester Zeit wurden wir hochmütige Gruppen, feste Jugendverbände. Trotzdem habe ich die Namen der meisten meiner Zimmerkameradinnen vergessen. Manchmal fällt mir einer von weither wieder ein: Da war eine Renate aus Deutschland, deren Name, die Wiedergeborene, auf eine vor ihrer Geburt verstorbene Schwester hinwies, nach der man sie nennen wollte, ohne den Namen zu wiederholen. Sie war dunkel und groß; und Melissa, auch aus Deutschland, war zierlich und konnte steptanzen.

Olga, die heute in Australien lebt, habe ich natürlich nicht vergessen. Sie war aus Wien und wurde meine beste Freundin. Ihr Vater war Mathematiker, hatte wildes Haar und war der Autor von unveröffentlichten symbolisch-mythologischen Erzählungen. Olga zeigte mir eines seiner Manuskripte. Da war die Rede von der Erdgöttin Hertha. Ich war beeindruckt von der Mühe, die es kosten mußte, so viele, obwohl mir unverständliche Seiten zu schreiben. Auch davon, daß er beides, Schriftsteller und Wissenschaftler war.

Es gab engere Freundschaften, Mädchenpaare, die viel zusammensteckten und alles teilten. Essen war kostbar, und daher war Brot eine Werteinheit. Noch heute packt mich manchmal die Verwunderung darüber, daß Brot so billig ist. Meine Mutter hat ihren Ehering bald und ohne viel Aufhebens für Brot eingetauscht. Sentimental war sie immer nur vor anderen, als Gastspiel, nicht in Wirklichkeit, wenn es drauf ankam. Einmal brachte sie mir etwas Ungewöhnliches zu essen, und ich teilte es mit Olga. Meine Mutter erfuhr es und geriet in großen Ärger: Das hätte sie sich von der eigenen Ration abgespart, für mich, nur für mich. Aber du hast mir doch vorher gesagt, es sei extra gewesen? Das war, damit du es annimmst. Ich stand wieder einmal vor einem unlösbaren Dilemma. Was gehört einem so, daß man es wegschenken kann, was gehört einem nur bedingt? Solche Fragen werden nicht nur dringlicher, sondern kategorisch anders, wo es fast nichts zu schenken gibt und man doch beschenkt wird. Dabei hat meine Mutter diese Olga sehr gern gehabt, ihr nach dem Krieg weiter geholfen und korrespondiert noch heute mit ihr.

Unsere Habseligkeiten bewahrten wir entweder

im Bett auf oder in einem Regal mit postfächerartigen Unterteilungen. Die waren offen, aber gegen Diebstahl mußte man sich nicht verwahren. Das gab es praktisch nicht, wir waren eine Gemeinschaft und stolz darauf. Außerdem konnte man für asoziales Benehmen aus dem Kinderheim ausgewiesen werden. Dann hätte man zu den Eltern in die Baracken und Kasernen ziehen müssen. Übrigens drohte man uns auch mit Rausschmiß, falls wir das verseuchte Wasser an der Pumpe im Hof tranken. Trotzdem war ich ein paarmal durstig oder waghalsig genug, das Wasser zu riskieren, und fürchtete dabei weit weniger krank als erwischt zu werden. Später in der Freiheit hat mich nichts so gekränkt, nichts habe ich so sehr als pauschales Fehl- und Vorurteil empfunden wie die Unterstellung, in allen Lagern sei nur die brutalste Selbstsucht gefördert worden, und wer von dort herkomme, sei vermutlich moralisch verdorben.

Über die Rechtfertigung der jüdischen Lagerverwaltungen aller Lager und Ghettos streitet man noch heute. War es nötig, daß die Häftlinge den Deutschen geholfen haben, Ordnung zu halten, war das nicht Kollaboration mit den Feinden? Aus meiner Kinderperspektive sage ich, was wäre aus uns geworden, wenn die Juden nichts getan hätten, um das Chaos, das die Deutschen rings herum verbreiteten, zu verringern, wenn es diese Kinderheime, die sie innerhalb der Nazivorschriften organisierten und verwalteten, nicht gegeben hätte?

Kritik an unserer Zwangsgemeinschaft, soweit sie von Juden gelenkt war, ist auch im Ghetto Theresienstadt schon geführt worden. Die Tendenz des Außenseiters zu urteilen, in Frage zu stellen, versteckte Motive aufzudecken, Bestehendes zu analysieren, diese als jüdisch bekannte Neigung, die der übrigen Welt seit Jahrhunderten auf die Nerven geht, nicht etwa, weil sie unmoralisch (»zersetzend«, pflegten die Nazis zu sagen), sondern weil sie unbequem ist, war in Theresienstadt so allgegenwärtig wie die Unzufriedenheit mit Land und Leuten in den Weissagungen der alten Propheten. Man kann Kinder daraufhin erziehen, und ich bin so erzogen worden. Zu Hause hatte es ganz früh Brüder und Freunde meines Vaters gegeben, die mich, sowie sie zur Tür hereinkamen, mit gerade noch verständlichen Witzen und provozierenden Bemerkungen begrüßten. (»Frozzeln« hieß das.) Diese Onkel haben nicht erwartet, daß man sich als braves, verschämtes kleines Mädel aufführen, sondern daß man schlagfertig antworten werde, und wenn es gelang, dann sagten sie anerkennend, »No eben.« Was dem einen Lizenz zur Frechheit bedeutet, ist dem anderen Anleitung zu egalitärem Denken. In Theresienstadt war Kritik nicht nur erlaubt, sondern selbstverständlich. Ich wunderte mich also nicht, daß es kritische Stimmen über die Organisation oder sogar die Existenz der Kinderheime gab. So hieß es etwa, unsere Gruppenspiele seien denen der deutschen Jugendlichen zu ähnlich. Man mußte nachdenken, ob das stimmte, ein verunsicherndes, aber hellwaches Nachdenken, und man kam womöglich zu keinem Ergebnis. Es waren eben heftige, offene Diskussionen, ein brodelnder Suppentopf von Ideen, ohne Deckel.

Aus heutiger Sicht scheint mir die Behandlung der Kinder in Theresienstadt vorbildlich, mit einer Ausnahme. Das war die Trennung der tschechischen Kinder von den deutschsprachigen. Die ersteren verachteten uns, denn wir sprachen die Sprache der Feinde. Außerdem waren sie die Elite, denn sie waren im eigenen Land, und viele Tschechen hatten Beziehungen zur Außenwelt, wir nicht oder kaum je. Ich kenne Tschechen, die behaupten, sie hätten keinen Tag lang in Theresienstadt gehungert, während ich dort keinen Tag lang satt gewesen bin. Das war nicht zu vermeiden, aber man hätte wohl die Feindseligkeit der tschechischen Kinder gegen die deutschen verhindern können. Ich empfand das als besonders kränkend, aus einem vagen Gefühl heraus, daß mir als Schorschis Schwester eine Sonderstellung gebührte, die mir aber nicht zuteil wurde, denn er war nicht da, und ich konnte seine Sprache nicht sprechen. Wir wurden also auch hier für etwas angefeindet, wofür wir nichts konnten, nämlich, daß wir die »falsche« Muttersprache hatten.

2.

Auschwitz, ja, nach allem was sie gehört habe, sagte Gisela, das müsse arg gewesen sein, aber da sei ich doch nicht so lange gewesen, oder? Mir sei es doch relativ gut gegangen, ich hätte nach Amerika ausreisen können, und das deutsche Nachkriegselend sei mir erspart geblieben. Verglichen mit ihrer Mutter, die den Mann an der russischen Front verlor, hätte meine Mutter, die in Amerika noch zweimal heiratete, doch großes Glück gehabt. Aber ich will euch erzählen, daß meine Mutter kein Glück gehabt hat im Leben. Tatkraft und Energie ja, wenn auch spät und sporadisch; Großzügigkeit, wenn auch nur selten mit Herzenswärme; viel Mut und Furchtlosigkeit, wenn auch aufgewogen von Zwangsneurosen und Paranoia. Aber Glück, nein, das nicht.

Das möchte ich euch erzählen, so daß ihr versteht, warum Giselas Vergleich hinkte, warum die Angehörigen der anonym Erschlagenen niemals Glück haben können, besonders die Mütter nicht. Vom Gespenst meines Bruders will ich erzählen.

Ich hatte mich so darauf gefreut, ihn in Theresienstadt wiederzufinden, den tschechischen Jiři, der unserer Mutter manchmal Postkarten aus dem Ghetto geschickt hatte. Er war nicht mehr da, als wir ankamen, sondern war, laut Gerücht, im Winter des vorigen Jahres nach Riga verschickt worden. Das Gerücht hat ausnahmsweise recht gehabt, er ist dort erschossen worden.

Meine Mutter hat das, was sie einmal über diesen Tod ihres ersten Kindes wußte, verdrängt. Oder vielleicht war die Nachricht ein heißes Eisen gewesen, das man ihr in die ausgestreckten Hände legte, und sie mußte es fallen lassen, um sich nicht daran zu verbrennen. Als ich sie zu einer der ersten Tagungen über den Holocaust mitnahm, hat sie während der Diskussion einen renommierten Historiker gefragt, ob er ihr sagen könne, wo und wie ihr Sohn gestorben sei. Das Publikum war gerührt von der alten Frau, er auch, ich hab mich geniert, sie weiß es doch, er wußte es nicht, man kann sich nicht jeden Transport merken, und sie weiß den einen nicht? Sie kann es nicht vergessen haben, sie spielt leidende Mutter in der Öffentlichkeit, was soll das. Später hab ich es ihr nochmals gesagt: Riga, erschossen. Hört sie mir zu?

Was weiß denn ich davon, was in ihrem gemarterten Hirn vorgeht? Ich denke, sie wird es sich schon gemerkt haben, sie hat es nicht eigentlich vergessen, aber sie läßt es verschwimmen. Vielleicht ist sie heimgesucht von allen Todesarten, die der Schorschi hätte erleiden können, und ist alt geworden mit der Last dieser Bilder. Und will sich nicht mehr festlegen auf das eine, richtige.

Ich hingegen habe mir alles genau gemerkt, wie ich den Gedichten, die ich in New York über ihn schrieb, entnehmen kann. Aber sie hat zu lange auf ihn gewartet, die Listen durchsucht, die zuständigen Behörden befragt. Dann vergißt sie es noch einmal. Und plötzlich sagt sie mir am Telephon: »Du kannst es nicht wissen, aber ich denk täglich an ihn.« Nie fragt sie, ob ich an ihn denke, ob er mir etwas war. Und ich gestehe, ich bin doch tatsächlich so mißtrauisch, daß ich ihr die Trauer nicht abnehme und erwäge, ob sie sich nur aufspielt. Vielleicht bin ich einfach eifersüchtig auf ihr größeres Recht, ihn zu betrauern.

Ich kann ihr daher nicht erzählen, wie oft ich vorm Fernseher saß, wenn wieder einmal der Teufel in Prag los war, und ganz automatisch anfing, den Schorschi zu suchen. Noch Jahrzehnte später habe ich mich ertappt, wie ich vor so einer Prager Szene frage: »Könnt der es sein, der rundliche Glatzköpfige in der Ecke oder eher der Dünne im Mantel, der so eifrig auf den russischen Soldaten einspricht?«

Wo kein Grab ist, hört die Trauerarbeit nicht auf. Oder wir werden wie die Tiere und leisten gar keine. Mit Grab meine ich nicht eine Stelle auf einem Friedhof, sondern das Wissen um das Sterben, den Tod eines Nahestehenden. Für meine Mutter gab es nie einen Tag, an dem sie mit Sicherheit gewußt hätte, daß die zwei, der Mann und der Bub, dem Massenmord *nicht* entkommen waren. Die Hoffnung war wie eine begrenzte Menge Flüssigkeit, die mit der Zeit verdunstet.

Oder, anders veranschaulicht: Vor 20 Jahren gab es große Empörung unter Tierfreunden, weil im östlichen Kanada junge Robben von Männern und Kindern erschlagen wurden, zum Sport und aus Profitsucht. Die Bilder im Fernsehen waren ganz kraß, die Jungen prügelten drauflos, ihre Gesichter hell von unschuldiger Grausamkeit. Mein kleiner Sohn, der gerade einen Schulaufsatz über Wölfe schrieb, die, wie er zeigte, ihren schlechten Ruf nicht verdienten und vor dem Aussterben bewahrt werden müßten, ging bleich aus dem Zimmer, gerade als einer Robbenmutter, die ihr Kleines mit Zähigkeit verteidigt hatte, das Junge doch entrissen wurde. Dann sah sie hilflos zu, wie man es erschlug, bellte ein bißchen und ging. Blieb nicht da. Wechselte einfach den Standort.

In Kanada hieß es damals, die Amerikaner seien sentimental und die Medien sensationslüstern. Wären die kleinen Robben nicht so süß, so würde man ihnen ebensowenig nachweinen wie jungen Ratten. Ich dachte beim Anblick dieser makabren Jagd an meine Mutter. Die hat auch so gehandelt, ist weggegangen, als nichts mehr zu machen war, und hat den Verlust geschluckt. Nur ist sie kein Tier und kann nicht vergessen, und in ihrem Kopf müssen die unheimlichsten Bilder spuken, teils erdachte, teils erinnerte, was mit ein Grund sein mag, warum mir ihre Gesellschaft schon nach kurzem Beisammensein unerträglich wird.

Von dem, was ich im Leben versucht hab zu sein oder zu leisten, läßt sie nur meine zwei amerikanischen Söhne gelten, die beide kein Deutsch können. Meine Germanistik verachtet sie und versteht auch nicht, warum ich mich immer wieder in Deutschland herumtreibe. Mit beruflichen Gründen kann man ihr da nicht kommen. »Du hast das doch nicht nötig«, sagt sie dann vorwurfsvoll. Sie selbst hat Amerika, seit wir im Herbst 1947 dort einwanderten, nicht wieder verlassen.

Auf meinen abendlichen langen Spaziergängen durch die Straßen Manhattans, die mir im Alter von sechzehn und siebzehn zur Gewohnheit wurden, hab ich versucht mir vorzustellen, wie das ist, wenn man gerade in diesem Alter kaltblütig abgeknallt wird, ohne daß der Täter dabei das geringste riskiert. War es ein großes Kesseltreiben gewesen, oder hat mein Bruder seinen Mörder gesehen, vielleicht sogar mit ihm gesprochen? Ich kannte die Tatsache, aber nicht die konkreten Einzelheiten, und gerade die plagten mich. Mit meiner Mutter konnte ich darüber nicht sprechen, das war zu intim, zu peinlich, zu haltlos; es wäre ein verlogenes Gespräch geworden. So habe ich Gedichte darüber geschrieben, die aber nur von meiner Aussageunfähigkeit zeugen.

Über diesen Tod habe ich dann ganz unvermutet Genaueres erfahren. Mehr als dreißig Jahre nach Kriegsende saß ich in Princetons feinstem Restaurant, mit einer Gruppe Kollegen von der Universität. Außer mir waren sie alle Historiker, auch der Ehrengast, den wir eben zu seinem Vortrag über ein Problem des Nazismus beklatscht hatten. Wie so oft, wenn mehrere Juden am Tisch sitzen, kamen wir auf die große jüdische Katastrophe zu sprechen. Übrigens fällt mir auf, daß die Fragen, die Deutsche bei solchen Gesprächen erörtern, um die Täter kreisen, während Juden mehr über die Opfer wissen wollen. Deutschen fällt zu den Opfern nichts ein, außer daß sie eben passiv ausgeliefert waren. Wir hingegen ziehen und zerren an ihnen, an den Ermordeten, wollen, daß sie sich ausweisen oder *uns* rechtfertigen, in unserem Tun und Lassen. Wir redeten nach dem Essen darüber, warum bei Hinrichtungen keine Panik ausbrach; und das ist eigendich, ins Positive gewendet, die Frage, warum es keinen Widerstand gab. In dieser Frage steckt gleich die Forderung, daß es ihn hätte geben sollen. Ich sagte, ich hätte immer gefunden, es sei eine Unverschämtheit von den Lebenden, von den Ermordeten noch ein bestimmtes Benehmen während des Sterbens zu verlangen, etwas, das ihren Mord für uns erträglicher macht, heroische Gesten eines nutzlosen Widerstands oder märtyrerhafte Gelassenheit. Sie starben nicht für uns, und wir, weiß Gott, leben nicht für sie.

Die Leute, mit denen ich bei La Hiére zu Tisch saß, waren viel zu gescheit, um solcher Belehrung zu bedürfen, und doch nicht bereit, die Sache auf sich beruhen zu lassen. Es gab eine Stille. Dann sagte eine kluge und angesehene Historikerin: »Es gibt Indizien, daß sie versuchten, einander zu trösten, wäre das nicht noch besser als Widerstand?« Und wieder Stille.

»Aber wenn alles gesagt und erklärt ist, so bleibt immer noch ein Rest, den wir nicht verstehen, etwas, das nicht zu vereinbaren ist mit der menschlichen

Psyche, wie wir sie zu kennen glauben«, sagte der Gast, ein gebürtiger Tscheche. »Zum Beispiel der Tod eines Transports in Riga.« Er beschrieb das Ende dieses Transports, wie er sich nach Einsicht in die Dokumente erschloß. Man kennt solche Berichte, ich muß diesen hier nicht nacherzählen um der Details willen, die ihm bemerkenswert schienen und mich fesselten, weil sie meinen Bruder betrafen. Er konnte nicht ahnen, daß sein Exempel mich nicht wegen seiner Allgemeingültigkeit, sondern wegen seiner Einzigartigkeit anging. So habe ich die Einzelheiten über Schorschis Tod, die ich mir als Halbwüchsige in New York zusammenphantasierte, in Princeton zum Cognac aufgetischt bekommen, ohne daß der Erzähler es beabsichtigte. Da war sie wieder einmal, die Diskrepanz zwischen dem geselligen Universitätsbetrieb, der mein eigentliches Zuhause geworden war, dem gemütlichen Essen, und diesen aberwitzigen Geschichten, die es gar nicht geben sollte, die einen sogar in der Fiktion, im *Macbeth* zum Beispiel, als des guten Gruselns zu viel erscheinen. Nackte, frierende Gespenster am gedeckten Tisch. An dem Abend betrank ich mich noch am Cognac, lief stolpernd nach Hause, wachte mitten in der Nacht auf, machte Licht, durchblätterte Bücher, fand alles auf Anhieb, alles stimmte: Es war sein Transport. Stöhnend ging ich wieder schlafen und träumte von einer öden Landschaft, wo ein paar Menschen aus großer Entfernung einander winken oder bedrohen.

Unübersteigbarer Stacheldraht zwischen uns und den Toten. Ich hatte schon früher versucht, sie in Bilder und Worte zu bannen. »Mit erfrorenen roten / Händen schaufelt mein Bruder sein eigenes Grab.«

Sie ließen sich nicht bannen. Wie sie uns hassen müssen. Wir gehen ihnen entgegen, sie ziehen sich zurück. Ich hatte ein Gedicht darüber nach dem Versöhnungstag genannt, ein Fasttag, der wenige Tage nach dem jüdischen Neujahr stattfindet, und auf die hohe Freude des einen Feiertags Nachdenken und Trauer folgen läßt; ähnlich wie Karfreitag und Ostern, nur in umgekehrter Reihenfolge.

### JOM KIPPUR

*Und dieses Jahr wie jedes Jahr*
*Zehrt und zerrt der Hunger der Toten*
*An dem Fleisch der Lebendigen. Löset die Knoten!*
*Seid wie ein Kamm in verfilztem Haar.*

*Und dieses Jahr wie jedes Jahr*
*Soll unser Fasten das eure ergründen.*
*Aber wer kann euch in den Gruben aufstöbern? Wir Blinden!*
*Weiß ich noch, welcher mein Bruder war?*

*Und ihr helft uns nicht und bleibt uns entzogen,*
*Ihr verweigert Versöhnung zur Jahreswende,*
*Und ihr stoßt von euch unsre Münder und Hände,*
*Wie unreine Tiere aus Synagogen.*

*Ich war doch vor Jahren dir Jahr um Jahr Schwester,*
*Der du dich abkehrst, starrsinnig erstarrt,*
*Wo dein Sterben dich einschließt wie Stacheldraht.*
*Sind wir Lebenden denn den Toten Gespenster?*

Die letzte Zeile sollte mühsam auszusprechen sein und unpoetisch klingen. Die unreinen Tiere im Tempel kommen aus dem Buch Makkabäer. Ich stellte mir vor, die Toten seien eine Clique, die die Lebenden ausschließt. Ein Klub, der alles verlangt. Dazu gab es in einer Fassung folgende Strophe:

*Immer wieder auf den Wellen der Nächte*
*Bringen, den Durst euch zu stillen, wir Essig und Tränen*
*Des vergangenen Jahres. Doch wer kann euch versöhnen,*
*Der nicht mit euch Salzwasser trinkt und das Meer euch brächte?*

Wenn ich euch nicht versöhnen kann, dann laßt es bleiben. Ich kann nicht eure Gräber mit euch schaufeln. Wer nicht mit euch starb, muß anders und zu einem anderen Zeitpunkt sterben. Ich hadere mit ihnen (nicht mit Gott hadere ich, wie die frommen Juden es manchmal tun, weil der nicht einmal ein Gespenst ist): »*Den* Eintrittspreis zahl ich nicht, noch nicht«, und jedesmal wenn ich schwerkrank war und mich wieder erholte, trotzig, »Noch immer nicht.«

## 3.

Geregelter Unterricht für die Kinder von Theresienstadt war von der deutschen Lagerverwaltung streng untersagt. Ich staunte. Der angeblich verachtete jüdische Intellekt als Gefahr, selbst hier hinter Mauern, als Schulunterricht für gefangene Kinder? Es gab eine Tagesordnung, von der jüdischen Verwaltung dieses Kinderheims verfaßt, aber ich hab sie vergessen. Durch das Lernverbot gewann das Lernen an Reiz.

Theresienstadt schwappte über von einem Andrang grundgescheiter Menschen, die sämtliche Ideen und Ideologien Europas mit sich brachten und dort heftig weiterdiskutierten. Schul- und Universitätslehrer freuten sich, wenn sie eine Gruppe Kinder um sich scharten, denen sie etwas Hübsches aus der europäischen Kultur erzählen konnten. Doch wenn eine deutsche Inspektion angesagt war, dann verschwand das bißchen bedruckte Papier, und ein paarmal, als die Uniformierten unerwartet auftauchten, zerstreuten wir uns in aller Eile und gerade noch rechtzeitig. Dabei war es nur eine der unregelmäßigen »Klassen« gewesen, wo ein Erwachsener uns etwas erzählte oder ein Gespräch mit uns führte. Ich hab in Theresienstadt keinen Gegenstand regelmäßig gelernt und geübt. Das war unter den gegebenen Bedingungen unmöglich.

Bücher gab es wenige, sie waren dementsprechend geschätzt und wurden mit großer Vorsicht behandelt und herumgereicht. Da war ein Kunsthistoriker, der ein Kunstbuch mit Bildern hatte, die er uns vorführte und erläuterte. Dürer, die Haare am Hasen, Gesichtszüge der Menschen, Flächen, Proportionen, die vier Apostel. Alles neu: Ich war noch nie in einem Museum gewesen, Juden durften da ja nicht hin. Da war ein Lehrer, der mit ein paar interessierten Kindern ein wenig Literaturgeschichte trieb, abends, nicht oft, in einer winzigen Vorratskammer. Ein Junge, der wußte, was die »Edda« war, nahm teil. Meine Unwissenheit beschämte mich. Eine alte Dame suchte mir in dem überfüllten Raum, wo sie lebte und wo es nie eine Minute lang ruhig war, beizubringen, wie man Gedichte richtig laut liest. Eichendorffs »Mondnacht«: »Und meine Seele spannte / Weit ihre Flügel aus.« Das hätte ich besonders schön gelesen, sagte sie anerkennend. Ich glaube mich zu erinnern, daß Frühling und Sommer 1943 strahlende Jahreszeiten in Theresienstadt gewesen sind. Ich schrieb sehnsüchtige Gedichte über Heimat und Freiheit.

Leo Baeck redete zu uns auf dem Dachboden. Wir saßen zusammengedrängt und hörten den berühmten Berliner Rabbiner. Er erklärte uns, wie man die biblische Geschichte von der Schöpfung der Welt in sieben Tagen nicht verwerfen müsse, weil die moderne Wissenschaft von Millionen Jahren weiß. Relativität der Zeit. Gottes Tag ist nicht wie unsere Tage und hat nicht etwa nur 24 Stunden. In der Reihenfolge hingegen stimme die Überlieferung genau mit der Wissenschaft überein: Erst schuf Gott die anorganische Welt, dann die Lebewesen, zuletzt den Menschen. Ich war ganz bei der Sache, berührt erstens von der festlichen Stimmung, wie wir eng unter den nackten Balken saßen, und zweitens von diesen so schlicht und eindringlich vorgetragenen Ideen. Er gab uns unser Erbe zurück, die Bibel im Geiste der Aufklärung, man konnte beides haben, den alten Mythos, die neue Wissenschaft. Ich war hingerissen, das Leben würde noch schön werden. Baeck muß ein hochbegabter Prediger gewesen sein – wie würde ich mir sonst das alles gemerkt haben? –, dieser treuherzige deutsche Bürger, von dem ich später mit Befremden las, er habe noch seine Gasrechnung bezahlt, als die Ausheber, die Schergen, vor der Tür seiner Berliner Wohnung standen, ihn abzuholen. Wollte er einen guten Eindruck hinterlassen, Risches vermindern, bevor man ihn abschleppte? Schildbürger waren die Juden, wie sie das Licht aus Säcken im finsteren Rathaus ausgossen.

Nach Theresienstadt kam im August 1943 eine

Gruppe Kinder, die ich nicht gesehen habe, und fast niemand dort hat sie gesehen. Sie sollten in einem Spezialtransport ins Ausland, in die Schweiz, wurde behauptet. Sie wurden streng gesondert gehalten, und nur wenige Betreuer durften während der kurzen Zeit, die sie bei uns waren, an sie heran. Trotzdem hörte man: Diese Kinder wehrten sich verzweifelt, als sie sich duschen sollten. Und auch der Grund für diese Weigerung sprach sich schnell herum. Die Erwachsenen hielten die Geschichte von den Duschen, aus denen statt Wasser Giftgas strömte, für ein Phantasieprodukt der Kinder, während Kinder, wie ich, sie zumindest ernsthaft in Erwägung zogen. Warum auch nicht? Kinder lernen ja noch, wie die Welt aussieht. So war es also. Ich sah meine jüdische Umgebung als eine dünne Wand, eine Art unverläßliche Polsterung, gegen die uniformierte arische Männerwelt da draußen, die ihre geheimnisvoll-obszönen Geschäfte betrieb, abstoßend und faszinierend, die, in den Mund genommen, zur Pornographie des Todes wurden, daher verbotener Gesprächsstoff.

Ich suche mehr über diesen Transport herauszufinden, das ist nicht schwer, alles ist dokumentiert, nur habe ich ein Unbehagen, wie wenn ich nach etwas ganz Heiligem oder Unheiligem suchte. Hängt das Verbot noch immer über diesen Kindern? Ich lese, daß sie aus Polen, von Bialystok kamen, wo man über Vergasungen informiert war, und daß sie im Oktober mit 53 jüdischen »Pflegern« weitergeschickt wurden, die alle dachten, es ginge ins Ausland. Es ging aber nach Auschwitz in den Tod. Unter diesen Pflegern war Kafkas berühmte Lieblingsschwester Ottla, damals ganz unberühmt, denn ihr verstorbener

Bruder war noch nicht Weltliteratur. Sein sechzigster Geburtstag war im Ghetto im selben Sommer gefeiert worden, und sie hatte an der Feier mitgewirkt. In Theresienstadt legte man Wert auf Kultur.

Es gab Kabarettkünstler, Musiker, bekannte Schauspieler, Regisseure, Komiker. Aufregend war eine Rezitation der Kapuzinerpredigt aus »Wallensteins Lager«. Der schallende Beifall nach der letzten Zeile, über den Friedland, der keinen Fried im Land aufkommen läßt, war die erste Protestkundgebung, der ich beiwohnte. Die Entdeckung, daß alte Texte in den Dienst von aktuellen Bezügen gestellt werden können. Indem ich mitklatschte, leistete ich Widerstand.

Eine Mutter saß manchmal mit ihrer Tochter am Tische in unserem Zimmer im Kinderheim und erzählte ihr ein wenig griechische Geschichte. Da hab ich mich auch dazugesetzt. Meine Mutter konnte so was nicht. Häppchen einer Schulbildung, Brocken einer Kultur.

Ich hab Theresienstadt irgendwie geliebt, und die neunzehn oder zwanzig Monate, die ich dort verbrachte, haben ein soziales Wesen aus mir gemacht, die ich vorher in mich versponnen, abgeschottet, verklemmt und vielleicht auch unansprechbar geworden war. In Wien hatte ich Ticks, Symptome von Zwangsneurosen, die überwand ich in Theresienstadt, durch Kontakte, Freundschaften und Gespräche. Es ist erstaunlich, wie kreativ gesprächig die Menschen werden, wenn sie nur das Gespräch als Ablenkung aus einer Not, die allerdings noch erträglich sein muß, haben. Sie hat doch recht gehabt, die Frau meines Kollegen, Theresienstadt war nicht so schlimm. Aber wie kommt sie dazu, so mit mir zu reden, wenn doch alles, was von den Deutschen kam, ein einziges Elend war, und das Gute nur von uns, den Gefangenen? Deren Stimmen mir noch immer im Ohr hängen, totschlagen mußte man sie, um sie zum Schweigen zu bringen, und gesegnet sei ihr Andenken. Das meiste, was ich über soziales Verhalten weiß (und es ist gar nicht so wenig, ich bin ein verläßlicher Mensch geworden), habe ich von den jungen Sozialisten und Zionisten gelernt, die in Theresienstadt die Kinder hüteten – bis sie sie ausliefern mußten und selbst ausgeliefert wurden. Da war jede Menge an Mangel und keine Grenze der Beschränkung. Wenn das gut ist. Gut war nur, was die Juden daraus zu machen verstanden, wie sie diese Fläche von weniger als einem Quadratkilometer tschechischer Erde mit ihren Stimmen, ihrem Intellekt, ihrer Freude am Dialog, am Spiel, am Witz, überfluteten. Was gut war, ging von unserer Selbstbehauptung aus. So daß ich zum ersten Mal erfuhr, was dieses Volk sein konnte, zu dem ich mich zählen durfte, mußte, wollte. Wenn ich mir heute die unbeantwortbare Frage vorlege, wieso und inwiefern ich Ungläubige überhaupt Jüdin bin, dann ist von mehreren richtigen Antworten eine: »Das kommt von Theresienstadt, dort bin ich es erst geworden.«

Ich hab Theresienstadt gehaßt, ein Sumpf, eine Jauche, wo man die Arme nicht ausstrecken konnte, ohne auf andere Menschen zu stoßen. Ein Ameisenhaufen, der zertreten wurde. Wenn mir jemand vorgestellt wird, der oder die auch in Theresienstadt gewesen ist, schäme ich mich dieser Gemeinsamkeit, versichere dem anderen gleich, daß ich bei Kriegsende nicht mehr dort war, und brech das Gespräch so rasch wie möglich ab, um einem etwaigen Angebot von Zusammengehörigkeit vorzubeugen. Wer will schon Ameise gewesen sein? Nicht einmal im Klo war man allein, denn draußen war immer wer, der dringend mußte. In einem großen Stall leben. Die Machthaber, die manchmal in ihren unheimlichen Uniformen auftauchten, um zu überprüfen, ob das Vieh nicht am Strick zerrte. Da kam man sich wie der letzte Dreck vor, das war man auch. Einem ohnmächtigen Volk anzugehören, das abwechselnd arrogant und dann wieder selbstkritisch bis an die Grenze des Selbsthasses war. Keine Sprache zu beherrschen als die der Verächter dieses Volkes. Keine Gelegenheit haben, eine andere zu lernen. Nichts lernen, nichts unternehmen dürfen. Diese Verarmung des Lebens. Der Flecken Leitmeritz, wo sich Saars Offiziere herumgetrieben hatten, so sternweit entfernt wie New York. Wasser treten, die Zeit abwarten und dabei älter werden. Nicht enden wollende Vorläufigkeit. Dortbleiben-müssen: Jahrzehnte waren vergangen, da bin ich im Auto aus Theresienstadt hinausgefahren, das war wie die verspätete Erfüllung eines alten Traums.

Denn nach Theresienstadt zog es mich zurück, lange nach Kriegsende, das wollte ich wiedersehen. Theresienstadt heute ist Terezín, eine kleine tschechische Stadt. Mir schien es fast menschenleer, weil damals so viele Leute da wohnten, was man wohnen nennen kann. Ich ging in die Offizierskaserne hinein, wo wir untergebracht gewesen waren, L 414, und klopfte an die Tür. Die Frau, die mir öffnete, verstand ohne weiteres mein Begehren, das Zimmer wiederzusehen, wo ich mit den anderen 30 Mädchen gehaust hatte. Unser altes Zimmer war ihr Wohnzimmer, und es war nicht größer, eher kleiner als mein amerikanisches Wohnzimmer. Auch auf den Dachboden ging ich, wo ich die jungen Zionisten und Leo Baeck gehört hatte, und dachte mir, es muß Rosch Haschana gewesen sein, denn er hat ja von der Erschaffung der Welt gesprochen. Dann schlenderte ich durch die Straßen, wo Kinder spielten, ich sah meine Gespenster unter ihnen, sehr deutlich und klar umrissen, aber durchsichtig, wie Geister sind und sein sollen, und die lebenden Kinder waren fest, laut und stämmig. Da ging ich beruhigt fort. Theresienstadt war kein KZ-Museum geworden. Es war ein Städtchen, wo Menschen lebten. Nach Saars trüber Soldatenstadt der 1840er Jahre und meinem übervölkerten Durchgangslager der 1940er Jahre hat es dort wieder Wohnlichkeit und Gewöhnlichkeit gegeben.

## *Auschwitz-Birkenau*

### 1.

Wenn der Krieg nur rechtzeitig zu Ende ging. In der ganzen Hitlerzeit habe ich keinen Juden je den Gedanken aussprechen hören, Deutschland könne siegen. Das war eine Möglichkeit, die einer Unmöglichkeit gleichkam, ein Satz, der tabu war, ein Gedanke, den man nicht zu Ende dachte. Hoffen war Pflicht.

Dieses Wort wird auf den nächsten Seiten öfter auftauchen. Auf hebräisch heißt die Hoffnung Hatikvah. So heißt auch ein Lied. Die in Auschwitz zu den Gaskammern gefahren wurden, sollen auf den Lastwagen manchmal die Hatikvah gesungen haben, damals die zionistische Hymne, heute die Nationalhymne Israels. Zwar sagt man, daß die Hoffnung am Leben erhält. Aber in Wirklichkeit ist Hoffnung ja die Kehrseite der Angst, und die Angst kann schon den Eindruck vermitteln, daß sie am Leben erhält, denn man spürt sie wie Sand auf der Zunge und wie ein Rauschgift in den Adern. Das Prinzip Angst sollte es heißen, nicht das Prinzip Hoffnung, nur läßt sich aus diesem Prinzip nicht viel Erbauliches gestalten.

Tadeusz Borowski, ein genialer junger Pole, der nach dem Krieg den Kopf in den Gasofen steckte, nachdem er den Gaskammern entgangen war, meinte, daß nur die Verzweiflung mutig macht, die Hoffnung aber feig. Zum Thema Hoffnung in Auschwitz schrieb er:

*Die Hoffnung ist es, die den Menschen befiehlt, gleichgültig in die Gaskammer zu gehen; die sie davon abhält, Aufruhr zu planen; Hoffnung macht sie tot und stumpf. … Die Hoffnung treibt sie dazu, um jeden weiteren Tag des Lebens zu kämpfen, weil es gerade der kommende Tag sein könnte, der die Freiheit bringt. … Noch nie war die Hoffnung stärker als der Mensch, aber noch nie hat sie soviel Böses heraufbeschworen wie in diesem Krieg, wie in diesem Lager. Man hat uns nicht gelehrt, die Hoffnung aufzugeben. Deswegen sterben wir im Gas.**

Merkwürdig, daß man sich auch daran gewöhnte, daß man nicht unentwegt von Angst geschüttelt war. Es gibt eben außer der Hoffnungslosigkeit, die Mut macht und die Borowski über die Hoffnung stellte, noch die apathische Hoffnungslosigkeit, verkörpert in dem Phänomen »Muselmänner«, Menschen, denen der Selbsterhaltungswille im KZ abhanden gekommen war, und die nun wie Automaten reagierten, fast autistisch. Sie galten als verloren, kein Muselmann könne lang überleben, versicherte man mir. Dafür suchte ich in aalglatten Kinderversen eine Sprache zu finden, in einem Gedicht, das ich »Der Kamin« nannte.

*Mancher lebte einst voll Grauen*
*Vor der drohenden Gefahr.*
*Heut kann er gelassen schauen,*
*Bietet ruhig sein Leben dar.*

* *Bei uns in Auschwitz*, München 1982, S. 160–161.

*Jeder ist zermürbt von Leiden,*
*Keine Schönheit, keine Freuden.*
*Leben, Sonne, sie sind hin.*
*Und es lodert der Kamin.*
*Auschwitz liegt in seiner Hand,*
*Alles, alles wird verbrannt.*

Ich hab die Hoffnung nie aufgegeben und meine heute, daß es aus keinem besseren Antrieb als kindischer Verblendung und Todesangst so war. Daß sich die Hoffnung gerade bei mir bewährt hat, ist zwar ein für mich persönlich erfreulicher Ausgang gewesen, widerlegt aber ebensowenig die Unwahrscheinlichkeit eines solchen Ausgangs wie der Hinweis auf einen Lottogewinner die Tatsache widerlegt, daß die meisten Spieler verlieren müssen und daß es ebenso unwahrscheinlich ist, daß ein bestimmter Spieler gewinnt, wie es sicher ist, daß einer gewinnen muß. Man soll die Gesetze der Statistik nicht mit der Vorsehung verwechseln, denn diese Gesetze wählen und werten nicht. Statistisch gesehen, mußten wohl manche von uns den Nazis durch die Lappen gehen, besonders da sie im Begriff waren, den Krieg zu verlieren. Die Frage, wer die Glückspilze waren, führt jedoch leicht von der Statistik fort und in den Märchenwald der Erfolgsgeschichten. Und warum erzählst du selbst dann so eine? fragen die Freunde. Da liegt das Dilemma: Für uns Heutige ist die Statistik das, was die Notwendigkeit im Trauerspiel für die Schicksalsgläubigen einer anderen Zeit war; aber anders als das Trauerspiel ist die Statistik halt sehr unergiebig in den Einzelheiten. Wo wir uns fürchten und freuen, spricht sie nicht mit. Und von Furcht und

Freude handeln doch alle Geschichten über Menschen. So auch meine. Nur darf der wahrheitsliebende Leser das Happy-End meiner Kindheitsirrfahrten (wenn man das einfache Weiterleben überhaupt als Happy-End bezeichnen will) nicht auf ein Hoffnungskonto, nicht auf meines und schon gar nicht auf sein eigenes, setzen.

## 2.

Noch jetzt, wenn ich Güterwagen sehe, überläuft es mich. Es ist üblich, Viehwaggons zu sagen, aber auch Tiere werden ja normalerweise nicht so befördert, und wenn, so sollte es nicht sein. Ist denn die Tierquälerei die einzige Beziehung von Menschen und Tieren, die uns einfällt, wenn wir sagen, man hätte uns wie Tiere behandelt, also in Viehwaggons gesteckt? Das Problem war gar nicht, daß Viehwaggons von vornherein keine Personenzüge sind. Ich bin im selben Jahr zweimal in einem solchen Waggon, wie man die Vorsilben nun wählen mag, von einem Lager in ein weiteres transportiert worden und habe mich beim zweiten Mal gar nicht schlecht dabei gefühlt. Doch auf der Fahrt von Theresienstadt nach Auschwitz waren wir in einer Rattenfalle.

Die Türen waren hermetisch geschlossen, Luft kam durch ein kleines Viereck von einem Fenster. Es kann sein, daß es am anderen Ende des Waggons ein zweites solches Fenster gab, aber dort war Gepäck angehäuft. In Filmen oder Büchern über solche Transporte, die ja seither relativ häufig fiktionalisiert worden sind, steht der Held nachdenklich am Fenster oder vielmehr an der Luke oder hebt ein Kind zur Luke, oder einer, der draußen ist, sieht einen Häftling an der Luke stehen. Aber in Wirklichkeit konnte nur einer da stehen, und der hat seinen Platz nicht so leicht aufgegeben und war von vornherein einer mit Ellbogen. Der Waggon war einfach zu voll. Die Leute hatten ja alles mitgenommen, was sie besaßen. Man hatte ihnen ja nahegelegt, alles mitzunehmen. Mit dem Zynismus der Gier ließen sich die Nazis noch das letzte, was die Juden besaßen, von ihnen selbst an die Rampe in Auschwitz liefern, unter den Qualen, die eine solche Raumverengung mit sich bringen mußte. Man besaß zwar nicht viel, wenn man von Theresienstadt kam, aber immer noch zuviel für einen Güterwaggon voller Menschen. Waren wir 60 oder 80? Bald stank der Wagen nach Urin und Kot, man mußte dafür Gefäße vom Mitgebrachten finden, und es gab nur die eine Luke, um diese zu leeren.

Ich weiß nicht, wie lange die Reise gedauert hat. Wenn ich auf die Landkarte schaue, ist es gar nicht so weit von Theresienstadt nach Auschwitz. Aber diese Fahrt war die längste je. Vielleicht hat der Zug auch mehrmals gehalten und ist herumgestanden. Bestimmt nach der Ankunft in Auschwitz, doch wohl schon vorher standen die Waggons, und die Temperatur drinnen stieg. Panik. Ausdünstung der Körper, die es nicht mehr aushielten in der Hitze und in einer Luft, die mit jeder Minute zum Atmen ungeeigneter wurde. Von daher glaube ich eine Ahnung zu haben, wie es in den Gaskammern gewesen sein muß. Das Gefühl, verlassen zu sein, und damit meine ich nicht, vergessen zu sein; vergessen waren wir nicht, denn der Wagen stand ja auf Schienen, hatte eine Richtung, würde ankommen; aber verworfen, abgetrennt, in eine Kiste gepfercht, wie unnützer Hausrat. Eine alte Frau neben meiner Mutter hat langsam durchgedreht, wimmerte, jammerte, und ich war ihr böse, ungeduldig, daß ihr Gehirn nicht mehr standhielt, daß sie so auf das große Übel unserer kollektiven Hilflosigkeit noch das kleine Übel ihrer privaten häufte. Meine Reaktion war sicher Abwehr gegen das Unerhörte, daß eine Erwachsene in meiner Gegenwart den Verstand verlor. Schließlich war diese alte Frau so weit. Setzte sich meiner Mutter auf den Schoß und urinierte. Ich seh noch wie heute das damals noch faltenlose, angespannte, angewiderte Gesicht meiner Mutter im Zwielicht des Waggons, wie sie die Alte von ihrem Schoß schob, aber nicht brutal, nicht böse. Meine Mutter, die kein Vorbild für mich ist, war eben doch oft eines, und dieser Augenblick ist hängengeblieben. Es war eine pragmatisch menschliche Geste, etwa wie sich eine Krankenschwester von einer Patientin loslöst, die sich an sie klammert. *Ich* fand, meine Mutter hätte sich gründlich entrüsten müssen, während für meine Mutter die Situation jenseits von Zorn und Empörung lag.

Dieses Erlebnis ist nicht salonfähig. Neulich sprachen wir hier in Göttingen beim Nachtisch von Engpässen, die wir erlebt haben, etwa ein Aufzug, der steckenbleibt, Tunnel, die zu lang sind, wie der geplante unterm Ärmelkanal, wir sprachen über alles, was klaustrophobisch wirken kann, und auch, schon näher an meiner Erfahrung, von den Luftschutzkellern in der Kindheit einiger der Anwesenden. Ich hatte meine Fahrt im Viehwaggon anzubieten und habe natürlich unentwegt daran gedacht, aber wie soll ich das beisteuern? Diese Geschichte hätte das Gespräch derart gedämpft, den Rahmen dermaßen gesprengt, daß nur ich noch gesprochen, die anderen mehr oder minder betroffen, bedrückt, geschwiegen hätten, mundtot gemacht von meinem Erlebnis. Ich erzählte also statt dessen etwas anderes, aus dem Leben einer Münchner Freundin, die bei einem Bombenangriff die halbe Schulklasse verlor, während sie das Glück hatte, nur an die Wand geschleudert zu werden. Über eure Kriegserlebnisse dürft und könnt ihr sprechen, liebe Freunde, ich über meine nicht. Meine Kindheit fällt in das schwarze Loch dieser Diskrepanz.

Was willst du, sagt ihr dann wohl, daß wir einen Transport nach Auschwitz wie einen steckengebliebenen Aufzug oder auch nur wie einen Aufenthalt im Luftschutzkeller behandeln? Und da bin ich wieder bei meiner Gisela aus Princeton, wie sie mir blitzsauber und kellnerinartig die Gnade ihrer späten Geburt serviert und mir das Pech meiner früheren Geburt ungnädig übelnimmt. *Die* scheute sich nicht zu vergleichen, nur wurden aus ihren Vergleichen gleich Gleichungen, und schlechte Rechnerin, die sie war, stimmten die Lösungen nicht. Wenn man andererseits gar nicht vergleicht, kommt man auf gar keine Gedanken, und es bleibt beim Leerlauf der kreisrunden Phrasen, wie in den meisten Gedenkreden. Und ich schweige und darf nur zuhören und nicht mitreden. Menschen derselben Generation waren wir, gutwillig und der Sprache mächtig, doch der alte Krieg hat die Brücken zwischen uns gesprengt, und wir hocken auf den Pfeilern, die in unsere neuen Häuser ragen. Doch wenn es gar keine Brücke gibt von meinen Erinnerungen zu euren, warum schreib ich das hier überhaupt?

Menschen, die in engen Räumen Todesangst erlebt haben, besitzen von daher eine Brücke zum Verständnis für so einen Transport, wie ich ihn beschreibe. So wie ich von meinem Transport her eine Art Verständnis für den Tod in den Gaskammern habe. Oder doch meine, ein solches Verständnis zu haben. Ist denn das Nachdenken über menschliche Zustände jemals etwas anderes als ein Ableiten von dem, was man kennt, zu dem, was man erkennen, als verwandt erkennen kann. Ohne Vergleiche kommt man nicht aus.

Sonst kann man die Sache nur ad acta legen, ein Trauma, das sich der Einfühlung entzieht. Da baut jeder seine eigenen Barrieren auf. Glaubt mir, es gibt Amerikaner, auf die eure Luftschutzkellererlebnisse wie ein unfeiner Alptraum wirken würden, über den man bei Tisch nicht redet. Und vielleicht gibt es unter euren eigenen Kindern schon solche. Ich hab damals immer gedacht, ich würde nach dem Krieg etwas Interessantes und Wichtiges zu erzählen haben. Aber die Leute wollten es nicht hören, oder nur in einer gewissen Pose, Attitüde, nicht als Gesprächspartner, sondern als solche, die sich einer unangenehmen Aufgabe unterziehen, in einer Art Ehrfurcht, die leicht in Ekel umschlägt, zwei Empfindungen, die sich sowieso ergänzen. Denn die Objekte der Ehrfurcht, wie die des Ekels, hält man sich vom Leib.

Knapp vor der Unerträglichkeit wurden die Türen aufgeschoben. Dann ging es ganz schnell, der Wagen war im Nu geleert, meine Mutter packte gerade noch das Bündel, auf dem sie saß. (Sie hat sich immer an irgendwelche Gegenstände geklammert, wie ich an Worte.) Nach vorne gerissen, von hinten gestoßen, fiel ich aus dem Waggon, denn man mußte springen, zum Aussteigen sind solche Wagen zu hoch – merkwürdig, Peter Weiss hat das gemerkt, guter Beobachter, der er war. Ich richtete mich auf, wollte weinen, oder doch greinen, aber die Tränen versiegten vor der Unheimlichkeit des Orts. Man hätte ja erleichtert sein müssen, und ein paar Augenblicke lang war ich es auch, endlich nicht mehr in einer Sardinenbüchse zu schmoren und frische Luft zu atmen. Aber die Luft war nicht frisch, sie roch wie sonst nichts auf dieser Welt. Und ich wußte instinktiv und sofort, daß man hier nicht weinte, nicht die Aufmerksamkeit auf sich lenkte.

Strapaziert, überfordert, erschöpft schluckte ich das Grausen, das mir in den Hals stieg wie Kotze. Jetzt nur ein bissel Ruhe, einen Becher Wasser, zu sich kommen. Gerade das stand nicht auf dem Programm. Rundum ein widerliches, beklemmendes Geschrei, das nicht aufhören wollte. Die Männer, die uns mit ihrem »Raus, raus« aus dem Wagen gezogen hatten und jetzt weitertrieben, waren wie tolle, bellende Hunde. Ich war froh, in der Mitte unseres Haufens zu stehen und zu gehen.

Ich sollte diesen haßerfüllten Ton, der den Angesprochenen oder Angeschrieenen menschlich vertreibt und ihn oder sie gleichzeitig wie einen Gegenstand festhält, in den nächsten Wochen immer wieder hören und krümmte mich immer neu davor. Es war ein Ton, der nur darauf ausgerichtet war, einzuschüchtern und dadurch zu betäuben. Man merkt meist nicht, wieviel Rücksicht im gewöhnlichen Gesprächston liegt, und selbst noch im Ärger, im Streit und sogar im Zorn. Man streitet mit seinesgleichen, wir waren nicht einmal Gegner. Das Autoritätsgebaren in Auschwitz war stets auf Aberkennung gerichtet, Ablehnung der menschlichen Existenz des Häftlings, seines oder ihres Rechts dazusein. Primo Levi hat das in seinem Buch »Ist das ein Mensch?« beschrieben. Der aber kam mit dem Selbstgefühl eines erwachsenen, fertigen Europäers dahin, geistig als Rationalist und geographisch als Italiener beheimatet und gefestigt. Für ein Kind war das anders, denn mir war in den wenigen Jahren, die ich als bewußter Mensch existierte, die Lebensberechtigung Stück für Stück aberkannt worden, so daß Birkenau für mich einer gewissen Logik nicht entbehrte. Es war, als sei man einfach dadurch, daß man am Leben war, in ein fremdes Grundstück eingebrochen, und der das Wort an dich richtet, läßt dich wissen, daß dein Dasein unerwünscht ist. Wie ich zwei Jahre vorher in arischen Geschäften, laut ausgehängtem Schild, unerwünscht gewesen war. Nun hatte sich das Zahnrad weiter gedreht, und der Boden, auf dem du stehst, will, daß du verschwindest.

Auf diese Rampe fall ich immer noch. Aus einer Narkose erwachend, fall ich, erleichtert und entsetzt zugleich, aus der aufgerissenen Tür des bislang versiegelten Wagens auf diese seither berühmt gewordene Rampe, damals noch unberühmt, Sackgasse im Amoklauf einer besessenen Kultur. Unvergessener Augenblick, verhärtet und verknöchert in ein Lebensgefühl. Vom Regen in die Traufe, vom Viehwaggon auf die Rampe, vom Transport ins Lager, aus einem geschlossenen Raum in die verpestete Luft. Fallen.

3.

Ob die Nazis die deutsche Romantik sarkastisch verhunzen wollten, wenn sie den Lagern die hübschen Namen gaben? Oder waren Buchenwald und Birkenau nur die natürlichen Einfälle des Kitschdenkens, wenn es vertuschen und verharmlosen will? Ein Unwissender könnte nämlich schlafwandelnd »Birkenau und Buchenwald« mit Volksliedmelodie vor sich hin trällern und auch mühelos naturbezogene Verse dazureimen.

Birkenau war das Vernichtungslager von Auschwitz und bestand aus vielen kleinen Lagern oder Unterteilungen von Lagern. In jedem war eine Lagerstraße und auf beiden Seiten Baracken. Dahinter kam Stacheldraht und ein ähnliches Lager. B 2 B war eine Ausnahme, insofern als Männer, Frauen und Kinder zwar in verschiedenen Baracken, aber im selben Lager untergebracht waren. Auch Kleinkinder waren darunter. Der gemütvolle Name für B 2 B war »Theresienstädter Familienlager«.

In jeder Baracke zogen sich zwei Reihen von Stockbetten den Wänden entlang. Der Raum war durch einen langgestreckten Kamin geteilt. Auf diesem Kamin stand am ersten Abend eine Blockälteste, also die Chefin einer Baracke, und schrie, schimpfte, befahl oder was immer, während wir in den Bettgestellen lagen oder saßen, denn zum Stehen war nicht genug Raum für uns alle. Ihr Ton war einschüchternd, und ich hörte eigentlich, wie ein junger Hund, fast nur auf den Ton. Ein Satz fiel mir jedoch auf: »Ihr seid jetzt nicht mehr in Theresienstadt«, hieß es da, als kämen wir aus dem Paradies. Die verachten uns, weil wir erst jetzt nach Auschwitz gekommen sind, dachte ich verblüfft. Desorientierung setzt ein. Die da redete, war doch auch ein Häftling. Ich lernte die Hierarchie der Nummern: Die mit den niedrigeren Nummern waren überlegen, weil sie schon länger da waren, wo doch niemand sein wollte. Verkehrte Welt.

An demselben Abend, als wir endlich in einer Baracke in der mittleren Etage des Stockbettes zu fünft auf dem Strohsack lagen, erklärte mir meine Mutter, daß der elektrische Stacheldraht draußen tödlich sei, und machte mir den Vorschlag, zusammen in diesen Draht zu gehen. Ich traute meinen Ohren nicht. Wenn das Leben lieben und sich ans Leben klammern dasselbe ist, dann habe ich das Leben nie so geliebt wie im Sommer 1944, in Birkenau, im Lager B 2 B. Ich war zwölf Jahre alt, und der Gedanke, mit Zuckungen in einem elektrischen Stacheldraht zu verenden, und das noch dazu auf Vorschlag meiner eigenen Mutter, und jetzt gleich, überstieg mein Fassungsvermögen. Ich rettete mich in die Überzeugung, sie hätte es nicht ernst gemeint. Nahm es ihr übel, solche Späße getrieben zu haben, um mich zu ängstigen. Eine Spielverderberin war sie ja immer gewesen. Meine Mutter nahm meine Weigerung so gelassen hin, als hätte es sich um eine Aufforderung zu einem kleinen Spaziergang in Friedenszeiten gehandelt. »No, dann eben nicht.« Und sie kam nie wieder auf diesen Vorschlag zurück.

Ich kenne meine Mutter so schlecht, wie alle Kinder ihre Eltern schlecht kennen, und vielleicht war tatsächlich eine gewisse selbstmörderische, destruktive Lust im Spiel gewesen. Aber wahrscheinlich war ihr gar nicht nach Späßen zumute und sie wollte mir nicht nur Angst machen. Ich frage mich, ob ich ihr diesen schlimmsten Abend meines Lebens je verziehen habe. Wir haben nie wieder darüber gesprochen. Mir ist schon manchmal der Impuls gekommen zu fragen: »Du, war das damals dein Ernst?« Dann ziehe ich wieder die Fühler ein, eine Schnecke, die schon genug von der Außenwelt weiß und sich im Gehäuse wohler fühlt. Ich denke, sie wird sich ja doch nicht bemühen, ehrlich zu antworten, sondern das sagen, was ihr gerade in diesem Moment ins Konzept paßt. Außerdem sind mir Intimitäten mit meiner Mutter zuwider, und was könnte intimer sein als eine solche Frage?

Erst als ich selbst Kinder hatte, erkannte ich, daß es sich vertreten läßt, seine Kinder in Auschwitz selber zu töten, anstatt zu warten. Ich hätte dort ganz bestimmt denselben Gedanken gefaßt wie sie und ihn möglicherweise mit größerer Konsequenz durchgeführt als sie. Denn Selbstmord ist ein relativ anheimelnder Gedanke, besonders für Menschen aus einem Land wie Österreich, wo die Selbstmordrate hoch ist und jeder zweite die Rede vom »Sich-Umbringen« im Munde führt. Anheimelnd im Vergleich zu dem anderen Tod, der in Birkenau verabreicht wurde.

Am nächsten Tag bekamen wir Nummern auf den linken Unterarm tätowiert. Vor einer Baracke hatten ein paar weibliche Häftlinge einen Tisch mit Zubehör aufgebaut, vor dem standen wir Schlange. Die Tätowiererinnen hatten Übung, es ging schnell. Zuerst sah es so aus, als ob man die schwarze Tinte leicht abwaschen könnte, und das meiste davon ging auch tatsächlich bei der ersten Berührung mit Wasser sofort ab, aber dann blieb in feiner Punktschrift und bis zum heutigen Tage deutlich lesbar: A-3537. Das »A« bedeutete eine hohe Nummer. Das heißt, es diente als Kürzel für viele vorhergegangene Morde. Es stand nicht für »Auschwitz«, wie es in Filmen und im Fernsehen manchmal dargestellt wird. Solche Ungenauigkeiten ärgern mich. Erstens sind sie Phantasien, die sich als Wirklichkeitstreue ausgeben und dadurch die Erinnerung schmälern. Und zweitens steckt hinter dem Hang, falsche Zusammenhänge zu erfinden eine Faszination, die leicht in Widerwillen umschlägt. Merkwürdig, daß auch die Achselhöhlen der SS mit Tätowierungen verziert wurden. Dasselbe Verfahren für Ehre und Schande.

Mit dieser Tätowierung stellte sich bei mir eine neue Wachheit ein, nämlich so: Das Außerordentliche, ja Ungeheuerliche meiner Situation kam mir so heftig ins Bewußtsein, daß ich eine Art Freude empfand. Ich erlebte etwas, wovon Zeugnis abzulegen sich lohnen würde. Vielleicht würde ich ein Buch schreiben mit einem Titel wie »Hundert Tage im KZ«. (Derartige Titel hat es nach dem Krieg tatsächlich gegeben.) Niemand würde abstreiten können, daß ich zu den Verfolgten zählte, denen man Achtung entgegenbringen mußte (was man mit den einfach Vernachlässigten, den beiseite Geschobenen nicht tat), wegen der Vielfalt ihrer Erlebnisse. Man würde mich ernst nehmen müssen, mit meiner KZ-Nummer, so wie mein Cousin Hans von der Familie ernst genommen wurde. Ich erfand mir also aus dem Erlebnis abgründigen Verachtetseins eine Zukunft, in der mir gerade dieses Erlebnis Ehre einbringen würde.

Unglaubwürdig, sagt einer von euch, diese Literarisierung, selbst bei einem Mädchen, die derart mit

Gedichten abreagiert hat wie Sie. Der Schrecken, die Panik, müssen doch entsprechend heftig gewesen sein, um eine derartige, mit Verlaub, triviale Sublimierung des Geschehens zu unterbinden. (Er sagt es gedämpfter, neutraler.) Aber die Hoffnung ist ja an und für sich zukunftsorientiert. Man sagt sich, jetzt geht's mir schlecht, später wird es mir gutgehen. Jetzt habe ich Angst, später werde ich über Angst etwas auszusagen haben. Ich erzähle also nur meine Spielart eines weitverbreiteten Trostes durch Projektion. Nicht in diesem unmöglichen Jetzt befangen bleiben. Zeuge sein wollen bedeutete ja: Es wird eine Zeit geben, wo das hier vorbei sein wird, und diese Nummer nur noch Indiz, Beweismaterial. Dazu der Kinderwunsch, etwas Abenteuerliches zu erleben, verstärkt durch die Langeweile des Gefangenenalltags. Hunger, Durst, schleichendes körperliches Unbehagen ist langweilig, insofern es kein Ende nimmt, insofern als man sich wünscht, es wäre schon später. Hier war etwas Neues, Verblüffendes, diese Nummer, die im Kind nicht so sehr Schrecken auslöste, wie eine gesteigerte Verwunderung darüber, was es alles gab, zwischen uns und den Nazis. Und tatsächlich gelang es mir, in den Intervallen zwischen den Anfällen von Angstzuständen, am Massenmord zu zweifeln, einfach durch den Lebenswillen einer Halbwüchsigen. Ich würde nicht hier umkommen, ich bestimmt nicht.

## 4.

Das Proletarierkind Liesel, die mir schon in Wien Kummer bereitet hatte, hatte mich auch in Theresienstadt nicht in Ruhe gelassen. Es ist mir rätselhaft, warum wir uns überhaupt miteinander abgaben. Ich pochte in ihrer Gegenwart immer, wenn auch insgeheim, darauf, daß ich mehr gelesen hatte als sie und daß mein Vater Arzt war. Allerdings war dieser Hochmut auch eine Gegenposition ihrem Hochmut gegenüber gewesen, denn nicht nur war sie älter, sie war auch »streetwise«, straßenkundig, wußte wo's lang ging. In Theresienstadt hatte sie mir versetzt, daß meine Mutter in Wien ein Verhältnis mit einem verheirateten Arzt gehabt hätte, und sie weidete sich an meinem Unbehagen. »Ja, und hier im Ghetto ist die Frau W. auch draufgekommen und hat deiner Mutter neulich eine große Szene gemacht.« Ich schob die Sache von mir. Ob falsch oder richtig, es war eine Sauerei mehr, mit der ich nichts zu tun haben wollte.

Als ich Liesel in Birkenau wiederfand, habe ich mich an sie gehalten, denn sie war schon länger da, war mit einem früheren Transport gekommen, hatte die bewußte niedrigere Nummer, war mit Läufern, jugendlichen Boten, die von einem Lager ins andere durften, und anderem privilegiertem Personal vertraut. Sie hat mich dann, wie es schon immer ihre Art gewesen war, sozusagen aufgeklärt. Sie wußte was vom Tod. Ihr Vater war im Sonderkommando. Er hat bei der Beseitigung der Leichen mitgeholfen. Sie sprach von den Einzelheiten so unbekümmert, wie Straßenkinder vom Geschlechtsverkehr redeten, aber eben auch mit derselben unterschwelligen Herausforderung, demselben lauernden Angebot von Korruption. So erfuhr ich von ihr die Perversitäten des Mordes und die Abarten der Leichenschändung. Von ihr wußte ich, daß man unseren Leichen das Gold aus den Zähnen gebrochen hat (daran denke ich jedesmal, wenn ich vom Shylock und seinen fiktiven Nachkommen und ihrer fiktiven Habgier lese), und anderes, das heute zur Allgemeinbildung über das zwanzigste Jahrhundert gehört, in vielen Quellen steht und daher hier nicht nacherzählt werden muß.

Ihr Vater vertraute ihr und erzählte ihr alles. Ich sah ihn ein- oder zweimal, ein großer, starker Mann mit groben Gesichtszügen, die zerstört und verfallen wirkten, wie die Gesichter von Irren. Wenn ich seinen breiten Rücken im Gehen sah, schien er sich von der Welt zu entfernen, wie einer, der in Teufels Küche gerufen wurde, um dort die Asche zusammenzukehren. Ich fürchtete und mied ihn. Liesel hatte sich verändert, war gedrückt und sah gejagt aus. Doch wenn ich sie löcherte um einen Tropfen Hoffnung, es könne ja vielleicht doch anders bei den Krematorien zugehen, als sie es beschrieb, so schüttelte sie einfach den Kopf. Liesel war kein sentimentales Mädchen. Ihr war mit Illusionen so wenig wie mit deutscher Lyrik beizukommen. Aber sie war auch ein Kind, und was sie vor mir auspackte, war doch mehr, als sie selbst verdauen konnte, obwohl es ihr noch immer ein bißchen Spaß machte, soviel beschlagener zu sein als ich. Einmal kam ein Lastwagen voll Leichen, ausnahmsweise mitten am Tag, durch das Lager gefahren. Da lief sie schreiend davon.

## 5.

Durst machte mir weit mehr zu schaffen als Hunger. Wer nie wirklich und wiederholt gedurstet hat, hat mehr Sympathie mit den Hungernden. Aber man muß nur bedenken, wie lange es dauert, bevor ein Mensch verhungert, und im Gegensatz dazu, wie schnell er verdurstet. Man kann wochen-, sogar monatelang fasten und weiterleben, dagegen verdurstet man in Tagen. Dementsprechend ist der Durst qualvoller als der Hunger. In Birkenau muß das Essen, diese tägliche Suppe, sehr salzig gewesen sein, denn ich war dort immer durstig, besonders während der heißen, stundenlangen Appelle in der prallen Sonne. »Was habt ihr Kinder in Auschwitz gemacht?« hat mich neulich jemand gefragt. »Habt ihr gespielt?« Gespielt! Appell gestanden sind wir. In Birkenau bin ich Appell gestanden und hab Durst und Todesangst gehabt. Das war alles, das war es schon.

Mitteleuropäer in Birkenau. Da war die Studienrätin, die nach ihrer Ankunft in Auschwitz und angesichts der rauchenden, flammenden Kamine mit Überzeugung dozierte, daß das Offensichtliche nicht möglich sei, denn man befinde sich im 20. Jahrhundert und in Mitteleuropa, also im Herzen der zivilisierten Welt. Ich weiß es noch wie heute: Ich fand sie lächerlich, und zwar *nicht,* weil sie an den Massenmord nicht glauben wollte. Das war verständlich, denn die Sache war in der Tat nicht ganz plausibel (wozu alle Juden umbringen?), und jeder Einwand kam meiner zwölfjährigen Lebenshoffnung, beziehungsweise Todesangst, entgegen. Das Lächerliche waren die Gründe, das mit der Kultur und dem Herzen Europas. Ich mochte Kultur auch, soweit sie mir durch Bücher zugänglich gewesen war, glaubte aber nicht, daß sie verbindlich sei, Gemeinschaft stiftete. Das humanistische Erbe, das die mir bekannten Auszüge aus der klassischen Literatur durchtränkt hatte, war lesenswert gewesen, aber ich wunderte mich nicht, daß die Deutschen nichts daraus gelernt zu haben schienen. Darüber hab ich mir erst als Erwachsene, und als es mir gutging, Gedanken gemacht. Der didaktische Anspruch dieser Literatur war mir unbekannt und scheint mir auch jetzt noch eine überspitzte Forderung. Dichtung war nicht verbunden mit dem, was außerhalb ihrer vor sich ging. Ihr Wert lag darin, daß sie trösten konnte; daß sie auch lehren oder bekehren könne, hatte ich nie von ihr erwartet. Nicht umsonst war ich mit meinem Vater Hand in Hand nach der Kristallnacht die Mariahilferstraße in Wien entlanggegangen.

Jeder kennt heute den Spruch »Arbeit macht frei« als Motto einer mörderischen Ironie. Es gab noch andere derartige Sprichwörter auf den Querbalken unserer Baracke. REDEN IST SILBER, SCHWEIGEN IST GOLD war eines. Noch besser war LEBEN UND LEBEN LASSEN. Ein früherer Transport, den es nicht mehr gab, hatte diese Sprüche anfertigen müssen. Ich starrte sie täglich an, angewidert von ihrem absoluten Wahrheitsanspruch, den diese Wirklichkeit als totale Lüge bloßstellte. Mir sind deutsche Sprichwörter seither ein Greuel, ich kann keines hören, ohne es mir auf dem Querbalken einer KZ-Baracke vorzustellen und es sofort mit einer abwertenden Bemerkung zu entkräften. Mit derartigen scheinbaren Zynismen hab ich schon manche fromme Seele irritiert, der solche lebensspendenden Weisheiten nicht im Vernichtungslager kund geworden sind.

Vignette aus Birkenau. Ein Schullehrer, an den ich mit respektloser Rührung zurückdenke, weil er Gräser im Staub der Lagerstraßen fand und sich und uns Kindern damit Gutes tun wollte. Geduldig nannte er die Gräser beim Namen und sagte, »Seht ihr, sogar hier in Auschwitz wächst etwas Grünes.« Für mich aber waren Liesels Geschichten die lebhaftere Realität, und es war mir kein Trost, daran zu denken, daß das Gras mich überdauern würde. Dieser Lehrer ist mir kein »Siehst du« geworden. Wie denn auch? »Siehst du, ich leb doch noch«? Dann schon eher, wie immer zu den Toten, beschwichtigend, »Keiner lebt ewig. Ich komm auch noch dran.«

Zweite Vignette. Zwei Männer vor einer Baracke streiten. »Was schreist du denn so?« sagt der eine. »Reg dich nicht auf. Für dich brennt der Kamin genauso wie für mich.«

Es gab Diskussionen, ob es technisch möglich sei, so viele Menschen zu verbrennen, wie behauptet wurde. Die Optimisten meinten, nur die, die eines mehr oder minder »natürlichen« Todes gestorben waren, würden in den Kaminen verbrannt. Gaskammern, das heißt die eigene bevorstehende Ermordung, als Tagesthema.

Dritte Vignette. Ein Aufseher, hinterm Stacheldraht, der mit einem Laib Brot am Ende eines Stockes herumspazierte. Was für eine Idee, den Hungernden zeigen zu wollen, daß man die Macht hat, Brot im Dreck verderben zu lassen. Aber ich war ans Hungern gewöhnt und verbinde es nicht besonders mit Auschwitz. Die physischen Erinnerungen an Auschwitz sind Hitze (beim Appell), Gestank (der Rauch überm Lager) und vor allem Durst.

Vierte Vignette. Im Waschraum spazierte ein nackter zweijähriger Junge mit einem großen Stock herum. Der sah ganz zufrieden aus, denn er hatte endlich wieder was zum Spielen ergattert. Ein Mann sagt zu meiner Mutter, ist es nicht ein Jammer, daß auch so ein Kind ermordet wird. »Was hat der Mann dir gesagt?« will ich wissen. Meine Mutter wiederholt seine Worte.

D-Day in Auschwitz. Die Nachricht erreichte uns. Die Amerikaner waren in der Normandie gelandet. Wo immer das sein mochte. Aus dem Wasser und aus der Luft waren sie gekommen, in Auschwitz war nie genug Wasser für mich, und in der Luft war Asche. Sie waren aus dem Meer gestiegen und aus ihren Flugzeugen gesprungen. Ich hab mir das vorgestellt. Jetzt kann es nicht mehr lange dauern. Mit einem dieser Fallschirmjäger war ich eine Zeitlang verheiratet und hab ihn wohl vor allem deshalb genommen, weil er in jenem bleischweren Sommer 1944 in der sagenhaften Normandie aus einer offenen Tür der Befreier in den Wolken ins alte Europa sprang.

Meine Mutter trägt Suppe. Das riesige Faß hängt in der Mitte zweier Stangen. Vorne und hinten gehen die Träger, die Stangen auf den Schultern. Die Last ist viel zu schwer für meine Mutter, ich bin ganz entgeistert, als ich sie damit sehe. Sie muß sich freiwillig gemeldet haben, für die Extra-Portion Suppe. Für mich. Ich will das nicht. Tu mir das nicht an.

Zwei alte Frauen stritten. Worte wechselnd standen sie am Eingang der Baracke. Ich sehe sie gestikulieren mit ausgemergelten Händen. Da kam eine dritte Frau, Blockälteste oder was immer, und stieß den beiden die Köpfe aneinander. Die Brutalität dieser Dritten, die offensichtlich dazu befugt war, war mir wie ein Schlag auf den eigenen Kopf. Tiefer Schreck, Auflösung des Umgangs unter Menschen. Später hab ich mir gedacht, dieser Schreck sei dumm oder naiv gewesen, es gab Ärgeres. Heute denke ich wieder umgekehrt, dieser mein Schreck war schon ganz richtig. Alte Frauen in Auschwitz, ihre Nacktheit und Hilflosigkeit, die Bedürfnisse alter Menschen, die geraubte Scham. Alte Frauen auf den Massenlatrinen, wie schwer ihnen der Stuhlgang fiel, oder umgekehrt, wie sie Durchfall hatten. Alles öffentlich. Das Körperliche so viel weniger selbstverständlich als bei jungen Menschen und Kindern, und besonders bei dieser meiner Großmuttergeneration, die noch im schamhaften, prüden neunzehnten Jahrhundert geboren war. Und dann die nackten Leichen gehäuft auf Lastwagen, durcheinander in der Sonne, umschwärmt von Fliegen, wirres Haupthaar, spärliches Schamhaar, Liesel läuft weg in Entsetzen, ich, fasziniert, starr noch länger hin.

Es war die Zeit der Ungarn-Transporte. Das Lager neben unserem war eines Tages voll von ungarischen Frauen. Sie waren direkt von zu Hause gekommen, und sie wußten noch nichts. Wir haben durch den Stacheldraht hindurch mit ihnen geredet, schnell, hektisch, ohne ihnen viel sagen zu können. Ich merkte, wie weit ich ihnen schon voraus war, mit meiner Erfahrung von Theresienstadt. Da war eine Frau, die sehr gut deutsch sprach, und ihre Tochter, etwa in meinem Alter. Es war abends, die beiden froren, obwohl die Tage heiß waren. Meine Mutter hat sich gleich mit dieser Mutter, die sich Sorgen machte, wo wohl ihr Sohn und Mann seien, identifiziert. Man habe sie schon an der Rampe getrennt. Meine Mutter erinnerte sich, daß wir noch ein Paar Wollsocken hatten, holte sie und schickte sich an, sie über den Draht zu werfen. Ich mischte mich ein, ich könne besser werfen, gib sie mir. Meine Mutter weigerte sich, warf, warf schlecht, und die Socken blieben oben im Draht hängen. Bedauernde Worte auf beiden Seiten. Vergebliche Geste. Am nächsten Tag waren die ungarischen Frauen weg, das Lager stand gespenstisch leer, im Draht hingen noch immer unsere Socken.

## 6.

Ich erzähle nichts Ungewöhnliches, wenn ich sage, ich hätte überall, wo ich war, Gedichte aufgesagt und verfaßt. Viele KZ-Insassen haben Trost in den Versen gefunden, die sie auswendig wußten. Man fragt sich, worin denn das Tröstliche an so einem Aufsagen eigentlich besteht. Meistens werden Gedichte von religiösem oder weltanschaulichem Inhalt erwähnt oder solche, die einen besonderen emotionalen Stellenwert in der Kindheit des Gefangenen hatten. Mir scheint es indessen, daß der Inhalt der Verse erst in zweiter Linie von Bedeutung war und daß uns in erster Linie die Form selbst, die gebundene Sprache, eine Stütze gab. Oder vielleicht ist auch diese schlichte Deutung schon zu hoch gegriffen, und man sollte zu allererst feststellen, daß Verse, indem sie die Zeit einteilen, im wörtlichen Sinne ein Zeitvertreib sind. Ist die Zeit schlimm, dann kann man nichts Besseres mit ihr tun, als sie zu vertreiben, und jedes Gedicht wird zum Zauberspruch. Denn dem Inhalt nach war nicht viel in den Schillerschen Balladen, das mich den Durst bei den endlosen Appellen in Auschwitz hätte vergessen lassen: »Schickt zu seinen Mannen allen / In dem Lande Schweiz. / Nach dem Heil'gen Grab sie wallen, / Auf der Brust das Kreuz.« In gewissen Lagen, wo es einfach darum geht, etwas durchzustehen, sind weniger tiefsinnige Verse vielleicht noch geeigneter als solche, die das Dach überm Haus sprengen. Übrigens gab es schon vorher im normalen Leben Situationen, zum Beispiel beim Zahnarzt, wo ich die Zeit nicht genießen konnte, sondern sie, etwa mit Hilfe von »Die Kraniche des Ibykus«, vertreiben mußte. Die Schillerschen Balladen wurden dann auch meine Appellgedichte, mit denen konnte ich stundenlang in der Sonne stehen und nicht umfallen, weil es immer eine nächste Zeile zum Aufsagen gab, und wenn einem eine Zeile nicht einfiel, so konnte man darüber nachgrübeln, bevor man an die eigene Schwäche dachte. Dann war der Appell womöglich vorbei, und die Grammophonplatte im Kopf konnte abgestellt werden, etwa an der Stelle: »Nur ewigen und ernsten Dingen / Sei ihr metallner Mund geweiht.« Man konnte sich trollen und Wasser trinken gehen. Bis zum nächsten Appell.

Zwei Gedichte über Auschwitz habe ich noch im Jahre 1944 verfaßt, aber erst im nächsten Lager, Christianstadt, ein Außenlager von Groß-Rosen. Eines habe ich dort auch aufgesagt für Häftlinge, die nicht unbedingt davon erbaut waren. Aufgeschrieben habe ich sie erst 1945, nach dem Krieg, als ich wieder Stift und Papier hatte.

Das erste dieser Gedichte hatte einen Morgen in Auschwitz zum Thema. Da sollte am Ende eine Hoffnungssonne aufgehen; wie ja auch im Buchenwaldlied, das ich noch von Wien her kannte, die letzten Zeilen lauten: »Oh Buchenwald, wir jammern nicht und klagen, / Wie bitter unser Schicksal sei, / Wir wollen trotzdem ›Ja‹ zum Leben sagen, / Denn einmal kommt der Tag, da sind wir frei.« Hoffnungvolle Schlußzeilen sind solchen Liedern gattungsgemäß. Auch die »Moorsoldaten« enden mit den Worten: »Einmal werden wir auch sagen / ›Heimat, du bist wieder mein.‹« Ich nannte mein Gedicht einfach »Auschwitz«. Hier der Anfang:

*Kalt und trüb ist noch der Morgen,*
*Männer gehn zur Arbeit hin,*
*Schwer von Leid, gedrückt von Sorgen,*
*Fern der Zeit, da sie geborgen,*
*Langsam wandern sie dahin.*

*Aber jene Männer dort*
*Bald nicht mehr die Sonne sehn.*
*Freiheit nahm man ihnen fort.*
*Welch ein grauenvoller Mord,*
*Dem sie still entgegengehn.*

Bei dem zweiten Gedicht war mir etwas Ungewöhnlicheres eingefallen als die symbolische Morgensonne am Ende des ersten, die sich auf »Lebenswonne« reimte. Jetzt wollte ich dem Kamin selbst eine Stimme geben, die Entmenschlichung verdinglichen, indem ich sie in einer Sache verkörperte und die Todesmaschine als Herr der Lager, und zwar an Stelle der Sonne, auftreten ließ.

*Täglich hinter den Baracken*
*Seh ich Rauch und Feuer stehn.*
*Jude, beuge deinen Nacken,*
*Keiner hier kann* dem *entgehn.*
*Siehst du in dem Rauche nicht*
*Ein verzerrtes Angesicht?*
*Ruft es nicht voll Spott und Hohn:*
*Fünf Millionen berg' ich schon!*
*Auschwitz liegt in meiner Hand,*
*Alles, alles wird verbrannt.*
*Täglich hinterm Stacheldraht*
*Steigt die Sonne purpurn auf,*
*Doch ihr Licht wirkt öd und fad,*
*Bricht die andre Flamme auf.*
*Denn das warme Lebenslicht*
*Gilt in Auschwitz längst schon nicht.*
*Blick zur roten Flamme hin:*
*Einzig wahr ist der Kamin.*
*Auschwitz liegt in seiner Hand,*
*Alles, alles wird verbrannt.*

In Birkenau wäre es mir nicht gelungen, von fünf Millionen Ermordeten zu reden. (Übrigens falsch: Die Zahl war geringer. Wir waren nicht so genau informiert. Gerüchte kursierten.) Da war die Sache noch zu hautnah, der Kamin löste panisches Entsetzen aus, und der Impuls zur dichterischen Bewältigung wäre dem stärkeren Bedürfnis nach Verdrängung erlegen. Im nächsten Lager war es umgekehrt, da wollte ich mein Erlebnis verarbeiten, auf die einzige Weise, die ich kannte, in ordentlichen, gegliederten Gedichtstrophen.

Den Rest dieser Verse erspare ich dem Leser, doch ein paar Randbemerkungen verdienen sie, trotz und wegen ihrer Unbeholfenheit. Man muß die abgenützten Worte auf die Waagschale legen als wären sie neu, was sie dem Kind ja waren, und dann muß man die Schlauheit durchschauen, die es mir eingab, das Trauma der Auschwitzer Wochen in ein Versmaß zu stülpen. Es sind Kindergedichte, die in ihrer Regelmäßigkeit ein Gegengewicht zum Chaos stiften wollten, ein poetischer und therapeutischer Versuch, diesem sinnlosen und destruktiven Zirkus, in dem wir untergingen, ein sprachlich Ganzes, Gereimtes entgegenzuhalten; also eigentlich das älteste ästhetische Anliegen. Darum mußten sie auch mehrere Strophen haben, zum Zeichen der Beherrschung, der Fähigkeit zu gliedern und zu objektivieren. Ich war leider belesen, hatte den Kopf voll von sechs Jahren Klassik, Romantik und Goldschnittlyrik. Und nun dieser Stoff. Meinem späteren Geschmack wären Fragmentarisches und Unregelmäßigkeiten lieber, als Ausdruck sporadischer Verzweiflung zum Beispiel. Aber der spätere Geschmack hat es leicht. Jetzt hab ich gut reden.

So gut reden hab ich wie die anderen, Adorno vorweg, ich meine die Experten in Sachen Ethik, Literatur und Wirklichkeit, die fordern, man möge über, von und nach Auschwitz keine Gedichte schreiben. Die Forderung muß von solchen stammen, die die gebundene Sprache entbehren können, weil sie diese nie gebraucht, verwendet haben, um sich seelisch über Wasser zu halten. Statt zu dichten möge man sich nur informieren, heißt es, also Dokumente lesen und ansehen – und das gefaßten, wenn auch betroffenen Mutes. Und was sollen sich Leser oder Betrachter solcher Dokumente dabei denken? Gedichte sind eine bestimmte Art von Kritik am Leben und könnten ihnen beim Verstehen helfen. Warum sollen sie das nicht dürfen? Und was ist das überhaupt für ein Dürfen und Sollen? Ein moralisches, ein religiöses? Welchen Interessen dient es? Wer mischt sich hier ein? Das Thema wird brennender Dornbusch auf heiligem Boden, nur mit nackten Füßen und unterwürfiger Demut zu betreten.

Solche Ausklammerung von Literatur wuchert leicht aus und klammert daraufhin auch rationales Überlegen aus und schlägt, ohne es zu bemerken, ins Gegenteil um. Eine Variante von einem jungen Göttinger, der sich für den späten Celan interessiert, also für Gedichte, von denen niemand genau weiß, worum es in ihnen geht, und von denen manche Kenner sagen, sie handeln von jüdischer Geschichte, und andere, es ginge in ihnen vor allem um Sprachprobleme: Man solle eigentlich den Holocaust ausschließlich mit Hilfe solcher hermetischer Lyrik verarbeiten. Der Ausschließlichkeitsanspruch macht mich stutzen. Ich gebe zu bedenken, daß diese Lyrik Vorkenntnisse voraussetzt, die sich nicht jeder aneignen kann. Also gut, räumt er ein, dann eben Lyrik und Wissenschaft (etwa, Archive einrichten?), sonst nichts. Ich verfasse eine harmlose Parodie auf ein abstruses Gedicht von Celan. Leute, die ich noch nie schockiert habe, sind schockiert. Über Gott und Goethe darf man lästern, der Autor der »Todesfuge« ist unantastbar. Und nicht etwa, weil er ein so guter Dichter ist, das war Goethe ja auch.

Vor meinen alten Kindergedichten wird mir die Forderung hinfällig, man solle die Interpretationen sein lassen und sich nur den Dokumenten widmen.

Wer nur erlebt, reim- und gedankenlos, ist in Gefahr, den Verstand zu verlieren, wie die alte Frau auf dem Schoß meiner Mutter. Ich hab den Verstand nicht verloren, ich hab Reime gemacht. Die anderen, die vor den zweidimensionalen Dokumenten stehen, verlieren den Verstand natürlich auch nicht, denn sie sind ja nicht mit dem Geschehenen, sondern nur mit einem unausgegorenen Abklatsch konfrontiert. Wer mitfühlen, mitdenken will, braucht Deutungen des Geschehens. Das Geschehen allein genügt nicht.

## 7.

Selektion, es sollte eine Selektion geben, Frauen von 15 bis 45 sollten sich zu einem Arbeitstransport melden, antreten in einer bestimmten Baracke, zu einem bestimmten Termin. Es gab welche, die konstatierten, bislang sei es immer noch schlimmer, nie besser geworden, und sich dementsprechend vor der Selektion drückten, nicht antraten. Meine Mutter war anderer Meinung. Schlimmer als hier könne es nicht werden. Die Alternative sei das Leben. Doch das Wort Selektion hatte in Auschwitz einen bösen Klang. Man konnte keineswegs sicher sein, daß es wirklich eine Selektion für ein Arbeitslager und nicht eine für die Gaskammer war. Arbeitslager war logisch, denn warum sonst die Altersgrenzen? Andererseits war Logik nicht das Grundprinzip dieser Ortschaft.

Meine Mutter hat von Anfang an im Vernichtungslager richtig reagiert. Weil sie sofort verstand, was hier gespielt wurde, hatte sie nach unserer Ankunft den Freitod für uns beide vorgeschlagen, und als ich mich weigerte, hat sie den ersten und einzigen Ausweg wahrgenommen. Doch ich meine, es war nicht die Vernunft, sondern ein tiefsitzender Verfolgungswahn, der sie so reagieren ließ. Psychologen wie Bruno Bettelheim meinen, ein ausgeglichener, vernünftiger Mensch, der nicht durch eine bürgerliche Erziehung verdorben worden ist, müßte sich an einem auschwitzartigen Ort auf die neuen Verhältnisse umstellen können. Ich denke da anders. Ich glaube, daß Zwangsneurotiker, die von Paranoia gefährdet waren, in Auschwitz am ehesten zurechtkamen, denn sie waren dort gelandet, wo die gesellschaftliche Ordnung, oder Unordnung, ihre Wahnvorstellungen eingeholt hatte. Wer den Verstand nicht verlieren will, hat deshalb recht, weil der Verstand als die menschliche Eigenschaft schlechthin uns so lieb sein muß wie die Liebe. Doch in Auschwitz konnte die Liebe nicht retten und der Verstand auch nicht. Von daher weiß ich, daß es keine unbedingten Rettungsmittel gibt, und unter den bedingten Rettungsmitteln kann auch Paranoia sein. Meine Mutter, die sich vorher und besonders nachher noch öfters verfolgt geglaubt hat, war dieses eine Mal im Recht und hat sich ganz folgerichtig verhalten.

Aber der Preis ist zu hoch: Dieser Wahnsinn, den sie latent mit sich herumträgt wie einen schlafenden Kater, der sich nur gelegentlich streckt, gähnt, Buckel macht und sanft herumstreicht, plötzlich mit den Zähnen klappert und sich mit ausgestreckten Krallen einen Vogel greift, nachher wieder schlafen geht – so ein Raubtier möchte ich nicht in mir tragen, auch wenn es mir im nächsten Vernichtungslager das Leben retten könnte.

Mit dem Rücken zum hinteren Tor der Baracke stand an beiden Seiten des »Kamins«, der sich der Länge nach durch die Baracke zog, je ein SS-Mann. Vor jedem eine Schlange nackter Frauen. Der, dem ich mich stellte, hatte ein rundes, böses Maskengesicht. Er war groß, ich mußte zu ihm hoch aufschauen. Ich sagte mein Alter, er wies mich ab, mit einem Kopfschütteln, einfach so. Neben ihm stand eine Schreiberin, die sollte meine Nummer nicht aufschreiben. Abgelehnt. In seinem Kopfschütteln lag der Beweis dafür, daß ich mir mein Leben erschlichen hatte, es wie einen unerlaubten Text nicht weiterlesen sollte, wie die Bibel, die mir mein Onkel aus der Hand genommen hatte. – Kafkas Türhüter, der dem Menschen sein eigenes Licht im eigensten Raum verwehrt, stell ich mir so vor.

Meine Mutter war für den Transport gewählt worden, sie war ja das richtige Alter, eine erwachsene Frau. Ihre Nummer war aufgeschrieben worden, sie würde das Lager in Kürze verlassen. Wir standen auf der Lagerstraße und diskutierten. Sie versuchte mich zu überreden, daß ich es nochmals, in der anderen Schlange, versuchen sollte.

Im Juni 1944 war es sehr heiß, die Barackentüren, auch die hinteren, standen daher offen. Zwar war dieser hintere Eingang bewacht, aber die Wache bestand aus Häftlingen, und meine Mutter meinte, ich könne mich da wohl vorbeischlängeln und diesmal zu dem anderen SS-Mann gehen. Und diesmal bitte nicht so blöd sein zu sagen, ich sei erst zwölf. Es kam zu einem Streit zwischen ihr und mir. »Aber ich seh doch nicht älter aus«, sagte ich verzweifelt. Ich hatte das Gefühl, sie wolle mich in eine große Unannehmlichkeit hineinreiten, so wie vor ein paar Jahren in Wien, als sie mich trotz des Verbots ins Kino schickte. Der Unterschied zwischen zwölf und fünfzehn ist riesig für eine Zwölfjährige. Es war ein ganzes Viertel des gelebten Lebens, das ich dazuaddieren sollte. In L 414, in Theresienstadt, hatte man uns in Altersgruppen eingestuft. Sogar ein Unterschied von einem Jahr hatte dort ein anderes Zimmer, eine andere Gemeinschaft bedeutet. Was konnte wesentlicher sein? Die Lüge, die mir meine Mutter vorschlug, war so leicht zu entlarven: drei Jahre, wo sollte ich die hernehmen?

Ich hatte ausgesprochen Angst, aber es war eben nicht die tiefe Todesangst, die mich in Auschwitz beim Anblick des abwechselnd rauchenden und flammenden Kamins in Abständen wie die Anfälle einer Krankheit überfiel, sondern die erträglichere Angst vor bösartigen Erwachsenen. Und diese erträglichere Angst ließ sich überwinden. Denn was würde aus mir werden, wenn ich allein in Birkenau bleiben müßte? Also das sei einmal ausgeschlossen, beschwichtigte mich meine Mutter. Wenn ich den Versuch nicht unternehmen wolle, dann würde sie eben auch hierbleiben, sie wolle doch sehen, wer sie von ihrem Kind trennen könne. Aber eine gute Idee sei das nicht. »Hör doch endlich zu«, sagte sie, ohne meinen stichhaltigen Gegenargumenten die geringste Aufmerksamkeit zu schenken. Und: »Feig bist du«, sagte sie verächtlich, »ich war nie so feig.« »Also gut, ich versuch's. Aber fünfzehn sag ich auf keinen Fall, höchstens dreizehn. Und wenn's daneben geht, ist es deine Schuld.«

Zwischen den Baracken war ein Kordon, um genau das zu verhindern, was ich versuchen wollte. Wir standen und sahen aufmerksam hin. »Jetzt!«, als die zwei Männer, die hier verantwortlich waren, einander gerade etwas zuriefen. Und ich sehe mich gebückt an der Barackenwand entlanglaufen. Warum gebückt? Um mich kleiner zu machen, um das bißchen Schatten auszunützen? Dann um die Ecke und von hinten unbemerkt, oder zumindest ohne verraten zu werden, eintreten.

Die Baracke war noch immer voller Menschen. Es herrschte die besondere Art von geregeltem Chaos oder chaotischer Ordnung, die für Auschwitz bezeichnend war. Die »preußische« Perfektion in der Verwaltung der KZs ist eine deutsche Legende. Gute, gründliche Organisation setzt voraus, daß es etwas Wertvolles zu organisieren oder zu bewahren gibt. Wir waren wertlos, zur Vernichtung hierhergebracht, und daher war der Verschleiß an »Menschenmaterial« unwichtig. Im Grunde war es den Nazis immer egal, was in den Judenlagern vor sich ging, solang sie ihnen keine Umstände machten. Die selektierenden SS-Männer und ihre Gehilfen standen mit dem Rükken zu mir. Ich ging schnell und unauffällig auf die vordere Tür zu, zog mich dort nochmals wie vorgeschrieben aus und stellte mich aufatmend in die Reihe des anderen SS-Manns. Ich hatte es geschafft und freute mich, gegen die Regeln verstoßen zu haben. Feig nennen konnte mich meine Mutter nicht mehr, aber ich war die kleinste und offensichtlich die jüngste in der Reihe, ein Kind, unentwickelt, unterernährt, ganz vorpubertär.

Alle Berichte, die ich über die Selektionen kenne, bestehen darauf, daß die erste Entscheidung immer endgültig war, daß kein auf die eine Seite Geschickter, und dadurch zum Tod Verdammter, je auf die andere Seite gekommen ist. Bitte, ich bin die Ausnahme.

Was nun geschah, hängt locker im Raum der Erinnerung, wie die Weltkugel vor Kopernikus' Zeit an dünner Kette vom Himmel hing. Es geschah etwas, das, so oft es geschehen mag, immer einmalig ist, ein unbegreiflicher Gnadenakt, schlichter ausgedrückt, eine gute Tat. Und doch ist Gnadenakt vielleicht richtiger, trotz oder auch wegen der religiösen Besetzung des Wortes. Zwar ging dieser Akt von einem Menschen aus, kam aber ebenso aus heiterem Himmel und war ebenso unverdient, als schwebe der Urheber über den Wolken. Dieser Mensch war eine junge Frau, in ebenso hoffnungsloser Lage wie wir alle, die nichts anderes gewollt haben kann, als einen anderen Menschen zu retten. Je genauer ich über die folgende Szene nachdenke, desto haltund stützenloser scheint das Eigentliche daran, daß ein Mensch aus freier Entscheidung einen fremden rettet, an einem Ort, der den Selbsterhaltungstrieb bis zur Kriminalität gefördert hat. Es ist etwas Beispielloses und etwas Beispielhaftes daran. Der Simone Weil war fast die ganze Belletristik verdächtig, weil darin fast immer das Gute langweilig und das Böse interessant ist, eine genaue Umkehrung der Wirklichkeit, meinte sie. Vielleicht wissen Frauen mehr über das Gute als Männer, die es so gern trivialisieren. Simone Weil hatte recht, ich weiß es von damals, das Gute ist unvergleichlich und auch unerklärlich, weil es keine rechte Ursache hat als sich selbst und auch nichts will als sich selbst.

Mir verschwimmen alle ss-Männer zu einer uniformierten Drahtpuppe mit Stiefeln, und als Eichmann gefangengenommen und hingerichtet wurde, war es mir geradezu peinlich egal. Diese Leute waren mir ein einziges Phänomen, und die persönlichen Unterschiede unter ihnen nicht das Nachgrübeln wert. Hannah Arendt hat das Gegenstück zu Simone Weils Behauptungen über das Gute geliefert, als sie auf die schlichte Tatsache hinwies, daß das Böse im Geiste engstirniger Borniertheit begangen wird. Damit hat sie allerdings ein Wutgeheul unter den Männern ausgelöst, die ganz richtig, wenn auch nicht unbedingt bewußt, begriffen, daß eine solche Entlarvung willkürlicher Gewalt das Patriarchat in Frage stellt. Vielleicht wissen Frauen mehr über das Böse als Männer, die es so gerne dämonisieren.

Neben dem amtierenden ss-Mann, der sitzend, locker und gut gelaunt, gelegentlich eines der nackten jungen Mädchen Turnübungen vorführen ließ, vermutlich um der langweiligen Beschäftigung etwas Vergnügen abzugewinnen, stand die Schreiberin, ein Häftling. Wie alt mag sie gewesen sein, neunzehn, zwanzig? Die sah mich in der Reihe stehen, als ich schon praktisch vorne war. Da verließ sie ihren Posten, und fast in Hörweite des ss-Mannes ging sie schnell auf mich zu und fragte halblaut, mit einem unvergeßlichen Lächeln ihrer unregelmäßigen Zähne: »Wie alt bist du?«

»Dreizehn.«

Und sie, mich nachdrücklich mit den Augen fixierend, ganz eindringlich: »Sag, daß du fünfzehn bist.«

Zwei Minuten später war ich dran, schielte noch schnell zu der anderen Reihe hin, ängstlich, der zweite ss-Mann könnte zufällig herüberschauen und mich als eine erkennen, die schon abgelehnt worden war. Der war jedoch mit seiner eigenen Arbeit beschäftigt. Fraglich ist es auch, ob er mich bei einem eventuellen Seitenblick erkannt hätte. Denn wir verschwammen ihm sicher zu einem Brei von Untermenschentum. Auf die Frage nach meinem Alter gab ich die entscheidende Antwort, die ich meiner Mutter nicht abgenommen hatte, wohl aber dieser jungen Frau, die rechts neben dem Meister aus Deutschland stand. »Fünfzehn bin ich.«

»Die ist aber noch sehr klein«, bemerkte der Herr über Leben und Tod, nicht unfreundlich, eher wie man Kühe und Kälber besichtigt.

Und sie, im gleichen Ton die Ware bewertend: »Aber kräftig gebaut ist sie. Die hat Muskeln in den Beinen, die kann arbeiten. Schaun Sie nur.«

Da war eine, die arbeitete für diese Verwaltung und strengte sich an für mich, ohne mich überhaupt zu kennen. Dem Mann war sie vielleicht ein wenig weniger gleichgültig, als ich es ihm war, und er gab nach. Sie schrieb meine Nummer auf, ich hatte eine Lebensverlängerung gewonnen.

Fast jeder Überlebende hat seinen »Zufall«, das Besondere, Spezifische, das ihn oder sie unvermutet am Leben erhalten hat. Meiner hat die Besonderheit, daß sich die Fremde einmischte. Die Menschen, die heute noch die Auschwitznummer am Arm haben, sind praktisch alle älter als ich, älter zumindest um die zwei, drei Jahre, die ich mir damals zugelogen habe. Ausnahmen gibt es, vor allem die Zwillinge, an denen der Dr. Mengele seine Aftermedizin ausprobiert hat. Dann gibt es noch welche in meinem Alter, die schon an der Rampe selektiert und gleich weiterverfrachtet wurden und, weil sie mehrere Kleidungsstücke übereinander trugen, nicht als Kinder erkannt wurden. Aber die waren dann eben nur an der Rampe, haben keine Nummer, waren nicht im Lager selbst. Um von dort wegzukommen, mußte man eigentlich älter sein.

Ja, sagen die Leute leichtfertig, sie verstünden sowas recht gut, viele Menschen sind altruistisch, das war so eine. – Warum wollt ihr nicht lieber mit mir staunen?

Es war nichts Gewöhnliches, es war nicht so, als ob einer, der Macht hat, sie nun blind und herrschaftlich und an einem beliebigen Objekt ausübt. Dies letztere war der Fall meines SS-Manns, der nicht unbedingt geglaubt haben wird, daß der Arbeitseinsatz eines verhungerten kleinen Mädchens (ich hatte immerhin schon 20 Monate lang nicht genug zu essen bekommen) den deutschen Endsieg erheblich vorantreiben oder die Endlösung erheblich aufhalten würde. Doch mußte er den Fall so oder so entscheiden und meine Nummer entweder aufschreiben lassen oder nicht. In diesem Augenblick paßte es ihm, auf meine eigentliche Retterin zu hören. Ich meine, seine Tat war willkürlich, ihre frei. Frei, weil man bei aller Kenntnis der Umstände das Gegenteil vorausgesagt hätte, weil ihre Entscheidung die Kette der Ursachen durchbrach. Sie war ja ein Häftling, und sie riskierte viel, wenn sie mir eine Lüge einflüsterte und sich dann für mich, die zu jung und klein für den Arbeitstransport war und die sie überhaupt nicht kannte, offen einsetzte. Sie sah mich in der Reihe stehen, ein zum Tod verurteiltes Kind, sie kam auf mich zu, sie gab mir die richtigen Worte ein, und sie hat mich verteidigt und durchgeschleust. Die Gelegenheit zu einer freien, spontanen Tat war nirgends und nie so gegeben wie dort und damals. Ich wiederhole es, weil mir nichts Eindringlicheres einfällt als die Wiederholung. Das hab ich erlebt, die reine Tat. Hört zu und bekrittelt sie bitte nicht, sondern nehmt es auf, wie es hier steht, und merkt es euch.

Oder ihr sagt das Umgekehrte, nämlich Altruismus gibt es nicht, es gebe keine Tat, hinter der nicht der Eigennutz lauert, sei es auch nur das Bewußtsein der freien Handlung. Die im übrigen auch nur eine Illusion sei, denn wahrhafte Freiheit gebe es auch nicht. Vielleicht stimmt das sogar, und vielleicht gibt es tatsächlich nur Annäherungen an die Freiheit wie an das Gute. Vielleicht sollten wir Freiheit schlicht als das nicht Voraussagbare definieren. Denn noch nie hat jemand menschliches Benehmen ebenso berechnen können wie zum Beispiel das der Amöben. Bei Hunden, Pferden und Kühen ist es schon nicht mehr ganz leicht, aber bei Menschen kommen wir über einen gewissen Wahrscheinlichkeitsgrad nicht hinaus. Menschen entscheiden im letzten Moment, darum ist der letzte Moment, der die Handlung auslöst, nicht zu berechnen. Auch wenn man alles über einen Menschen wüßte, was es zu wissen gibt, und es im erdenklich komplexesten Computer speicherte, so wäre das Zwischenspiel, das ich beschrieben habe, noch immer nicht vorauszusagen gewesen. Daß da eine war, die ich nicht kannte, die ich nie wiedersah, die mich retten wollte, nur so, und der es auch gelang.

Und deshalb meine ich, es kann die äußerste Annäherung an die Freiheit nur in der ödesten Gefangenschaft und in der Todesnähe stattfinden, also dort, wo die Entscheidungmöglichkeiten auf fast Null reduziert sind. In dem winzigen Spielraum, der dann noch bleibt, dort, kurz vor Null, ist die Freiheit. (Und wann ist Null? Immer denk ich, in der Gaskammer ist Null, wenn man auf die Kinder tritt, überwältigt von der eigenen Todesnot. Ob das stimmt?) In einem Rattenloch, wo die Menschenliebe das Unwahrscheinlichste ist, wo die Leute die Zähne blecken und wo alle Zeichen in Richtung Selbstbewahrung deuten, und wo dennoch ein kleines Vakuum bleibt, kann die Freiheit als das Verblüffende eintreten. Wer im KZ die Schläge, die er von oben empfing, nach unten weitergab, hat nur so gehandelt, wie biologisch und psychologisch zu erwarten, wie es vorgezeichnet war. Und so könnte man etwa sagen, daß gerade in diesem perversen Auschwitz das Gute schlechthin als Möglichkeit bestand, als ein Sprung über das Vorgegebene hinaus. Wie oft es ausgeübt wurde, weiß ich nicht. Sicher nicht oft. Sicher nicht nur in meinem Fall. Aber das hab ich erlebt.

## 8.

Liesel ist ihrem Vater treu geblieben. Der konnte nicht raus, wie sie mir erklärte, weil er zu viel gewußt hat. Daher könne sie sich nicht zum Arbeitstransport melden, obwohl man sie viel eher als mich hätte nehmen müssen, denn sie war ein paar Jahre älter. Sie hat es nicht einmal versucht, sie wollte bei ihm bleiben, sie ist mit ihm vergast worden.

Sie hatte absolut keine Illusionen über ihr Sterben. Ich hätte mich für meine Mutter nicht geopfert. Das wußte und weiß ich. Aus dieser meiner Mittelmäßigkeit heraus und dem damit verbundenen Unverständnis für ein Kind, das den Vater buchstäblich mehr geliebt hat als das eigene Leben, erwähne ich sie hier noch einmal, erzähle hier noch einmal von diesem abgebrochenen Kinderleben, das ich nicht kommentieren und schon gar nicht analysieren kann, weil mir nichts dazu einfällt, weil es sich meinem Verständnis entzieht. Wenn ich an Liesel denke, die ich nie recht mochte und daher keineswegs bewundere (denn wie könnten wir Menschen, die uns unsympathisch sind, bewundern?), dann scheint mir das eigene gerettete Leben noch ein ganzes Stück weniger wertvoll als meistens.

## 9.

Aus dem kleinen Familienlager gingen wir, die Ausgewählten, in das größere Frauenlager hinüber, wo wir noch ein paar Tage, zusammengepfercht wie immer, einquartiert zu fünft auf jedem Stock der Stockbetten, auf den Transport ins Arbeitslager warteten. Es waren Tage großer Beklemmnis, ohne Beschäftigung und Bewegung, nirgends hinzugehn als in diese Betten, und dazu wieder die stundenlangen Appelle, und viel zu viel Menschen auf winziger Fläche. Dort, im Frauenlager, herrschten die Politischen, zumindest in unserer Baracke. Sie taten sich was zugute darauf, daß die Nazis ihnen rote Dreiecke angeheftet hatten und keine gelben wie uns. Die rote Blockälteste schrie ihre Verachtung für uns in den Raum; das konnte sie gut, da war sie in die richtige Schule gegangen, unbeschadet aller humanistischer Ansprüche, die mir in Theresienstadt als das Herzstück des Sozialismus eingeleuchtet hatten. Links wo das Herz ist. Denen hier war nur am eigenen Überleben gelegen, vielleicht hatten sie noch was für ihre Kameraden übrig, aber die Juden waren auch für sie der letzte Dreck, wie wir es für die Nazis waren.

Meine Mutter verlor irgendwann den Kopf und schrie zurück. Dafür mußte sie dann zur Strafe auf dem schon erwähnten steinernen Kamin, dem Mittelstreifen der Baracke, knien, eine Stellung, die nach ganz kurzer Zeit qualvoll wird. Sie war in elender Verfassung, völlig außer sich, der Irrsinn flackerte ihr in den Augen, als sie, schon knieend, noch weiter auf die Beamtete einschrie. Ich stand hilflos daneben, wie vor etwas ganz Ungehörigem, Zeugin, wie meine Mutter bestraft wird. Die Szene ist vielleicht die lebendigste, grellste Erinnerung aus Birkenau. Und doch hab ich nie darüber gesprochen. Ich dachte, die kann ich nicht aufschreiben, und wollte statt dessen hier einfügen, daß es Dinge gibt, über die ich nicht schreiben kann. Jetzt, wo sie auf dem Papier stehen, sind die Worte dafür so gewöhnlich wie andere und waren nicht schwerer zu finden. War das ein Zögern aus Scham, weil ich Vorbilder wollte und weil das Vorbild ein unantastbares Überich sein sollte?

Mir wurde das Warten zu lang. Ich glaubte nicht mehr an den Arbeitstransport, und die Angst überfiel mich wie die eitrige Entzündung einer Kinderkrankheit. Ich war dem panischen Schrecken ganz ausgeliefert, konnte an nichts anderes denken, als daß ich in zwei oder drei Tagen tot, ermordet sein würde.

Ich habe noch die Nacht vor der Abfahrt schlaflos vor Todesangst verbracht und in einem letzten Anflug von Religiosität: Gott hätte doch sicher etwas anderes mit mir vor, Gott wird mich leben lassen, sonst würde er mich nicht Gedichte machen lassen. Vielleicht wollte ich mich überhaupt und in erster Linie mit diesen Gedichten bei Gott einschmeicheln, so daß er mich als Ausnahmefall behandeln würde.

Wir saßen zu fünft auf der Pritsche im Frauenlager, wir hatten eine Schüssel Wasser, ich weiß nicht, woher die kam, aber wir sollten sie teilen. Ich war die letzte und kleinste, ich bettelte, laßt mir doch auch noch einen Schluck drin, die Frau mir gegenüber sieht auf mit einem bösen Blick, so scheint es mir, aus verkniffenen Augen, und trinkt noch einmal. Noch bevor die Schüssel bei mir ankam, war sie leer. Es war Abend, ich glaubte, die Nacht bei solchem Durst nicht überstehen zu können, aber ich bin doch eingeschlafen.

Nach Auschwitz bin ich nicht zurückgegangen und hab auch nicht die Absicht, es in diesem Leben noch zu tun. Mir ist Auschwitz kein Wallfahrtsort, keine Pilgerstätte. Ich könnte mir was einbilden darauf, dort überlebt zu haben, das heißt, daß es eben nicht meine Ortschaft geworden ist, daß ich durchgegangen bin und es mich nicht hat halten können. Aber es ist ein gefährlicher Unsinn, zu denken, man hätte viel zur eigenen Rettung beigetragen. An den Ort, den ich gesehen, gerochen und gefürchtet habe und den es jetzt nur noch als Museum gibt, gehör ich nicht hin, hab dort niemals hingehört. Ein Ort für Geländebewahrer.

Und doch wird dieser Ort jedem, der ihn überlebt hat, als eine Art Ursprungsort angerechnet. Das Wort Auschwitz hat heute eine Ausstrahlung, wenn auch eine negative, so daß es das Denken über eine Person weitgehend bestimmt, wenn man weiß, daß die dort gewesen ist. Auch von mir melden die Leute, die etwas Wichtiges über mich aussagen wollen, ich sei in Auschwitz gewesen. Aber so einfach ist das nicht, denn was immer ihr denken mögt, ich komm nicht von Auschwitz her, ich stamm aus Wien. Wien läßt sich nicht abstreifen, man hört es an der Sprache, doch Auschwitz war mir so wesensfremd wie der Mond. Wien ist ein Teil meiner Hirnstruktur und spricht aus mir, während Auschwitz der abwegigste Ort war, den ich je betrat, und die Erinnerung daran bleibt ein Fremdkörper in der Seele, etwa wie eine nicht operierbare Bleikugel im Leib. Auschwitz war nur ein gräßlicher Zufall.

Am 7. Juli 1944 wurden die noch vorhandenen Häftlinge des Theresienstädter Familienlagers in Birkenau vergast. Das steht in Büchern, ich hab's nachgeschlagen.

## *Christianstadt (Groß-Rosen)*

### 1.

Neulich sprach ich vor einem akademischen Publikum über autobiographische Berichte von Überlebenden der KZs. Ich sprach natürlich nicht von diesen meinen eigenen, noch unfertigen Aufzeichnungen, sondern von bekannten und viel gelesenen Memoiren, wenn auch meine eigene Auseinandersetzung mit diesem Material unterschwellig mitgeredet haben mag. Ich sagte, das Problem läge darin, daß der Autor am Leben geblieben ist. Daraus ergibt sich für den Leser der scheinbare Anspruch auf eine Gutschrift, die er von dem großen Soll abziehen kann. Man liest und denkt etwa: Es ist doch alles glimpflich abgelaufen. Wer schreibt, lebt. Der Bericht, der eigentlich nur unternommen wurde, um Zeugnis abzulegen von der großen Ausweglosigkeit, ist dem Autor unter der Hand zu einer »escape story« gediehen.

Und das wird nun auch zum Problem meines Rückblicks. Wie kann ich euch, meine Leser, davon abhalten, euch mit mir zu freuen, wenn ich doch jetzt, wo mir die Gaskammern nicht mehr drohen, auf das Happy-End einer Nachkriegswelt zusteuere, die ich mit euch teile? Euch abhalten davon, diese Seiten so zu lesen, als wären sie etwa Nachtrag und Bestätigung zu Anna Seghers' »Das siebte Kreuz«, ein Roman, der von der Kritik zwar als »das schönste Buch über das Dritte Reich« bezeichnet worden ist, dessen Schönheit sich jedoch darin ausdrückt, daß die gelungene Flucht des Einzelnen, das Überleben des Einen von

Sieben, für den Triumph, den Sieg des Ganzen, des Guten steht? Wie kann ich euch vom Aufatmen abhalten? Denn den Toten ist damit nicht geholfen. Faßt einen Gegengedanken, ändert die Zusammenhänge. Bedenkt: Es sind in Auschwitz soundso viele Menschen durch ein Entlausungsgift ums Leben gekommen. (Ich will euch jetzt nicht noch einmal vorrechnen, wieviele es waren, denn ich weiß, ihr mögt das nicht und schaltet ab, wenn ihr die unwillkommenen Ziffern im Zusammenhang hört.) Und nun bedenkt, daß es nebenbei, und ganz unabhängig von diesen Geopferten, noch etliche Tausende oder auch Zehntausende gibt wie mich (oder vielmehr gab, denn die meisten sind inzwischen eines natürlichen Todes gestorben), die man nicht gegen die Toten aufrechnen kann, nicht von den Opfern abziehen kann, mit einem Trick emotionaler Algebra. Wir bilden keine Gemeinschaft mit den dort Umgekommenen; es stimmt einfach nicht, wenn ihr uns mit denen zusammenzählt und euch selber ans andere Ufer dieses schwarzen Flusses rettet, wenn es auch stimmt, daß wir, anders als ihr, unser Leben lang etwas Mitgeschlepptes von diesem Ort durchspielen oder spielten, so wie ich auf die Rampe falle, wenn ich schlecht schlafe, wenn ich aus der Narkose erwache, wenn ich mich in Lebensgefahr befinde. (Ein sehr schwacher Wiederholungszwang übrigens, verglichen mit anderen.) Wir sind Menschen, die ihre Kinder schlecht erzogen haben, weil wir ihnen entweder zu viel oder zu wenig von uns erzählten. (Ich, zum Beispiel, zu wenig. Mein Sohn hält mir das vor, jetzt, wo er erwachsen ist: Du hast mich aus deinem Leben ausgeschlossen, sagt er, ich weiß nichts von dir. Ich bin betroffen.

Ich wollte die Kinder nicht belasten, das hätten sie mir ja auch verübeln können.) Trotzdem bin auch ich am anderen Ufer, zusammen mit euch, in unserer gemeinsamen Nachkriegswelt, und die Ermordeten werden nicht weniger dadurch, daß sie nicht durch uns vermehrt wurden. Die Waagschale mit den Toten hebt sich nur sehr unbeträchtlich durch das geringe Gewicht solcher wie ich, die hoch oben in der anderen Schale sitzen.

Nachdem ich gesprochen hatte, meldete sich ein Literaturwissenschaftler und gab zu Protokoll, er könne sich nicht mit den Opfern und wolle sich nicht mit den Tätern identifizieren. Was bliebe da noch übrig? Offensichtlich sei diese ganze Literatur nichts für ihn. Ein anderer Zuhörer bemerkte, es gäbe so viele Ungerechtigkeiten in der Welt, daß man sich gleich umbringen müsse, wenn man alles darüber lesen wolle. Wenn sogar die Überlebenden an der Aufgabe scheiterten, schriftlich mit den KZs zu Rande zu kommen, wie ich eben ausgeführt hätte, wie sollten dann erst die Leser solcher Schriften damit zu Rande kommen?

Für wen schreib ich das hier eigentlich? Also bestimmt schreib ich es nicht für Juden, denn das täte ich gewiß nicht in einer Sprache, die zwar damals, als ich ein Kind war, von so vielen Juden gesprochen, gelesen und geliebt wurde, daß sie manchen als die jüdische Sprache schlechthin galt, die aber heute nur noch sehr wenige Juden gut beherrschen. Also schreib ich es für die, die nicht mit den Tätern und nicht mit den Opfern fühlen wollen oder können, und für die, die es für psychisch ungesund halten, zuviel von den Untaten der Menschen zu lesen und zu hören? Ich schreibe es für die, die finden, daß ich eine Fremdheit ausstrahle, die unüberwindlich ist? Anders gesagt, ich schreib es für Deutsche. Aber seid ihr das wirklich? Wollt ihr wirklich so sein?

Ihr müßt euch nicht mit mir identifizieren, es ist mir sogar lieber, wenn ihr es nicht tut; und wenn ich euch »artfremd« erscheine, so will ich auch das hinnehmen (aber ungern) und, falls ich euch durch den Gebrauch dieses bösen Wortes geärgert habe, mich dafür entschuldigen. Aber laßt euch doch mindestens reizen, verschanzt euch nicht, sagt nicht von vornherein, das gehe euch nichts an oder es gehe euch nur innerhalb eines festgelegten, von euch im voraus mit Zirkel und Lineal säuberlich abgegrenzten Rahmens an, ihr hättet ja schon die Photographien mit den Leichenhaufen ausgestanden und euer Pensum an Mitschuld und Mitleid absolviert. Werdet streitsüchtig, sucht die Auseinandersetzung.

2.

Es war ein schöner Sommertag im späten Juni, wir bekamen graue Kittel, Einheitskleidung, Sträflingsanzüge und wurden verfrachtet und aus Auschwitz weggeschickt. Mir bedeutete diese Kleidung, daß es tatsächlich hinaus, nicht in den Tod ging. Sträflingsanzüge waren bequemer, besser, in jeder Beziehung den Fetzen vorzuziehen, die wir vorher getragen hatten. Sie waren zweckmäßig, daher für Juden oft zu gut. Eine Bekannte, die den Winter in Auschwitz verbrachte, hat mir erzählt, wie begehrt diese Kittel waren. Sie erinnerte sich an eine frierende Frau beim

Appell, der man ein altes Abendkleid, und nichts anderes, verpaßt hatte. Diese Spottsucht auf Kosten der Benachteiligten, wie auch das schon erwähnte Brot am Stecken des ss-Manns: Das kann nur meinen, daß es den Herrenmenschen doch nicht so selbstverständlich war, in den Todeslagern zu hantieren. Man mußte sich durch schnoddrige Grausamkeiten beweisen, daß diese Untermenschen keine Menschen waren. Und indem man es sich bewies, wurden sie wieder zu Menschen, denn man rechnete mit ihren Reaktionen auf den Spott. Der Spott wäre sinnlos gewesen ohne die Kränkung, auf die er abzielte. Was für psychische Verwirrungen muß das bei den Tätern zur Folge gehabt haben?

Vor der Abreise hatte es noch eine ärztliche Untersuchung gegeben, von weiblichen Häftlingen durchgeführt, die nicht der Prüfung unserer Gesundheit diente, sondern der Feststellung, ob die Frauen etwa Wertvolles in ihren Körperöffnungen mitführten. Mir fällt es schwer, diese an sich keineswegs traumatische Erinnerung aufzuschreiben, und ich merke, daß ich es mit umständlichen Worten getan habe, daß mir auch keine besseren einfallen. Ähnlich habe ich uns in einer ersten Niederschrift der Selektion Unterwäsche angedichtet, was mich beim Durchlesen sehr erstaunt hat, denn wir waren ja nackt.

Ich bin nicht prüde, der Grund für solche Fehlleistungen muß anderswo liegen und hat wohl mit dem seelischen Stellenwert von Nacktheit und Kleidung zu tun. Die freiwillige Nacktkultur, etwa die im Englischen Garten, bedeutet Lockerung der gesellschaftlichen Zwänge, kann gar nicht anders empfunden werden, auch von denen, die die Entkleidung für unanständig halten; die auferlegte Nacktheit ist das Gegenteil, nämlich Selbstentfremdung, Verlust an Identität. Wer sich selbst auszieht, der sagt, ich mach, was ich will, oder sogar, bitte, du kannst mich. Ein Zuwachs an Selbstgefühl. Wer gezwungen wird, sich nackt bloßzustellen, verliert sich streckenweise. Der Zustand ist neutral; der Kontext ist alles. Merkwürdigerweise gilt das für beide Geschlechter in gleichem Maß.

Mit den Kleidern ist es nicht anders. Sowohl Opfer wie Täter haben Uniformen getragen und standen sich, gerade durch die verschiedenen Uniformen, die ihnen nicht individuell, sondern ihrer Funktion nach verabreicht worden waren, praktisch als verschiedene Menschengattungen gegenüber.

Ich dachte im KZ öfter, ich würde mich nie durch meine Kleidung darstellen und mit meiner Kleidung identifizieren wollen, wie die Leute das in Friedenszeiten scheinbar gemacht hatten. Mußte noch herausfinden, daß man nicht umhin kann zu wählen, wo kein Zwang ist. Als ich in der Lage war, mir meine Kleider auszusuchen, wählte ich zunächst Verachtung für Kleider, also eine Art Schlamperei, die mich ebenso kennzeichnete, wie Eleganz ein Merkmal sein kann.

Wir waren also zu Sträflingskleidung avanciert. Nicht einmal die Haare hat man uns geschoren, wie es sonst üblich war, nur kurz geschnitten, vielleicht weil wir gelegentlich mit der Zivilbevölkerung in Berührung kommen sollten. Wieder war es eine Fahrt in einem Güterwaggon, aber diesmal war es geradezu schön. Da waren wir nur ungefähr zwanzig, jedenfalls nicht zu viele. Und kein Gepäck. Nichts mehr, was uns gehörte. Die Wagentür stand offen, so daß man

Luft bekommen hat. Vor allem ging es aus Birkenau fort. Ich war ganz glücklich vor Erleichterung.

Und doch hat alles anders ausgesehen. Aus dem Vernichtungslager kommend, schaute ich auf die normale Landschaft hinaus, als sei sie unwirklich geworden. Auf dem Hinweg hatte ich sie nicht gesehen, und jetzt lag das Land, von dem die Schlesier noch heute schwärmen, in Postkartenanmut so friedlich da, als hätte die Zeit stillgestanden und ich käme nicht direkt aus Auschwitz. Radfahrer auf stillen Landwegen, zwischen sonnenbeschienenen Feldern. Ich sehnte mich dahinaus. Die Welt hatte sich nicht verändert, Auschwitz war nicht auf einem fremden Planeten gewesen, sondern eingebettet in das Leben da vor uns, das weitergegangen war wie vorher. Ich grübelte über die Inkongruenz, daß diese Sorglosigkeit im selben Raum existierte wie unser Transport. Unser Zug gehörte doch zu den Lagern, zu der Eigenständigkeit und Besonderheit der Lagerexistenz, und da draußen war Polen, oder Deutschland, Oberschlesien, wie immer benannt, Heimat für die Menschen, an denen wir vorbeifuhren, Ort, an dem sie sich wohlfühlten. Das von mir Erlebte hatte die da draußen nicht einmal berührt. Ich entdeckte das Geheimnis der Gleichzeitigkeit als etwas Unergründliches, nicht ganz Vorstellbares, verwandt mit Unendlichkeit, Ewigkeit.

Unser Zug fuhr an einem Ferienlager vorbei. Da war ein Junge, von weither gesehen, der eine Fahne geschwungen hat, Geste der Bejahung der Lichtseite des Systems, an dessen blutverschmierter, kotiger Unterseite man uns entlangschleifte. Soviel Helle, wie konnte das sein? Später habe ich diesen Jungen in freier Assoziation mit meinem Freund Christoph, der mir ein Inbegriff des deutschen Nachkriegsintellektuellen werden sollte, in Verbindung gebracht. Sicher unfair. Aber immer noch sehe ich mich an ihm vorübersausen, ich sehe ihn, er mich nicht, kann er ja gar nicht, ich bin im Zug, vielleicht sieht er den Zug, fahrende Züge passen in eine solche Landschaft, vermitteln ein wohliges Fernweh. Für uns beide ist es derselbe Zug, sein Zug von außen gesehen, meiner von innen, und die Landschaft ist für uns beide dieselbe, doch nur für die Netzhaut dieselbe, dem Gefühl nach sehen wir zwei unvereinbare Landschaften.

## 3.

Wir kamen am späten Nachmittag in Niederschlesien an. Wir befanden uns in einem Wald, und der nächste Ort hieß Christianstadt. Irgendwann erfuhren wir, daß dies ein Außenlager von Groß-Rosen war, ein auch heute noch ziemlich unbekannter Name, obwohl dieses Lager, mit seinen vielen Außen-Kommandos, eines der größten Konzentrationslager war. Der Wald war idyllisch ruhig, das Lager mit seinen noch unbewohnten grünen Holzbaracken schien erträglich. Die Baracken waren nicht wie in Auschwitz ein einziger großer Stall mit Stockbetten, sondern in Zimmer unterteilt, wo je sechs bis zwölf Frauen schliefen.

Wir wurden von uniformierten deutschen Frauen empfangen, die uns in einem normalen, wenn auch etwas zackigen Ton ansprachen und die Erwachsenen siezten. Wir haben während unserer Zeit im Lager vor allem mit diesen Frauen zu tun gehabt, obwohl auch Männer auftauchten, die offensichtlich die Zügel in der Hand hielten. Diese Aufseherinnen werden immer wieder »ss-Frauen« genannt. Dabei weiß doch jeder, daß es keine ss-Frauen gegeben hat, denn die ss war ja strikt ein Männerverein. Man weiß es, und obwohl man mit solchen Bezeichnungen in anderen Zusammenhängen geradezu penibel umgeht, läßt sich das Wort ss-Frauen nicht tilgen.

Über die Grausamkeit der Aufseherinnen wird viel geredet und wenig geforscht. Nicht daß man sie in Schutz nehmen soll, aber sie werden überschätzt. Sie kamen aus kleinen Verhältnissen, und man steckte sie in Uniformen, denn irgendwas mußten sie ja tragen und natürlich nicht Zivil für diesen Dienst in Arbeitslager und KZ. Ich glaube, auf Grund dessen, was ich gelesen, gehört und selbst erfahren habe, daß sie im Durchschnitt weniger brutal waren als die Männer, und wenn man sie heute in gleichem Maße wie die Männer verurteilt, so dient ein solches Urteil als Alibi für die eigentlichen Verantwortlichen. Solche Überlegungen stoßen allerdings auf hartnäckigen, manchmal sogar auf empörten Widerspruch. Man wendet ein, Nazi-Frauen hatten einfach weniger Gelegenheit, Verbrechen zu begehen als Männer. Bleibt noch immer die Tatsache, daß die deutschen Frauen, sogar die Nazi-Frauen, nachprüfbar weniger verbrochen haben als die Männer. Man verurteilt einen Menschen ja nicht für das, was er unter Umständen tun würde oder könnte, sondern dafür, was er tatsächlich getan hat. Gewiß haben die deutschen Frauen dem Führer zugejubelt, genau so laut wie die Männer. Doch so widerwärtig uns dieser Jubel heute erscheinen mag, so ist er noch kein Verbrechen.

Kann es sein, daß sich die berühmten Beispiele weiblicher Grausamkeit in den Lagern auf immer dieselbe relativ kleine Gruppe von Aufseherinnen beziehen? Wird nicht immer dieselbe Ilse Koch beim Namen genannt? Der Tatbestand ist unklar, man müßte Statistiken und Berichte vergleichen. In Ermangelung von exaktem Material stelle ich die These auf, daß es in den Frauenlagern im Durchschnitt weniger brutal zuging als in den Männerlagern. Die Aufseherinnen in Christianstadt waren mäßig und übten ihre Macht vor allem dadurch aus, daß sie einerseits ihre schlechte Laune nicht zügelten und sich andererseits Protektionskinder unter den Häftlingen wählten. In den ersten Tagen suchten sie sich ein paar Kinder aus, darunter war auch ich, mit denen sie in den Wald gingen, um Beeren zu pflücken. Das war schon merkwürdig, diese idyllische Beschäftigung mit den nicht unfreundlichen Uniformierten. Ein ungarisches Kind spielt mit großer Geschicklichkeit den Clown, tanzt um die Aufseherin herum, benimmt sich wie ein Affe, finde ich. Mich nannten sie »schwarzer Peter«. Das war mir unangenehm, denn es verstieß gegen meine Neigung zum Grundsätzlichen. Sie waren ja meine Feinde. Daß sie mir nicht zusetzten, war in Ordnung, aber für Intimitäten, wie im Kindergarten, war es zu spät. Feinde, die freundlich zu einem sind und doch nicht helfen. Wenn man noch was davon gehabt hätte. Das Kalb, mit dem man spielt, bleibt trotzdem Schlachtvieh. So ein Kalb wollte ich nicht sein. (Diese Vergleiche mit Tieren, die sich wie von selbst einstellen, haben mir irgendwann das Fleischessen verleidet.)

Anfänglich überwog die Freude, von Birkenau

weg und bei gutem Wetter am Leben zu sein. Es dauerte eine Weile, bis die Arbeitsgruppen organisiert waren, und so gab es Stunden, wo ich in reinster Euphorie im Gras herumliegen konnte, wohl zum ersten Mal im Leben, und niemand mich störte.

Mit fortschreitendem Jahr stellte sich Mißmut bei den Aufseherinnen ein, auch Willkür, aber wir erlebten selten Mißhandlungen von seiten dieser Frauen. Manchmal wurden einer Gefangenen zur Strafe die Haare geschoren. Und es gab natürlich auch Fälle, wo Häftlinge verschwanden, weggeschickt wurden, nicht wieder auftauchten. Doch gewalttätig waren sie nicht. Wir kamen ihnen wohl wie Tiere vor, aber solche, die man brauchen kann. Manchmal ging es mir durch den Kopf, daß man sie doch auf die gemeinsame Menschlichkeit aufmerksam machen könnte, durch Sprache zum Beispiel. Die müssen es mir doch *anhören* können, daß ich nicht anders bin als die Mädchen meines Alters, die sie draußen kennen.

Schon damals hat mich der Gedanke gestreift, der heute leider bei mir noch tiefer sitzt als die Empörung über das große Verbrechen, nämlich das Bewußtsein der Absurdität des Ganzen, das Widersinnige daran, die völlige Sinnlosigkeit dieser Morde und Verschleppungen, die wir Endlösung, Holocaust, die jüdische Katastrophe und neuerdings die Shoah nennen, immer neue Namen, weil uns die Worte dafür sehr schnell im Munde faulen. Das Absurde, Unvernünftige daran, wie leicht es hätte verhindert werden können, wie doch niemand was davon gehabt hat, daß ich Schienen getragen hab, statt auf einer Schulbank zu sitzen, und die Rolle, die der Zufall dabei spielte. Ich meine nicht, daß ich nicht verstehe, wie es dazu kam. Ich verstehe ganz gut, wie es dazu kam, zumindest weiß ich so viel wie andere über die Hintergründe. Aber dieses Wissen erklärt nichts. Wir zählen nur an den Fingern her, was vorher war, und verlassen uns darauf, daß das radikal andere daraus hervorging. Jeder, der vor unserer Zeit in Deutschland von sich reden machte, muß herhalten. Dann sind es Bismarck und Nietzsche und die Romantiker und schließlich Luther, die die Vorbedingungen für die großen Mordaktionen unseres Jahrhunderts geschaffen haben sollen. Warum nur? Weil jedes Kind eine Urgroßmutter hat, so muß jedes Ding eine Ursache haben. Und die arme Urgroßmutter trägt plötzlich die Verantwortung für den Unfug, den die Nachkommen treiben. Wäre das richtig, so müßte man kühn behaupten können: Wenn Calvin statt Luther oder realistische Romane statt Hoffmanns Erzählungen, dann keine Greuel in den 1940er Jahren. Die Rechnung geht nicht auf. Man konnte nichts vorhersagen, weil eben alles möglich war, weil keine Idee so aberwitzig ist, daß sie in hochzivilisierten Gesellschaften nicht ausgeführt werden kann. Die Nazis Barbaren? Lächerlich. Die waren keineswegs primitiv, sondern der Wissenschaft verpflichtet, wenn auch durch Aberglauben. Und wenn ich dachte, man sollte doch mit ihnen ein vernünftiges Wort sprechen können, so lag in dieser Vorstellung die Phantasie, daß sich mit dem rechten Wort der ganze Spuk einfach auflösen würde. Und dann entsetzte mich dieser Gedanke wieder: Wollte ich denn, nach allem, was schon geschehen war, von diesen deutschen Uniformierten wie ihre eigenen Kinder wahrgenommen werden? Dabei fiel mir nicht auf oder ein, daß ich mich vielleicht sowieso sehr verändert und daher auch in anderen Kleidern weniger Ähnlichkeit als ich glaubte, mit den Kindern »draußen« haben könnte.

## 4.

Ich lebte mehr als zuvor unter erwachsenen Frauen, die schon ein Leben vor dem Krieg gehabt hatten, das sie als Maßstab an die ersehnte Zukunft anlegen konnten. Sie tauschten Kochrezepte aus, so wie ich Gedichte aufsagte. Es war ein Lieblingsspiel, sich abends beim Backen von Phantasiekuchen mit großzügigen Mengen von Butter, Eiern und Zucker zu übertreffen. Ich kannte die meisten der Gerichte überhaupt nicht und konnte mir von diesen erlesenen Leckerbissen kein genaueres Bild machen als von den Reisen, Geselligkeiten, Studienjahren, Tänzen und Festen der Erinnerung, die hier ausgepackt und ausgemalt wurden. Ich hörte mit roten Ohren zu, aber auch wieder mit einem leisen Unbehagen, erstens, weil die Kluft so viel weiter war als die Jahre, die die Erzählerinnen mir voraushatten, und zweitens, weil da doch vielleicht etwas nicht stimmte. Wenn früher alles so rosig gewesen war, wie hatte es dann so weit mit uns kommen können? Ich hatte keine Ahnung, was man da draußen zu erwarten hatte.

Zuerst gab es nur uns im Lager, die deutschen, österreichischen, tschechischen und ein paar ungarische Frauen vom Theresienstädter Familienlager in Birkenau. Dann kamen noch Ostjüdinnen dazu, die jiddisch sprachen und direkt an der Rampe in Auschwitz selektiert worden waren. Und sofort wurden wir eine Zwei-Klassen-Gesellschaft. Die anderen seien schmutzig, behaupteten die Unsrigen und hielten sich abseits. Ich hielt mich weniger abseits, denn mir fehlten die Kinder von Theresienstadt, und unter den neuen waren auch die Kinder, die durchgekommen waren, weil sie mehrere Garnituren Kleider übereinander angezogen hatten und daher älter aussahen. Es sei ja alles so schnell gegangen bei der Selektion an der Rampe, erzählte mir eine von ihnen. Ich lernte in kurzer Zeit recht gut Jiddisch.

Es wurde naß, dann sehr kalt. Es war der Winter 44/45, den niemand vergessen wird, der damals in Europa war. Wir wurden morgens durch eine Sirene oder eine Pfeife geweckt und standen im Dunkel Appell. Stehen, einfach stehen, ist mir noch heute so widerlich, daß ich manchmal aus einer Schlange ausscheide und weggehe, wenn ich schon fast dran bin, einfach weil ich keinen Augenblick länger in einer Reihe bleiben möchte.

Wir bekamen eine schwarze, kaffeeartige Brühe zu trinken, eine Portion Brot zum Mitnehmen und marschierten in Dreierreihen zur Arbeit. Neben uns lief eine Aufseherin, die uns mit ihrer Pfeife im Gleichschritt halten wollte. Alles Pfeifen nützte nichts, den Gleichschritt haben wir trotz des Ärgers der Aufseherin nicht gelernt. Es freute mich, daß man jüdische Hausfrauen, denn das waren ja die meisten, nicht veranlassen konnte, im Schritt zu gehen. Männer machen da viel eher mit, dachte ich, in einem frühen Anflug von Feminismus.

Alle waren so unterernährt, daß keine menstruierte, was wiederum bei mangelnder Unterwäsche von Vorteil war. Aber ich frag mich, ob es nur die Unterernährung war. Paßt hier ein Vergleich mit Tieren? Selbst gutgenährte Säugetiere im Zoo haben selten Junge. Gefangenschaft ist schädlich, von der untersten zur obersten Stufe der Entwicklung.

Die Arbeit war Männerarbeit, wir haben den Wald gerodet, die Stümpfe schon gefällter Bäume ausgegraben und weggebracht; auch Holz gehackt (das konnte ich acht Jahre später noch ganz gut, seither hab ich's nicht mehr versucht) und Schienen getragen. Da sollte wohl etwas gebaut werden, was es war, wurde uns nicht gesagt und hat mich auch überhaupt nicht interessiert. Es liegt im Wesen der Sklavenarbeit, daß sie nicht zweckorientiert ist, daß der Arbeiter den Sinn seiner Arbeit entweder nicht kennt oder ihn verabscheut. Marx hätte seine Freude, und hoffentlich auch sein Entsetzen, an dieser Probe aufs Exempel gehabt. Was immer in Christianstadt entstehen sollte, es kam nicht zustande. Eigentlich hab ich von daher eine Abneigung gegen körperliche Arbeit, die sich im Lauf der Jahre sehr verstärkt hat, denn anfangs forderte ja meine zionistische Einstellung, daß man Freude am Hacken und Graben und deren weiblichen Entsprechungen haben solle. Je mehr sich mein Zionismus verflüchtigte, desto mehr erlebe ich körperliche Arbeit wieder als ein Auferlegtes, Aufgezwungenes, dem sich Lethargie als Defensivmechanismus entgegenstellt. Ich hab damals soviel Sabotage wie möglich getrieben, mit Hilfe von aufgesagten Gedichten, aus Schwäche, aus Langweile, aus Überzeugung.

Manchmal hat man uns an die Zivilbevölkerung ausgeliehen, dann saßen wir auf Dachböden und haben Zwiebeln zum Aufhängen auf Schnüre gereiht.

Das war besser, als im Freien arbeiten. Die Dorfbewohner haben uns angestarrt, als seien wir Wilde. Manchmal mußten meine Freundin Ditha und ich in den Steinbruch, den ältesten Arbeitsplatz in Groß-Rosen, um dessentwillen dieses KZ dort überhaupt errichtet worden war. Im Steinbruch war es zum Verrecken kalt. Wir klammerten uns aneinander, aber das nützte auch nicht viel, und ich war nah am Verzweifeln. Man konnte sich so gar nicht gegen die Kälte schützen, unsere Kleidung war viel zu dünn, Zeitungspapier hatten wir an den Füßen, das half, aber nicht genug, und vereiterte Wunden an den Beinen, denn es heilte alles so schlecht. Wir sehnten uns nach der nächsten Pause, Mittagspause, dann Feierabend. Vielleicht kann ich morgen im Lager bleiben und dort saubermachen. Mein Gott, wie halten wir das noch lange aus, aber es kann nicht ewig so weitergehen. (Etwa zwölf Jahre später schau ich Ditha zu, wie sie mit ihren kleinen Kindern im Sand spielt. Die beschwichtigende, überlegene Stimme, mach dies oder jenes. Plötzlich seh ich uns wie damals, wir hokken beieinander im Steinbruch in der Kälte, Ditha legt den Arm um mich. Ich wende mich ab von ihr und den Kindern, denn der Sand erstarrt zu schlesischem Granit, und das Kinderspiel ist düster geworden. Warum geht sie nicht nach Hause mit den Kindern, es ist doch alles verlogen.) Vom Steinbruch träum ich noch manchmal. Es ist ganz öde, ich möchte mich irgendwo wärmen, aber wo denn?

Die meisten arbeiteten in einer Munitionsfabrik, darunter auch meine Mutter, zusammen mit Franzosen, Männern, die besser ernährt wurden als wir, weil sie für diese Arbeit besser ausgebildet und daher wertvoller waren. Dafür konnten sie auch besser Sabotage treiben. Wenn sie grinsend zu den Frauen geschlendert kamen mit den Worten: »Plus de travail, les filles«, so konnte man sich darauf verlassen, daß sie wieder einmal eine Maschine stillgelegt hatten, indem sie die richtigen Schrauben lockerten oder sonstwas Unauffälliges anstellten, das die Deutschen dann mit Mühe erst finden, dann reparieren mußten. Sklavenarbeit hat ihre Tücken, und für die Nazis ist oft weniger dabei herausgesprungen, als sie ursprünglich am Reißbrett errechneten. Leider noch immer zuviel.

Wir Frauen waren die billigsten, schlechtesten Arbeitskräfte, am ersetzbarsten und dementsprechend unterernährt. Ich ging zur Arbeit, die Augen auf den Weg geheftet, in der Hoffnung, es könnte was Eßbares da liegen, weil jemand einmal eine Pflaume gefunden hatte. Ich dachte, vielleicht ein Apfel, auch unreif oder halb verfault, wär gut. Aber es war nie was. Wie auch? Wir gingen in Kolonnen, ich irgendwo in der Mitte; wär was auf dem Weg gelegen, so hätten es die vor mir schon gefunden.

Das Beste war, zum Lagerdienst im Lager bleiben zu dürfen. Manchmal gelang es mir.

## 5.

Mein Vorbild war damals eine junge Tschechin, Vera, deren überlegene Verachtung für dieses Henkerpersonal, auch wenn es freundlich war, ich mir gern zu eigen gemacht hätte. Einmal hab ich beim Abladen von Gemüse geholfen, konnte dadurch länger im Küchenkeller bleiben und habe mit Veras Hilfe ein paar

Rüben und einen Kohlkopf gestohlen. Wer immer an diese Vorräte rankonnte, hat gestohlen. Das war eine weitverbreitete Praxis, die in meinem Beisein noch nie jemand in Frage gestellt hatte. Ich hab ihr die Sachen durch das kleine vergitterte Kellerfenster hinausgereicht und war nachher ganz stolz auf das Risiko und den Erfolg, auf beides. Vera hat mich dann gründlich verunsichert, indem sie mir auseinandersetzte, daß wir das getan hätten, weil wir hungrig seien, aber letzten Endes hätten wir von der Gemeinschaft der Häftlinge gestohlen. Mir war das ein neuer Gedanke, leider ein nur allzu einleuchtender. Mein dreizehnjähriges Hirn hatte bis dahin nur erfaßt, daß man nicht von Einzelpersonen stehlen darf und natürlich auch nicht von einem idealen Gemeinwesen, wie das erträumte Erez Israel, das mir nach wie vor Ziel aller Wünsche war. Es war mir überhaupt nicht eingefallen, daß die Suppe für die anderen um die paar Rüben, die ich mir aus dem Küchenkeller geholt hatte, dünner sein würde. Ich kann nicht behaupten, daß mir Veras Einwand große Gewissensbisse verursacht hätte, aber eine Horizonterweiterung war er doch. Ich bewunderte sie, weil sie sich solche Gedanken machte, wissend, daß die wenigsten so dachten.

Von ihr hab ich auch ein paar sozialistische Lieder gelernt, zum Beispiel »Bet und arbeit ruft die Welt«. Ich vertiefte mich in die Vorstellung des starken Arbeiterarms, der alle Räder zum Stillstehen bringt. Metaphern kamen gut an bei mir, und diese, im Dienste von Umsturz und Widerstand, hatten die Aura exotischer Verhaltensformen, irgendwo, wo das Leben nicht vom Gehorsam abhängig war.

Im Oktober 1944 wurde ich dreizehn, und in

einem Anflug von mystischer Selbstbestätigung hab ich dort am Jom Kippur zum ersten Mal gefastet. Ich hab meine Ration bis abends aufgehoben und sie erst nach Sonnenuntergang gegessen. Es war eine Geste der Solidarität mit denjenigen Frauen im Lager, die fromm waren, und ein Bekenntnis zum Judentum war es, und mein Eintritt in die Welt der Erwachsenen, wie es sich für eine Dreizehnjährige gehörte. Im Rückblick rühren mich alle drei Motive sehr wenig, nur das eine geht mich an und scheint mir richtig: die Selbstbehauptung, die darin liegt, wenn man sich freiwillig eine Disziplin auferlegt, die schwer ist, wie eben ein solcher Aufschub für eine Hungernde.

6.

Meine Pflegeschwester, die ich schon erwähnt und Ditha genannt habe, ist meiner Mutter zugelaufen, als wir vom Familienlager in Birkenau ins Frauenlager hinüber mußten. Der Ausdruck »zugelaufen« ist nicht abwertend gemeint, obwohl er ja eher auf verirrte junge Katzen angewendet wird. Er stimmt einfach. Ich kannte Ditha flüchtig noch von Wien her, wo sie bei unseren Spielen auf dem jüdischen Friedhof zu einer der älteren Kindergruppen gehörte und mir imponierte, weil ihr vor Spinnen nicht grauste, die sie gerne vom Boden aufhob und sich zum Gaudium der anderen Kinder über Hände und Arme laufen ließ. Sie war eine Waise und wurde von der Wohnung ihrer Großmutter allein nach Theresienstadt deportiert. In Theresienstadt war sie im Kinderheim L 414 in einer Gruppe von nur 15 Mädchen gewesen, die in einem besonders kleinen Zimmer wohnten und bekannt waren für ihr enges und exklusives Zusammengehörigkeitsgebaren. Ja, und dann war sie in Birkenau, verstört wie wir alle, und ohne Bindung. Da hat meine Mutter gesagt, »Komm doch«, und seither waren wir zu dritt.

Das ist nun das Allerbeste und das Allerungewöhnlichste, was ich von meiner Mutter erzählen kann: Sie hat in Auschwitz ein Kind adoptiert. Sie hat dieses Mädchen mit völliger Selbstverständlichkeit und ohne jegliches Aufheben als zu uns gehörend betrachtet und sie mitversorgt, bis ein Onkel aus St. Louis sich nach dem Krieg meldete und Ditha noch vor uns auswandern konnte. In Christianstadt hatte ich nur eine Freundin, das war Ditha, die ich noch heute als meine Schwester bezeichne, denn anders läßt sich eine Beziehung nicht beschreiben, die auf wenig Interessengemeinschaft beruht und gleichzeitig etwas Absolutes hat. Das Absolute: 1944, 1945.

Ditha hat immer gemeint, meine Mutter habe ihr das Leben gerettet. Gewiß hat sie ihr durch ihre Zuwendung einiges an seelischer Zerstörung erspart, sie vor der psychischen Verwahrlosung bewahrt, die einsetzt, wenn keinem Menschen daran gelegen ist, ob du da bist oder nicht. Für uns war Ditha nicht nur da, sondern auch wichtig, und so war sie auch für sich selber da, einfach weil meine Mutter für sie Bezugsperson wurde, weil Ditha sich zu uns zählen konnte. Ohne uns wäre sie isoliert geblieben, mit uns war sie Familienmitglied, war wertvoll. Ob sie ohne meine Mutter am Leben geblieben wäre, kann ich nicht sagen. Ich meine, wir haben vielleicht einander und als kleine Familieneinheit das Leben gerettet.

Und nun dies: Heute ist diese Beziehung versandet, ärger: meine Mutter lehnt die Frau, die sie einmal als ihre Pflegetochter behandelte und betrachtete, total ab. Ich bin auf Besuch bei meiner Mutter in dem kleinen häßlichen Haus im San Fernando Valley bei Los Angeles, wo sie sich seit dreißig Jahren wohlfühlt, und verabrede mich telephonisch mit Ditha. Ich sage meiner Mutter energisch, denn ich erwarte Widerstand, daß mich Ditha um die und die Zeit abends abholen kommt. Meine Mutter erwidert: »Wenn du mit ihr ausgehen willst, bitte. Ins Haus soll sie mir nicht kommen. Ich will sie nicht sehen. Jetzt geh ich schlafen.« Ditha, auch schon um die Sechzig, kommt und steht vor der Haustür meiner Mutter und wartet, daß ich herauskomme, denn hinein darf sie nicht. Das ist keine einmalige Szene, das passiert oft. Der Grund, warum ich diese Kränkung zulasse und wir uns nicht anderswo treffen ist, daß ich immer noch hoffe, meine Mutter wird die Haustüre öffnen und Ditha, die ihr im Lauf der Jahre oft eine bessere Tochter gewesen ist als ich, umarmen.

Doch nach und nach glauben Ditha und ich immer weniger an einen solchen Umschwung. Meine Mutter fürchtet Ditha. Ditha ist Krankenschwester geworden, noch dazu psychiatrische, und hat den Fehler begangen, meine Mutter gelegentlich mit etwas bevormundender Herablassung zu behandeln. Mit mir hat sie das schon immer getan, mit kindischen Kosenamen und abschätzigem Besserwissen, Privileg der Älteren; aber während ich gereizt reagiere, reagierte meine Mutter mit panischer Angst. Sie meint, Ditha wolle sie in ihrer psychiatrischen Klinik einsperren. Der Verfolgungswahn, der schon immer in ihr saß, hatte sich in den Hitlerjahren mit einer mörderischen Wirklichkeit gedeckt, die alle Phantasien übertraf, und seither hat sie es schwer, die Wirklichkeit richtig einzuschätzen. Inzwischen leidet Ditha, und all meine Versuche, meine Mutter davon zu überzeugen, daß Ditha für sie durch Feuer und Wasser gehen würde, sind zum Scheitern verdammt, weil in den nur halbherzigen Versuchen meiner Mutter, die Vergangenheit zu ordnen, Ditha in die falsche Schublade geraten ist.

Und Ditha fühlt sich entsprechend verstoßen. An den Hohen Feiertagen sei das besonders schlimm, klagt sie, die nicht religiöser ist als ich.

## 7.

Beim Roden und Schienenlegen hatten wir öfters Kontakt mit deutschen Zivilisten, die auch unsere Vorarbeiter waren. Da saß ich einmal in einer Pause auf einem Baumstamm neben einem dicken, vierschrötigen Mann, der mich angesprochen haben muß, denn aus eigenem Antrieb hätte ich mich nicht neben ihn gesetzt. Er war neugierig, es war klar, daß ich nicht in die Vorstellungen paßte, die man sich von Zwangsarbeitern machte. Ein dunkelhaariges, verhungertes Sträflingskind, das aber einwandfreies Deutsch sprach, ein Mädchen noch dazu, ungeeignet für diese Arbeit, eine, die in die Schule gehörte. Darum ging es dann auch in unserem Gespräch. Wie alt ich sei. Ich überlegte mir, ob hier die Wahrheit am Platz sei, nämlich daß ich erst 13 war. Vorsicht war geboten, denn die drei Jahre Altersunterschied waren kürzlich zur Überlebensstrategie geworden. Ich weiß nicht mehr, was ich ihm antwortete, doch ich weiß, daß ich nur einen Gedanken hatte: Ich hätte ihn gerne dazu gebracht, mir sein Schmalzbrot zu schenken. Das war nicht nur eine Frage des Hungers, sondern, abgeleitet vom Hunger, wäre es auch eine Leistung gewesen, wenn ich eine solche Köstlichkeit, die es im Lager selbstverständlich nicht gab, mit meiner Mutter und mit Ditha hätte teilen können. Ditha unterhielt Verbindungen zur Küche und rückte manchmal mit Eßbarem an, und ich konnte nicht konkurrieren. Die Frage war, ob ich dem Dicken mein wahres Alter sagen sollte, um ihn weich zu stimmen, oder sicherheitshalber lieber die Lüge, die mir das Leben gerettet hatte, also 15, jetzt schon 16. Ich weiß nicht mehr, wie ich mich entschied, nur daß er mir das Schmalzbrot nicht gegeben hat. Er schnitt mir zwar mit seinem Taschenmesser einen Bissen davon ab, aber den konnte ich ja nur dankend und sofort aufessen. Er stellte mir eine Reihe Fragen, die ich mit viel Zurückhaltung beantwortete. Selbst wenn ich es gewollt hätte, hätte ich nicht die rechten Worte für die Massaker am laufenden Band gefunden. Aber ich wollte natürlich gar nicht. Nichts lag mir ferner, als mich mit irgendeinem mir ganz fremden deutschen Zivilisten aufs Glatteis zu begeben.

Der hingegen erzählte mir, auch die deutschen Kinder gingen jetzt nicht mehr zur Schule, die würden jetzt alle eingezogen. Wollte er sich oder mich überreden, daß die Zusammensetzung der Sklavenarbeiter hier in Christianstadt in der Ordnung sei? Er fraß mit Genuß, während er mir vom hungernden Deutschland berichtete.

Hier in Göttingen, wo ich diese Gedächtnisbrokken im Jahre 1989 ausgrabe, stoße ich immer wieder auf Menschen, deren Familien Zwangsarbeiter im Hause hatten und sich an diese Leute mit Behagen, oft auch mit Zuneigung, erinnern. Die hatten es gut bei uns. Die haben mit uns Kindern gespielt und viel gelacht oder gesungen. Die wohlmeinenden Erzähler wissen nicht von der wachen Zurückhaltung, dem Mißtrauen, der Verachtung, der Über- oder Unterschätzung des Feindes, die in diesen Menschen gesteckt haben muß. Und wenn es denen doch manchmal in Deutschland gemütlich wurde und sie mit den Feinden sympathisierten, so hatte der Feind sie ja untergekriegt. Wenn die damaligen deutschen Kinder, jetzigen Erwachsenen, die mir diese Geschichten erzählen, das nicht einsehen, diesen Konflikt nicht wahrhaben, so kommt das daher, daß keiner sich so ohne weiteres als Feind sieht. Der Feind ist der andere, wie könnte man selbst ein Feind sein, besonders wenn man es freundlich meint und der Augapfel der Eltern ist. Man nennt diese Arbeiter hier auch nie Zwangsarbeiter, und man zuckt zusammen, wenn ich mich nicht scheue, das Wort Sklavenarbeit in den Mund zu nehmen.

In Oldenburg halte ich einen Vortrag über Kleist, und nachher beim Wein erzählt eine pensionierte Studienrätin, Gastarbeiter hätten während des Kriegs auf dem Bauernhof, wo sie aufwuchs, gearbeitet. Die waren nicht zu Gast, sag ich stur, die waren Zwangsarbeiter. »Ja, ja, Kriegsgefangene waren das, Polen.« Ich laß nicht so leicht locker. Auch keine Kriegsgefangenen, sag ich, der Krieg mit Polen hat nicht lange gedauert, Zivilisten waren das. Sie sieht mich ernst an,

»Ja, Zwangsarbeiter, wie traurig, ein Pole und eine Polin.« Aber der Pole, der sei gar nicht haßerfüllt gewesen, sondern hätte ihnen das von polnischen Banden gestohlene Pferd wieder besorgt. Versöhnlich sei er gewesen. Immerhin, ich hab sie dazu gebracht zuzugeben, daß es da etwas zum Versöhnen gab.

Gisela, meine Bekannte aus Princeton, spricht mit deutlicher Billigung von einem Exulanten, der in Deutschland Auszeichnungen bekommen hat und keinem Deutschen etwas übelnimmt. Ich kenne ihn und frage mich überrascht: Ist der wirklich so charakterlos, daß er Versöhnung und Verzeihung anbietet, die er gar nicht zu vergeben hat, ich hatte eine bessere Meinung von ihm. Ein Unrecht wird ja nicht ausgeglichen durch die Gemütsverfassung derer, die davon betroffen waren. Ich bin mit dem Leben davongekommen, das ist viel, aber nicht mit einem Sack voller Schuldscheine, die mir die Gespenster etwa mitgegeben hätten zur beliebigen Verteilung. Dann könnten ja gleich die Täter den Opfern dafür verzeihen, daß die Opfer sie in eine schwierige Gewissenslage gebracht haben. (Es geschieht ja auch manchmal, daß die Täter sich großzügig vorkommen, wenn sie Erinnerung auf sich nehmen. Dazu Wolf Biermann: »Sie haben uns alles verziehn / Was sie uns angetan haben.«)

Gebt euch doch die Mühe zu fragen, was diese gewaltsam entwurzelten Menschen sich dachten oder was sie von sich aus wollten. Wenn ihr anhaltend fragt, dann liefere ich diesen kleinen Beitrag zum Problem: Ich wollte das Schmalzbrot des Dicken. Sonst ging er mich nichts an. Und ich wollte es nicht nur, um es zu essen, sondern auch, um es zu teilen. Um es zu teilen, nicht nur aus Liebe, sondern auch aus einem Geltungsbedürfnis heraus. Wie dem auch sei, ich hab das Schmalzbrot nicht bekommen.

In der Erinnerung des Dicken, so stelle ich mir vor, war ich oder bin ich eine kleine Jüdin, der es gar nicht so schlecht ging, denn sie hat keine Schauermärchen erzählt, obwohl er ihr in seiner aufmunternden Art die Gelegenheit dazu gab, ja, sie geradezu aufforderte, über ihr Leben zu plaudern; und Angst hatte sie auch keine, also keinen Grund zur Angst, sonst hätte sie nicht so frisch von der Leber weg geredet. Und vielleicht benützt er unsere Begegnung als ein Beispiel dafür, daß es den Juden im Krieg nicht schlechter ging als anderen auch.

## 8.

Meine Mutter bat einen freundlichen Vorarbeiter in der Fabrik um ein Buch, ihre kleine Tochter würde so gerne wieder etwas lesen. Er sei erstaunt gewesen über diese Bitte, erzählte meine Mutter, hätte ihr aber versprochen, etwas mitzubringen. Ich machte mir keine Hoffnungen. Ich dachte, das vergißt der, oder wenn er dran denkt, dann ist es so ein Groschenroman, wie er manchmal im Lager zirkulierte, von den Baracken der Aufseherinnen durch die Häftlinge, die dort putzen mußten, zu uns gebracht. Von denen hatte ich im Sommer zwei gelesen, und seither nichts mehr. Der Vorarbeiter hielt aber sein Versprechen. Am nächsten Abend kam meine Mutter mit dem Buch, ein wenig enttäuscht, denn was Rechtes sei es nicht. Was sie mir mitbrachte, war ein altes und halb zerrissenes Schullesebuch, ohne Deckel und mit fehlenden Seiten. Ich war selig. Das Geschenk übertraf alle Erwartungen. Eine wohlbekannte Türe hatte sich wieder geöffnet, ich hatte einen vertrauten Zugang zur Welt wiedergefunden.

Was für Texte in dem Buch standen, weiß ich nicht mehr, außer einem. Das war der »Osterspaziergang« aus dem »Faust«. Damals hab ich, halb verrückt vor Hunger, rohe Kartoffelschalen auf einem Ofen, den wir mit gestohlenem Holz heizten, gebraten und nur deshalb nicht roh gegessen, weil man sich daran leicht erbricht oder auch Durchfall bekommt. Aus dem Frieren kam man überhaupt nicht heraus. Gerade wenn man sich auf seinem Strohsack ein wenig angewärmt hatte, mußte man hinaus zum Appell. Da war nun dieses Gedicht, in dem schon der Auftakt Kälte und Gefangenschaft gleichsetzte: »Vom Eise befreit sind Strom und Bäche.« Man muß Atem holen, um diese erste Zeile zu sagen; ich holte Atem. Eine Stimme, die mich direkt ansprach. Wind eines großen Aufbruchs, einer ausdrücklich nicht religiösen, nicht-christlichen Auferstehung (»Denn sie sind selber auferstanden / Aus niedriger Häuser dumpfen Gemächern«), von der ich mich also nicht ausgeschlossen fühlte. Der Rückzug des Winters (»in rauhe Berge«) und der Rückzug der deutschen Armee (wir konnten die Geschosse hören) waren ein und dasselbe. Es mußte ja gelingen, der Feind, die Kälte waren im Fliehen, sandten nur noch »Ohnmächt'ge Schauer körnigen Eises / In Streifen über die grünende Flur«.

War doch was anderes als Schillers »Ritter Toggenburg« oder »Der Kampf mit dem Drachen«. Daß

Menschen aus einem hohlen, finsteren Tor, aus einer quetschenden Enge, ausbrechen, daß Freiheit und Wärme dasselbe sind, das verstehe ich heute eigentlich nur, weil ich es damals so gut verstanden habe. Ich hab mir diese Verse nicht wegen des berühmten Endes, »hier bin ich Mensch, hier darf ich's sein«, angeeignet: Denn jedes zufriedene Jauchzen von groß und klein *en masse* hatte für mich einen unliebsamen Beigeschmack. Ich habe diesen Text praktisch sofort auswendig gekonnt wegen der Versprechen, die er enthielt. Und die er hielt. »Im Tale grünet Hoffnungsglück«. Es war eben ein sehr kalter Winter.

In meinem nächsten Gedicht hieß es auch dementsprechend: »Es schmilzt das Eis, die Kette bricht entzwei«, was sich auf die bevorstehende Auflösung des Lagers beziehen sollte. Inzwischen brach die Kette keineswegs entzwei. Es war der Anfang des Jahres 1945, täglich hörten wir die Geschütze der Russen, ersehnter Kriegslärm. Die Arbeit wurde eingestellt, wir hungerten, froren und warteten. Nicht mehr arbeiten müssen war ein Segen, aber ein teuer bezahlter, insofern als es immer weniger zu essen gab. Beim Appell brüllte ein SS-Mann: »Der Roosevelt, der kann euch gar nicht helfen«, woraus ich schloß, daß die Amerikaner uns endlich helfen würden. Es kamen Häftlinge aus Groß-Rosens anderen Außenlagern, schliefen eine Nacht auf dem Fußboden des Zentralgebäudes, wo sich die allgemeine Küche und die Eßhalle der Aufseherinnen befand (wir aßen im Freien oder in den Baracken), und wurden am nächsten Tag evakuiert. Ich sprach mit einer, als sie auf dem Boden lag. Ich seh mich noch in der Halle stehen, über sie gebeugt. Sie schien mir der Inbegriff von Erschöpfung. Dieses merkwürdige Gefühl von Erbarmen und Sympathie für solche, die Schlaf brauchen. Ich kam mir privilegiert vor, weil ich noch nicht so weit hatte laufen müssen.

Wir schmiedeten Pläne, besonders die jungen Leute. Für den Winter hatten wir statt unserer sommerlichen Sträflingskleidung wärmere Sachen bekommen, einen bunten Haufen Kleider, der vermutlich von Auschwitz kam und deren ursprüngliche Besitzer nicht mehr am Leben waren. Wir mußten ein Stück aus dem Rücken jedes dieser Kleidungsstücke herausschneiden und statt dessen einen gelben Fleck hineinnähen. Während der letzten Tage war öfter als von Kochrezepten die Rede von den Chancen einer Flucht, viele haben die gelben Flecke vom Rükken unserer Kleidung herausgeschnitten, den alten Teil wieder eingenäht oder den Fleck mit einem anderen Stück Tuch übernäht.

## 9.

Es gab jetzt so wenig zu essen, daß man an nichts anderes mehr denken konnte als an Nahrung. Wenn ich meine Tagesration bekam, schlug ich die Zähne ins Brot, besessen von Gier, als müßte ich das ganze Stück auf einmal in den Mund stopfen. Ganz selten sah ich mich wie von außen und schämte mich.

Je schlechter die Ernährung, desto größer wurden die – man kann es nicht anders nennen – sozialen Unterschiede zwischen den Häftlingen. Die Köchinnen und ihre Kinder sind dick geworden, ausgesprochen dick. Je weniger es zu essen gab, desto dicker wurde das Küchenpersonal. Die haben ja auch für die Aufseherinnen gekocht, hatten also Zugang zu allem, was es gab. Als die Winterkleider kamen, haben sie sich das beste herausgesucht. In der Küche ist Licht, ich bin draußen vor der Zentralbaracke und kann hineinsehen, eine Köchin zeigt einer anderen Frau, die zerlumpt vor ihr steht, was für einen guten Rock ihre Tochter bekommen hat. Die Tochter dreht sich wie bei einer Modeschau. Die Zerlumpte bewundert die Tochter der Köchin im neu-alten Rock, denn sie hofft ja auf Nachschub, mehr Suppe.

Eines Abends hörte ich von Ditha, daß an der Hintertür der Küchenbaracke vielleicht irgendwelche Abfälle verschenkt würden, die die Köchinnen ausdrücklich den Kindern geben wollten. Ich lief hin, stand herum, nach und nach kamen noch einige andere Frauen, demselben Gerücht folgend. Ich wurde ungeduldig, die werden sich vielleicht vordrängen, ich war zuerst da, und schließlich stieg ich die paar Stufen in die Baracke hinauf und ging einige Schritte den schmalen, erleuchteten Gang entlang, der zur Hintertür der Küche führte. Da öffnete sich eine Seitentür, eine großgewachsene Aufseherin kam heraus, hinter ihr ein ss-Mann, den ich nicht kenne. Der ruft mich (»Kommen Sie mal her«), ich steh vor ihm, Eßgeschirr in der Hand, er fragt, was ich will, ich sag's ihm, es soll hier noch Reste geben, er sagt sowas wie, »Jetzt geben Sie man acht«, ich Idiot denke noch immer, er läßt mich passieren, denn er wird doch nicht wollen, daß man die Reste, wenn tatsächlich welche da sind, wegwirft, doch nicht bei dieser Hungersnot, und da schlägt er mir schon mit voller Wucht ins Gesicht. Ich taumle nach hinten, den ganzen Gang entlang, mir flimmert's vor den Augen, die Holzpantinen fallen mir von den Füßen, das Eßgeschirr aus der Hand, bevor ich stürze. Die anderen Frauen sind zurückgewichen, der SS-Mann ist nach ein paar Drohworten, die uns verscheuchen sollen, mit seiner Begleiterin wieder verschwunden. Ditha hilft mir auf, eine oder zwei der anderen suchen meine Sachen, geben sie mir mit beruhigendem Zungenschnalzen in die Hand. Auf dem Weg zurück in die Baracke schimpf ich (»Das Schwein hat mich gesiezt«, als sei so etwas die Höhe des Hohns), die Ohrfeige brennt noch, mit dem extra Essen ist nichts.

Bei unserer Rückkehr stellt meine Mutter die unwahrscheinliche Behauptung auf, sie hätte den Mann zurückgeschlagen, wäre sie mitgewesen. »Dann haben wir ja Glück gehabt«, sagen Ditha und ich im Chor, »daß du nicht dabei gewesen bist.« Ich ärgere mich über sie, denn sie reduziert mich wieder einmal zum armen Hascherl und stilisiert sich gleichzeitig zur latenten Heldin. Zu der Erniedrigung des Schlags ins Gesicht kommt jetzt noch die weitere des Mitleids von seiten meiner Mutter.

Aber an dem Abend hab ich vor dem Publikum meiner Zimmergenossen mein »Kamin«-Gedicht aufgesagt, in dem die personifizierte Todesmaschine prophezeit:

*Keiner ist mir noch entronnen,*
*Keinen, keinen werd ich schonen.*
*Und die mich gebaut als Grab*
*Schling ich selbst zuletzt hinab.*
*Auschwitz liegt in meiner Hand,*
*Alles, alles wird verbrannt.*

Ich rezitierte kühn, mit dem Hintergedanken: »Es wird ihn schon erwischen, den Kerl, der mich geschlagen hat, früher oder später wird es ihn erwischen.« Das war damals ein Trost, aber es war auch ein Unsinn, denn es hat ihn sicher nicht erwischt. Wenn er nicht in Südamerika eine bequeme Villa hat, so lebt er vielleicht in Göttingen und ist der Rentner, der mir neulich in Schmidts Drogerie-Markt aufgefallen ist, als er sich zusammen mit einer jungen Verkäuferin den Mund über die schmarotzenden Aussiedler aus Polen zerrissen hat. »Die Ausländer, die sollt man vergasen, und die Politiker gleich dazu«, meinte er. Ich war im Begriff, zwischen zwei Tuben Zahnpasta zu wählen, die fielen mir fast aus der Hand. Ich schau hin zu ihm, schätze sein Alter, ja, der ist alt genug, der weiß, was er sagt. Er merkt meinen Blick, er mustert mich seinerseits. »Solche Sprüche!« sag ich zu ihm, wir sehen einander in die Augen, Freunderl, wir kennen uns, da sagt er mit festem, höhnischem Blick: »Ja, ja, Sie haben schon richtig gehört.«

## 10.

Wir hofften, die Deutschen würden das Lager einfach den näherrückenden Russen überlassen. Sie taten es nicht, mehr und mehr uniformierte Männer tauchten auf, sie evakuierten uns. Diese Verschickungen bei Kriegsende, von einem Lager ins andere, waren oft nicht als Todesmärsche gemeint, hab ich mir sagen lassen. Der deutsche Organisationswille hatte wieder einmal versagt. Daß damals noch so viele verhungerten, war nicht einmal geplant. Diese Tatsache könnte den Deutschen heute zur partiellen Entlastung dienen, wird aber nur von den jungen Historikern erwähnt.

Diesmal ging es zu Fuß vorwärts. Wir hatten unsere Decken und ein Eßgeschirr zu tragen, sonst nichts. Sonst nur die schlechten Kleider, die wir anhatten, manche von uns mit verdeckbarem oder schon verdecktem gelbem Fleck. Es waren die ersten Februartage von 1945, noch immer sehr kalt, wir schleppten uns die Landstraße entlang, durch die Dörfer. Langsam und immer am Rand totaler Erschöpfung. Wann wird das alles aus sein?

Am Abend beschlagnahmte die ss, die die Aufsicht hatte, zur Übernachtung einige Scheunen. Da war kein Platz, nicht einmal für meine Begriffe, und das waren sehr bescheidene Begriffe von Schlafraum, war genug Platz in der Scheune. Wir lagen so dicht gedrängt, daß man nicht zum Urinieren hinauskonnte. Dafür gab es Blechdosen. Es stank. Ich hatte weiß Gott genug Gewöhnung an Menschen, die in einem unnatürlich engen Raum beieinanderliegen oder leben müssen. Aber diese Nacht in der Scheune überstieg mein Anpassungsvermögen, vielleicht auch deshalb, weil die Frauen so ausgebrannt, so am Rand der Auflösung waren. Mir graute vor diesen Menschen, die doch meine Leute waren, sie waren es plötzlich nicht mehr, sie stießen mich ab, ich mach nicht mehr mit, mir reicht's.

Am Morgen ging es weiter. Die Langeweile, wenn sich der Weg streckt und man kaum gehen kann. Langeweile ist ein unterschätzter Zustand, wenn man sie mit Unlust im Luxus gleichsetzt. Langeweile bedeutet, daß man der Zeit schlechthin entkommen möchte.

Von einem Ort kann man fliehen, aus der Zeit kann man nicht ausscheiden, sie muß sich von selbst verflüchtigen. Deshalb ist die Langeweile eine nicht einmal sehr entfernte Cousine der Verzweiflung. Bei mir hat wohl körperliches Versagen diese fast unerträgliche Dehnung der Zeit verursacht, das heißt, ich konnte wahrscheinlich wirklich nicht weiter.

Wir haben uns am zweiten Abend davongemacht, im Chaos der Unterbringung. Es war wieder so ein Dorf mit Scheune, und diesmal konnten unsere Aufseher nur *eine* Scheune beschlagnahmen, um die sie des langen und breiten mit den Besitzern verhandelten, denn die Dorfbewohner weigerten sich, sie uns zu überlassen. Ich seh noch den Platz vor mir, etwas Licht in den Gebäuden, Halbdunkel in der Menschenmenge, die auf den nächsten Befehl wartet, ein wenig weiter Dunkel und Stille. Wie ich dastand, schien auch der letzte Funke Energie erloschen, und der Ekel vor einer zweiten Nacht wie der vorigen in der großen Scheune, vollgepfercht mit Menschen, stak mir in der Kehle. Dann war noch eine Verlokkung, die von dem Land, von der Umgebung ausging. Anfang Februar 1945, und trotz der vorherrschenden Kälte lag schon etwas vom Vorfrühling in der Luft und der verführerische Sog dieser Jahreszeit. Da draußen war eine Heimlichkeit, die nicht bis zu uns drang, aber doch erreichbar schien. Man konnte sie spüren, nur Schritte von der Unnatürlichkeit unserer Existenz, von dem Elend des Lagers, das wir mit uns auf dem Rücken trugen, zusammen mit der Decke und dem Eßgeschirr. Ganz nah war eine Natur, schweigend, organisch.

Weg, jetzt sofort. Meine Mutter wollte auf die

nächste Brotration warten. Ich widersprach erbittert und überzeugt. Soviel zu essen, wie die uns, besonders in letzter Zeit, gegeben haben, würden wir immer noch finden. Jetzt oder nie, jetzt schaut keiner hin, die sind beschäftigt und wahrscheinlich selber müde. Auf, nicht in diese Scheune hinein, in die scheußliche. Drei junge Tschechinnen waren derselben Ansicht. Ditha auf meiner Seite, von mir überredet. Die Entscheidung fällt. Ja.

Das meiste, was sich Entscheidung nennt, verdient diesen Namen kaum. Man läßt sich treiben, auch in schwerwiegende Situationen hinein. Aber wer je frei entschieden hat, kennt den Unterschied zwischen schieben und geschoben werden. Die Entscheidung zur Flucht war frei.

Gestern schrieb ich diese Sätze, heute scheinen sie falsch, verquer. Ich will sie löschen, zögere. Was stimmt hier denn nicht? Schon der Ausdruck »Wer je …« Ich spreche von einem Augenblickszustand in meinem Leben, als hätte er Offenbarungscharakter. Autoritäre Sätze, »ich weiß etwas, was du nicht weißt«, das mich berechtigt zu verallgemeinern. Was weiß denn ich von freien Entscheidungen, außer daß ich manchmal, zum Beispiel damals, die Trägheit überwunden habe, die ich als das eigentliche Lebenselement, oder doch mein Lebenselement, anzusehen gewohnt bin. Trägheit ist nicht gleich Faulheit. Wer faul ist, vermeidet Anstrengung. Ich meine, Trägheit kann auch strapaziös sein, wie, zum Beispiel, Weitermarschieren statt Fliehen, und bleibt trotzdem Trägheit. Dazu ein Gedicht, das, wenn auch verkappt, unter anderem auch diesen Abend der Flucht enthält, ihn relativiert.

*Benzinfeuer flackern*
*im Unflat am Ufer*
*bei Nacht.*

*Bei Tag*
*steht der Rauch*
*zäh*
*überm Fluß*
*steigt träge das Giftgas*
*schwellend den Schwamm der Lunge.*

*Worte, im Hals,*
*im Munde, getränkt,*
*atmen den alten Geruch;*

*schwimmend weitergeschwemmt*
*im flüssigen Teer*
*einem Meer zu*
*aus Wasser – ah Wasser! –*
*dann doch nur Salz.*

Man sieht schon, dieses Bild vom »schieben, geschoben werden«, das mir zuerst einfiel, das sind nicht meine Worte, das ist Gelesenes, Klassisches, Zitiertes, Auswendiggelerntes. Viel gemäßer für die Illusion der Freiheit in der Unfreiheit ist mir die Vorstellung von schwimmen und geschwemmt werden, und zwar nicht in klarem Wasser, sondern eher in einem zähflüssigen Element. Und das in der Zweideutigkeit des Apokoinu, die Zeile, die sich sowohl auf die vorhergehende wie auf die darauffolgende beziehen kann.

Soviel zur Einschränkung. Und trotzdem: Damals erlebte ich das unvergeßliche, prickelnde Gefühl, sich neu zu konstituieren, sich nicht von anderen bestimmen zu lassen, ja und nein nach Belieben zu verteilen, an einem Scheideweg zu stehen, wo eben noch gar keine Kreuzung gewesen war, etwas hinter sich lassen, ohne etwas vor sich zu haben. Wie bedingt von den Umständen eine solche Entscheidung ist? Sicher gab es Gründe und Ursachen, warum wir uns zum Handeln aufrafften, wie es eben auch Gründe und Ursachen gab, sich so zu verhalten wie die Mehrheit und sich weiterzuschleppen mit dem Transport. Wir wählten: ich vor allem, zappelig vor Überzeugung, wählte ich die Vogelfreiheit.

Das Gehöft, auf dem wir über Nacht verstaut werden sollten, lag auf einer kleinen Anhöhe. Der verlöschende Funke Energie züngelt, sprüht, wird zum Feuerwerk, schlägt Räder im Hirn. Wir sechs machen kehrt, laufen die Straße hinunter.

# DRITTER TEIL
## *Deutschland*

## *Flucht*

### 1.

In den nächsten Minuten, als wir zu sechst die Straße hinunterliefen und uns immer weiter entfernten von den obdachsuchenden, frierenden, hungernden Häftlingen mit ihrer erzwungenen Geduld, überschritten wir eine Grenze: aus der Lagerwelt nach Deutschland. Zwar waren die Lager in Deutschland und »made in Germany«, aber sie waren oder schienen mir eine Kapsel, die wir durchbrochen hatten. Und in der Tat gab es von nun an den Spielraum der Vogelfreiheit.

Die bleierne Müdigkeit und Schwäche waren plötzlich, wenn auch nur auf kurze Frist, in ihr Gegenteil verkehrt. Ich spürte einen ungeheuren Energieschub, erstaunte darüber mitten im Laufen und fragte mich flüchtig, bei aller Aufregung unseres neuen Anfangs, ob ich wirklich so schlecht drangewesen war, wie ich mir eingebildet hatte: Wieso komm ich auf einmal so rasend schnell vorwärts, wenn ich vorher gemeint hatte, keinen Schritt weiter zu können? Damals schien es ein Wunder, heute weiß ich, daß dieses Wunder den schlichten chemischen Namen Adrenalin trägt.

Wir blieben atemlos an einer Kreuzung stehen und trennten uns. Die drei Tschechinnen wollten versuchen, sich zur Grenze ihrer Heimat durchzuschlagen. Wir hofften, in den umliegenden Dörfern auf die Russen warten zu können. Hastiger Abschied, gehetzt wünschten wir einander alles erdenklich Gute.

Die vorhin noch abgespannten Gesichter waren belebt, als seien sie jeder Strapaze gewachsen.

Wir drei wendeten uns nach rechts, gingen, nun langsamer, die menschenleere Straße hinunter und schauten nach einem Versteck und einer Schlafstelle aus. Wir fanden einen kleinen Stall, der nicht verschlossen war, wo sich zwei oder drei Kühe gutmütig über uns wunderten. Ich war froh, so »privat« schlafen zu können, mit soviel Heu, mit keinen anderen Menschen als diesen beiden, meinen nächsten Angehörigen. Ich wünschte uns allen noch so einen Kuhstall als Schlafzimmer für den Rest unserer Tage, denn wo könnte man besser einschlafen, und schlief dann gleich übermüdet ein.

Am nächsten Morgen versuchte meine Mutter, die ja immer behauptete, alles zu können, eine Kuh zu melken. Die Kuh war freundlich, aber weigerte sich mitzumachen. Statt Milch fanden wir Wasser und eine Schüssel, um uns zu waschen. Als wir aus dem Verschlag traten, sah das Land so frischgewaschen aus, wie ich mich fühlte, und die Natur, die vorher hauptsächlich Hitze und Kälte war, denen man beim Appell und bei der Arbeit standhalten mußte, war heute voller leuchtender Gegenstände. Unerwartete Aufgaben stellte dieses Land und versprach dazu Annäherungs- wie Eroberungsmöglichkeiten.

Es war, als ob man die Welt in Besitz nähme, nur weil man aus eigenem Antrieb von der Landstraße Gebrauch machte. Die Frage war nicht so sehr, wohin, das war nicht mein Anliegen. Freiheit bedeutete weg von. Weg von dem tödlichen Marsch, von den vielen Menschen, von der ständigen Bedrohung. Die Luft roch anders, frühlingshafter, jetzt, da wir sie für uns allein hatten. Jeder nächste Tag war sowieso unerforschlich, und da wir nicht Vorsorgen konnten, machte ich mir keine Sorgen.

Fröste der Freiheit, ob es die nie gegeben habe, will eine aufmerksame Leserin wissen. Das geht ihr alles zu schnell, sagt sie, ihr müßt doch auch Angst gehabt haben. Vielleicht hab ich die Angst vergessen, weil ich sie schon kannte. Neu war, daß das Dasein federleicht wurde, wo es gestern noch bleiern gewesen war, da denkt man nicht, jetzt kann dich einer wegblasen, sondern man denkt, daß man fliegt. Es war da ein Wohlgefühl, als sei endlich das eingetroffen, worauf ich, seit ich denken konnte, gewartet hatte.

Unsere Absichten während der nächsten Tage waren unkompliziert: Wir wollten die Alliierten so bald wie möglich erreichen und inzwischen essen und Obdach finden, besonders wenn es hagelte. Denn gehagelt hat es noch in den ersten Tagen unserer Flucht, geregnet auch, oft ein eisiger Regen. Doch dann wurde es wärmer und nie wieder kalt. Im ganzen Leben nie wieder echt kalt; auch wenn in New York oder Cleveland der Wind so eisig bläst, daß man nur mit einem Tuch vor dem Gesicht ausgehen kann, ist es seither immer nur andeutungsweise kalt gewesen.

Was sich mir als ein Füllhorn des Lebens anbot, war in Wirklichkeit ein Land im Aufbruch und Abbruch. Es war die Zeit, als sich die Häuser leerten und die Straßen füllten in jenen Grenzgebieten von der früheren DDR und dem heutigen Polen. Liebe Freunde, manche von euch kennen diese Straßen, auch ihr als Kinder und auf der Flucht, und erinnert euch nicht gerade mit Freude daran. Wir wurden von eurem Flüchtlingsstrom mitgeschwemmt und folgten den Heimatlosen, denen ihr eigenes Elend im Hals saß und die nicht mehr voll Mißtrauen fragten, wo der andere herkam. Ihr trauertet um das, was ihr hinter euch gelassen und besonders, daß ihr die Heimat verloren hattet, wir waren glücklich, die Stätten unserer Gefangenschaft hinter uns gelassen und so viel gewonnen zu haben, nämlich das Recht zu entscheiden, wohin man den Fuß setzt.

Hier ist ein Schnittpunkt, hier haben sich unsere Wege gekreuzt, hier bieten sich auch Vergleiche an, die nicht nur Unterschiede sind. Zu den Gemeinsamkeiten gehört zum Beispiel die Erinnerung an den freundlich nährenden Geschmack der Rübe, die Wrucke heißt und die für manche von euch, wie für mich, den Duft der Sättigung schlechthin behalten hat. Unter dem landesüblicheren Namen Steckrübe ist sie heute in Westdeutschland zum Viehfutter erniedrigt worden, doch eine kleine Gemeinde von Menschen in Göttingen, zu denen ich mich zähle, weiß noch, daß die Steckrübe eine ihrer Wohltaten halber geschmähte und verbannte und zu Unrecht verachtete Prinzessin ist, und ehrt sie bei Tisch als Menschenretterin in finsteren Zeiten unter ihrem königlichen alten Namen Wrucke.

Die Mutter eines meiner Zaunanstreicher wurde auf der Flucht aus dem heutigen Polen geboren. So lang ist das her. So nah ist es noch.

Wenn ich vorhin schrieb, man möge in meine Geschichte nicht den Optimismus, der einen Roman wie »Das siebte Kreuz« bestimmt, hineinlesen, so ziehe ich diese Bitte jetzt, wenn auch mit Vorbehalt, zurück, denn auf diesen ostdeutschen Landstraßen zu der

Zeit vor Kriegsende waren wir drei so hoffnungsvoll wie nur je, voller Lebenslust und Gelächter. Das ist subjektives Verhalten und verringert das Elend der Zeit um keinen einzigen Toten. Wir haben viel gelacht auf dieser Flucht. Gefahr ist ein guter Nährboden für Komik, warum, weiß ich nicht. (Ein Freund liest diesen Satz und gibt mir die Antwort: Komik als Ventil für Ängste, daher Galgenhumor. Neurotiker, sagt er, sind die besten Komiker.) Dazu kam die Abenteuerlust, die in jedem Kind steckt, also auch in Ditha und mir. Wir waren nicht verschreckt durch unsere lange Gefangenschaft, im Gegenteil: Wir genossen das, was wir hatten, das nackte Leben, denn es war zum ersten Mal wirklich unser. Für meine Mutter wird es schwerer gewesen sein, aber auch sie lebte auf und wurde witzig und erfinderisch. Eine Ursache unseres Wohlbefindens war sicherlich die, daß wir uns bald satt oder fast satt essen konnten und nicht mehr hart an der Schwelle des Verhungerns vegetierten. Wir haben gebettelt und gestohlen, und beides war relativ leicht. Die Bauern, die ihre Höfe verlassen mußten, hatten mehr Lebensmittel, als sie mitnehmen konnten, und waren freigiebig. Es wurde geschlachtet und ausgeräumt, hie und da bekamen wir richtige Mahlzeiten, auch Fleisch. Auf jeden Fall gab es Kartoffeln, Rüben, Äpfel. Dank geschenkter Kleidungsstücke sahen wir bald weniger suspekt aus.

Wir hatten einen Roman gebastelt, eine einfache Geschichte, verglichen mit unserer wahren. Wir gaben uns als deutsche Ostflüchtlinge aus, mit einem kränkelnden Familienmitglied, zu dem ich ernannt wurde. Um meinetwillen hätten wir unseren Treck verlassen und einen Arzt gesucht. Das hätte zu lange gedauert, und die anderen seien vor unserer Rückkehr schon weitergefahren. Wir merkten mit Verblüffung, dann mit einem sich steigernden Gefühl von Selbstbehauptung: »Es geht, wir kommen durch.« Ditha und ich erzählen einander noch heute von unseren damaligen Erfolgen, zwei kichernde, alternde Frauen, »Weißt du noch?«

Weißt du noch, wie ein Polizist uns scheel angeschaut hat, und während meine Mutter und ich ihm ausweichen und den Schritt beschleunigen wollten, bist du auf ihn zu und hast ihn, apfelkauend, nach dem Weg ins nächste Dorf gefragt? Woher hast du nur, instinktiv, so viel von Psychologie verstanden? Was hab ich gelacht und dich bewundert!

Weißt du noch, wie uns die Leute gesagt haben, wir hätten Anspruch auf Hilfe von den Behörden. Und da bist du doch, sage und schreibe und ziemlich gegen den Willen meiner Mutter, in einem kleinen Dorf zum Bürgermeister gegangen, du mit deinen roten Haaren kamst ihm in die Dienststube gestürmt, sicher, daß die nicht wissen, daß es rothaarige Juden gibt, das wissen sie nur in den Städten. Und hast ihm gesagt, wir haben unseren Treck verloren, jetzt haben wir nichts, keinen Ausweis, nicht einmal Lebensmittelkarten, haben Sie eine Ahnung, wie schwer das alles für uns ist, noch dazu mit meiner kleinen kranken Schwester, und ist das deutsche Volksgemeinschaft? Das hab ich mir anders vorgestellt, als ich mein Pflichtjahr gemacht hab, hast du kühn drauflosgeschwindelt. (Du mußt in Wien noch hellhöriger als ich für die Parolen der Hitlerjugend gewesen sein, denn du hast sie, wenn nötig, abgespult mit genießerischer Unverfrorenheit, als hättest du dich von jeher gesehnt, sie auszuprobieren.) Wo du das nur aufgegabelt hast, das mit dem Pflichtjahr? Ich wär so gern dabei gewesen, wie die Sekretärin dem Bürgermeister hörbar zugeflüstert hat: »Als wir in dem Alter waren, hätten wir uns nicht getraut, so mit älteren Leuten zu reden.« Und bist beladen zurückgekommen, Lebensmittelkarten hast du gebracht, und Kleider, sogar Schuhe.

Und ich weiß noch, wie ich einmal allein von einer Meute Kinder ausgefragt wurde, wo mein Vater sei. Ich hab ganz brav geantwortet, der ist an der Front. Doch die bohrten weiter, wollten wissen, wie oft er denn schon auf Urlaub zu Haus gewesen sei. Da hab ich die falsche Antwort gegeben, das heißt, ich habe den erfundenen Vater zu oft nach Hause kommen lassen, weil ich es nicht besser wußte. Die Kinder, die mich ja aus Argwohn verhört hatten, zogen zufrieden ab, um den Erwachsenen Bericht zu erstatten. Dann kamt ihr beiden zurück, von wo immer ihr gewesen wart, ich machte euch und mir selber Vorwürfe, ihr hättet mich nicht hier lassen sollen, alles hab ich verpatzt; und plötzlich war das Dorf hinter uns her, als ob wir Hexen und Dämonen wären, und wir natürlich nichts als auf und davon.

Wir liefen so schnell es ging, behindert von dem, was wir trugen. »Werft die Decken weg«, schrie ich hysterisch, »dann geht's doch schneller.«

»Wir brauchen sie ja bei dem Wetter«, rief meine Mutter.

Aber ich siegte, in unserer Not haben wir die Dekken in den nächsten Graben geworfen und sind aus dem Dorf mit heiler Haut und leeren Händen entkommen. Und sind nicht erfroren, denn nicht überall waren die Leute so abweisend, wir fanden Unterschlupf. Dieses Deckenwegwerfen ist mir seither Metapher für Entscheidungen, die zwar nicht preiswert, aber notwendig sind, wo man Kostbares opfert, in der Hoffnung, daß die gnädigen Götter das teure Opfer nicht verschmähen. Freilich ist es ein ganz privates Sinnbild, das gedeutet werden muß. Nur Ditha versteht mich auf Anhieb, wenn ich sage, »Ich hab schon wieder einmal die Decken weggeworfen.«

## 2.

Wir konnten rasten, wann und wo wir wollten, und nach unserem Belieben rechts oder links gehen. Das war für uns Kinder der Inbegriff der Selbstbestimmung und gab uns eine Sicherheit, die gar nicht gerechtfertigt war, denn, wie in den angeführten Beispielen, wurden wir gelegentlich erkannt als das, was wir waren, aus der Haft Davongelaufene. Bevor wir neue Kleidung ergattert hatten, fielen wir einmal der Militärpolizei in die Hände, durch die aufgenähten Flecke am Rücken überführt. Ausweise hatten wir keine, meine Mutter gab alles zu, denn lügen war sinnlos. Jetzt ist es doch aus, dachte ich und verspürte nicht so sehr Angst wie eine große Betrübtheit über das jähe Ende unseres Vagabundendaseins.

Inzwischen nahm der Mann uns mit aufs Revier, wo er uns seinem Vorgesetzten übergeben wollte. Schon auf dem Weg dahin begann meine Mutter ein Gespräch mit ihm, das sie unbeirrt weiterführte. Das Wenige, das ich davon auffing, befremdete mich, denn es schien dem Ton und Inhalt nach der Situation völlig unangemessen. Meiner Mutter war es eingefallen, die Dame zu spielen und den Polizisten oder Soldaten zu überreden, daß sie aus den besseren Gesellschaftsschichten komme. Sie sprach also über Musik und Kultur. Ein gebildeter Mensch war das, sagt sie.

Der Vorgesetzte war zufällig nicht da. Wir warteten. Der Polizist, der eigentlich freundlich und ein wenig verwirrt durch seinen eigentümlichen Fischfang war, gab uns etwas zu essen. Meine Mutter meint, wir beeindruckten ihn durch die zivile Art, wie wir es teilten. Von dem Vorgesetzten noch immer keine Spur. Unser Mann wurde unruhig. Er hatte noch anderes zu tun, wollte weggehen, und es kann ihm nicht wohl gewesen sein bei dieser Ausübung seiner Pflicht. Was sollte er auch mit uns anfangen? Unser Häftlings-Transport war längst über alle Berge. Ditha sagt, meine Mutter hätte ihm gefallen, und darum hätte er sich von ihr einen Papierfetzen aufschwatzen lassen, in dem sie ihm bescheinigte, er hätte KZ-Häftlinge gerettet, was ihm wiederum bei den Alliierten, so meine Mutter, nützlich sein würde. Das kann doch jeder schreiben, wendete ich ein. Ja, aber ich hab mit vollem Namen unterschrieben und unsere alte Wiener Adresse daruntergesetzt, antwortete sie mit der ihr eigenen irrationalen Überzeugung. Ich glaube, er ließ uns laufen, weil wir ihm unheimlich waren.

Manchmal sind wir tagelang in Dörfern geblieben, manchmal so schnell wie möglich fort. Sicher hat immer irgendwas an uns nicht gestimmt, zum Beispiel, daß wir kein Gepäck hatten. Den meisten Bewohnern der Gegend war es jedoch schon ziemlich egal, wer sich auf den Straßen herumtrieb. Und dann waren wir ja tatsächlich recht unwahrscheinliche Volksfeinde und Sträflinge: eine Frau mit zwei halbwüchsigen Mädchen, die alle drei muttersprachliches Deutsch konnten. Mich versuchte man ohnehin im Hintergrund zu halten, wenn nicht gar zu verstecken, weil ich so unverkennbar jüdisch aussähe, wie Ditha und meine Mutter mir unentwegt vorhielten. Von uns dreien entsprach ich dem landläufigen Bild vom Juden am ehesten, nicht nur dem Aussehen nach, auch weil ich in Christianstadt viel Jiddisch gelernt hatte und, wenn ich nicht scharf aufpaßte, leicht eine jiddische Redewendung gebrauchte. Zudem kritisierten die beiden mit Vorliebe meine Körperhaltung, meine Bewegungen und meine Art zu gehen, zum Beispiel mit den Händen auf dem Rücken. Wie ein Bocher im Cheder (ein Schüler in einer orthodoxen Schule), spotteten sie, was mich nicht wenig ärgerte.

Ein paar Tage verbrachten wir in einem sogenannten Wendendorf, bei einem Bauern, vor dem wir keine Geheimnisse haben mußten. Eigentlich waren es Sorben, die da wohnten, eine slawische Minderheit, die sich in der DDR ungern mit Wenden verwechseln ließ; damals war diese umfassendere Bezeichnung gebräuchlich. Die sorbische Sprache ist dem Tschechischen so ähnlich, daß meine Mutter sich mit unserem Gastgeber ein wenig unterhalten konnte. Und er war ein richtiger Gastgeber, der die Opfer und die Feinde der Deutschen als seine Freunde ansah. Er wollte sich auf seinem Hof verstecken, bis die Russen kämen, denn als Slawe fühlte er sich ihnen brüderlich verbunden. Seine Frau und Tochter hingegen hatte er vorerst ins Reichsinnere geschickt, denn Frauen seien bei den Russen nicht sicher, auch slawische nicht, überhaupt keine.

Unsere ursprüngliche Absicht, die Russen abzuwarten oder sogar zu ihnen vorzudringen, entpuppte sich als immer aussichtsloser. Der Weg zur Front war abgesperrt, wir wären glatt ins Verderben gelaufen. Und die Evakuierung der Dörfer war sehr gründlich. Es wäre nicht leicht gewesen, sich zu verstecken, sogar der Wendenbauer, der hier zu Hause war, hatte sein Versteck vorgeplant. Dazu kamen die ganz glaubwürdigen Gerüchte über die Massenvergewaltigungen deutscher Frauen durch die Russen. Das sollte zwar uns nicht betreffen, die wir selber Opfer der Deutschen waren, aber Verbrechen an der Zivilbevölkerung konnten auch uns kaum als ein Akt ausgleichender Gerechtigkeit gelten, und daher schien es nicht geraten, sich solchen Siegern anzuvertrauen.

Eines Tages überfiel der Größenwahnsinn meine Mutter. Von unseren Erfolgen gebläht, meinte sie, sie müsse und könne uns Personalausweise besorgen. Wie das? Einfach: zu einem Dorfpastor gehen, ihm unsere Geschichte erzählen und ihn um Hilfe bitten. Vielleicht traute sie sich auch einiges zu, nachdem sie ihre Überredungskünste beim Militär erprobt hatte, und vielleicht war sie inspiriert von Dithas Abenteuer mit dem Bürgermeister. Ditha und ich waren skeptisch, denn wir hatten in unserem kurzen Leben keine Beweise christlicher Nächstenliebe zu verzeichnen gehabt. Doch meine Mutter war der Ansicht, daß die Kirchen und die Nazis Feinde seien, und hatte außerdem die Auffassung, die Protestanten seien aufgeschlossener als die Katholiken, wohl weil die Christen, unter denen sie vor dem Krieg gelebt hatte, Katholiken waren. Sie meinte, auf keinen Fall würde ein Pfarrer uns ausliefern, ob er nun willens sei zu helfen oder nicht. Ich hatte den Verdacht, sie hätte wohl einmal einen Roman gelesen, in dem ein Pastor eine positive Rolle spielte. Es war eine ausgefallene, wenn nicht verrückte Idee und – wie sich herausstellte – die einzig richtige. Der Geistliche, dem sie sich anvertraute, war wirklich ein Christ, wie die Christen sagen würden. Die Juden würden sagen, er war ein Zaddik, ein Gerechter. Es hat ihn gegeben.

Uns nahm sie nicht mit auf diese Expedition, so gern ich dabei gewesen wäre. Vielleicht wollte sie keine kritischen Zeugen für ihre Rhetorik, denn ein Auftritt wird es schon gewesen sein, und vielleicht kam ihr unser Schicksal zu grau vor, und sie hat es mit erfundenen Anekdoten ausgeschmückt und dramatisiert. Denn sie hat immer gern und ohne Not gelogen.

Sie war selber erstaunt über den Eindruck, den sie gemacht hatte, und kam mit zitternden Händen zurück, in denen sie die Papiere hielt (»Schaut, was ich hab!«), die uns offiziell zu einer deutschen Familie machten und die dann bis zu Kriegsende unsere Identität sicherstellten. Es war ein unvergleichliches Geschenk. Sie erzählte, dieser Pfarrer sei vor Aufregung praktisch sprachlos gewesen, als sie ihm sagte, wer sie sei, und hätte sich ihr Anliegen keinen Augenblick überlegt. Daß er sich strafbar machte, rührte ihn überhaupt nicht, er wollte nur wiedergutmachen. Er sei zu seinen Karteien gestürzt, um das Richtige für uns auszusuchen. Er hatte Taufscheine und andere Dokumente von Leuten, die schon weitergezogen waren, und er stattete uns aus: eine Mutter mit zwei Töchtern. Die Jahrgänge stimmten halbwegs.

Ich denke oft an diesen Unbekannten, der für mich gesichtslos blieb, dem meine Mutter ins Haus geschneit kam, und der die Weichen stellte für unser weiteres Durchkommen. Ich sollte etwas für ihn tun, ich bin ihm etwas schuldig geblieben, aber ich kann ihn nur im Gespräch erwähnen, und das tue ich relativ häufig, als einen selbstlosen, mutigen Menschen. Darf ich das als eine Art von Dank betrachten, auch wenn der Betroffene nichts davon hat? Er, der uns neue Namen gab, hat keinen Namen in meinem Gedächtnis hinterlassen, noch kann ich mich an den Namen seines Dorfes erinnern.

(Meine deutschen Freunde freuen sich, wenn sie an diese Stelle kommen. Eine von ihnen, die Tochter eines Pfarrers der Bekennenden Kirche, sagt wegwerfend, ein so großes Risiko war das gar nicht, die Pfarrer hatten eben das Recht, Ausweise auszustellen, sogar unter den Nazis hatten sie das, ihr Vater hätte nicht anders gehandelt. Um so besser, wenn es noch mehr wie diesen gegeben hat.)

Auch *unsere* Namen habe ich vergessen. Nach Kriegsende nie wieder daran gedacht. Das ist keine Verdrängung, das ist ein Hintersichlassen. Ich kenne einen polnischen Juden, heute Professor für Romanistik in den Vereinigten Staaten, der als Kind in der Nazizeit in Belgien vier Jahre lang unter einem Decknamen lebte. Der weiß auch seinen falschen Namen nicht mehr, obwohl er ihn so lange benutzt hat. Seine amerikanische Tochter sagt, das sei ein Musterbeispiel für Verdrängung. Ich sehe das eher als ein gesundes Vergessen. Was man sich nicht wiederholt, das vergißt man eben. Der Mann hat ja nicht verdrängt, daß er sich umnennen mußte. Doch der Name selbst ist wie die Telephonnummer einer Wohnung, die man nicht mehr bewohnt. Sicher weiß man, daß man dort Telephonanschluß hatte, aber die Reihenfolge der Zahlen ist unerheblich, daher verwischt, gelöscht. Wenn man endlich wieder so heißen kann, wie man wirklich heißt, warum sich die falsche Identität ins Gedächtnis zurückrufen?

Nachdem ich diese Sätze geschrieben hatte, war mir der vergessene Name doch nicht mehr gleichgültig. Ich wählte die Nummer meiner Mutter in Los Angeles und schrie in den Hörer, über Land und Meer hinweg: Wie haben wir geheißen, damals, in Niederschlesien, in Bayern, vor Kriegsende? Weißt du das noch? Ich nicht. Und sie, die schwerhörige Siebenundachtzigjährige, antwortet, natürlich wisse sie es, und ruft den gespeicherten Namen, nach kurzem Zögern, auf den Bildschirm ihres Gedächtnisses: Kalisch haben wir auf den falschen Papieren geheißen.

Zuerst sagt mir der Name gar nichts. Kalisch. Er ist wie eine Speise, die man aus dem Gefrierfach nimmt, geruch- und geschmacklos. Beim Auftauen geht dann ein leichtes Aroma davon aus. Von ganz weit her probier ich ihn, abschmeckend. Weil er gefroren war und jetzt wieder auftaut, hat er den Geruch des Februarwinds von 1945 bewahrt, als uns alles gelang. Die Dreizehnjährige bemerkte, ein K und ein L ist drin, wie in Klüger.

In einem Marktflecken stiegen wir eines Abends in einen Eisenbahnzug, der deutsche Flüchtlinge nach Süddeutschland brachte. Wie so oft mußten wir uns rasch entscheiden, und die Gelegenheit schien günstig, denn Personenzüge waren eine Rarität. Mit unseren neuen Papieren durften wir ohne weiteres mitfahren. Am Bahnhof wie im Zug selbst herrschte eine unbürokratische, resolut praktische und freundlich matriarchalische Stimmung. Alle waren im gleichen Boot, alle waren willkommen.

Ich legte mich auf eine freie Holzbank, ganz zufrieden, mich ausstrecken zu können. Warme Kleider hatte ich auch, eine gute lange Hose hatte ich an und war ganz wunschlos. Trotzdem kam eine Frau, selbst Mutter mit Kindern, sah mich ausgestreckt liegen und brachte mir eine Decke, die sie ohne viel Aufhebens über mich, ein fremdes Kind, breitete. Ich war ihr natürlich dankbar, wer ist das nicht, wenn eine andere dich zudeckt? Ist dies doch eine der mütterlichsten Gesten überhaupt. Aber meint sie mich? Die glaubt ja, daß ich dazugehöre, und deckt mich zu, weil sie mich für ein deutsches Kind hält. Nein, sie deckt mich zu, weil *ich* hier liege, dreidimensional, ich und keine andere. Sie sieht mich doch, die unter dieser Decke jetzt einschläft, weil Denken schläfrig macht, sieht mich und keinen anderen Menschen, und auch keine Verwechslung hat stattgefunden, und also war doch ich gemeint. Nehm ich mir etwas aus List oder wird mir etwas gegeben? Wer konnte sich da zurechtfinden?

So kam ich unter die Deutschen.

## 3.

Wir waren tagelang unterwegs, doch ich habe diese Tage in der Erinnerung einfach übersprungen. Wenn ich mich konzentriere, so ensteht kein scharfes Bild, sondern nur eine Folge von schwammigen Landschaften. Ich erinnere mich nur, geschlafen zu haben, wahrscheinlich weil diese Züge meist durch die Nacht fuhren und am Tag standen, um nicht aufzufallen und von oben beschossen zu werden. Ich meine, es müssen Tage der Erschöpfung und Entspannung gewesen sein.

Die Frauen der Nationalsozialistischen Volkswohlfahrt, der NSV, kamen zum Zug und verteilten Brote, die hervorragend schmeckten. Die NSV war eine karitative Organisation, was die Sowjets nicht daran hinderte, Menschen, die dort mitgeholfen hatten, in ihre Hungerlager zu verschleppen. NS waren böse Buchstaben, wo sie standen, mußte gerächt werden. Ein guter Freund, der 1947 erst vier Jahre alt war, hätte auf diese Weise beinahe seine Mutter verloren, weil sie unter denen war, die mir ein Wurstbrot in den Zug reichten. Die Verschickung sei nur vermieden worden, erzählt er, durch das große tränenvolle Plädoyer einer Tante, die so oft von den Russen vergewaltigt worden war, daß sie sich nicht mehr vor ihnen fürchtete, und die in einem pathetischen Auftritt, den kleinen Neffen auf dem Arm, die Freilassung der Verurteilten, die mit schon gepacktem Koffer danebenstand, bewirkte. Die Russen waren gerührt, besonders da die Tante etwas russisch sprach. Solche wirren Berührungspunkte sind die Grundlage meiner Freundschaft mit ihm und anderen Deutschen. Eine erstaunlich solide Grundlage.

Schließlich wachte ich eines Morgens in Straubing auf, in einem Menschengewirr von Flüchtlingen in einer bayrischen Kleinstadt, damals kleiner als heute. Ich noch immer in einem schwindligen Glücksgefühl, das sich nicht deckt mit den Erfahrungen der Deutschen, die meinten, sie hätten alles verloren, während wir hofften, alles gewonnen zu haben, zum Beispiel das Leben. Ein Tiefpunkt für die anderen Flüchtlinge, für mich Höhepunkt der Euphorie, diese Ankunft in Straubing: freie Menschen, die sich beim Empfang über dieses und jenes beschwerten, unvorstellbar bei den Massentransporten, die wir bisher erlebt hatten. Wir waren Landsleute, wurden dementsprechend begrüßt und schnell in verschiedene Häuser einquartiert. Wir drei kamen in einem kleinen Bauernhof am Rande der Stadt unter. Wir hatten ein Zimmer zu dritt, das nicht einmal klein war, der reine Luxus, und wurden wie die anderen Flüchtlinge versorgt.

Doch das Gegenstück, die Kehrseite von diesen Triumphen der Flucht, ist das Gefühl von Verrat. Hierfür zwei Beispiele, das eine ein Exempel für den Verrat als Komödie. Die Bäuerin, mit der sich meine Mutter ein wenig angefreundet hatte, fragte sie eines Abends, ihr tief in die graugrünen Augen blickend, warum denn die eine ihrer Töchter so jüdisch aussehe. Meine Mutter besann sich darauf, daß ihre beiden »Töchter« einander überhaupt nicht ähnlich sahen, was am besten durch verschiedene Väter zu erklären war, und verriet der Bäuerin in schwesterlicher Vertraulichkeit, sie hätte sich in einer schwachen Stunde mit einem Juden eingelassen und beschwor sie, das Geheimnis, das ihr schon viel Kummer bereitet habe, für sich zu behalten. Von Frau zu Frau gebeichtet. Die andere zeigte Verständnis. Ein unliebsamer Nebengeschmack bleibt in der Nacherzählung; anders gesagt, die Komik überwiegt gerade noch, aber kaum, der Witz ist nicht besonders.

Und das zweite Beispiel: ich ging etwas einkaufen, und plötzlich war da ein Zug von KZ-Häftlingen, die mitten durch die Stadt gingen, natürlich nicht auf dem Bürgersteig, sondern die Fahrbahn entlang, von Hunden und SS begleitet und bewacht. Und ich am Straßenrand. Ich hatte »uns« noch nie von außen gesehen. Was mich von denen trennte, waren nur einige Wochen, nach jahrelanger Gemeinsamkeit. Sie waren so müde, sahen allesamt wie Muselmänner aus. Dagegen waren die Schäferhunde an ihren Seiten munter und wohlgenährt. Meine früheren Leidensgefährten gingen ganz langsam und kraftlos, ich hatte mir schon einen viel festeren Schritt angewöhnt. Ich war ein deutsches Kind geworden, das an manchen Sonntagen in die Kirche ging, dort mit einiger Mühe gelernt hatte, ein Kreuz zu schlagen, auf dem Kartoffelfeld aushalf und im übrigen kam und ging, wie es ihr paßte. Und da waren sie nun, meine Leute. Ich sah sie aufmerksam und eindringlich an, doch wenn mich überhaupt einer von ihnen sah, so war ich für *den* wie der Junge im Ferienlager auf dem Transport von Auschwitz nach Christianstadt für mich gewesen war: ein Fremder aus der Welt der Bewaffneten.

In dieser Stunde war das Gefühl von Verrat in keine Komödie eingebettet. Zwar wollte ich diese einseitige Begegnung im Gedächtnis aufbewahren, aber zurück wollte ich nicht. Die Schuldgefühle der Überlebenden sind ja nicht etwa so, daß wir uns einbilden, wir hätten kein Recht aufs Leben. Ich jedenfalls habe nie geglaubt, ich hätte sterben sollen, weil andere getötet worden waren. Ich hatte ja nichts angestellt, wofür sollte ich büßen? Ein »Schulden«gefühl sollte man sagen können. Man bleibt verpflichtet auf eigentümliche Weise, man weiß nicht wem. Man möchte von den Tätern nehmen, um den Toten zu geben, und weiß nicht wie. Man ist gleichzeitig Schuldner und Gläubiger und begeht Ersatzhandlungen im Geben und Fordern, die sinnlos sind im Lichte der Vernunft. Vor vielen Seiten hab ich behauptet, ich hätte ein Talent für Freundschaft. Und für die Kehrseite der Freundschaft, füge ich jetzt hinzu. Aber ich hatte gar keinen Verrat begangen, ich wußte nur davon. Ich war unschuldig, ich hatte nichts Verwerfliches getan, nur die Erkenntnis hatte ich gegessen.

Das war mein letzter Kontakt mit denen im KZ. Sie gingen mitten durch die Stadt, mitten auf der Fahrbahn, in vollem Tageslicht, und rechts und links von mir standen Menschen, Männer und Frauen, auch Kinder, und sahen beiseite. Oder verschlossen ihre Gesichter, so daß nichts eindringen konnte. Wir haben unsere eigenen Sorgen, behelligt uns bitte nicht mit humanen Ansprüchen. Wir warteten auf dem Bürgersteig, bis die Untermenschen alle vorbeigezogen waren. Als die Amerikaner kurz darauf einmarschierten, hatte niemand je was gesehen. Und gewissermaßen stimmte es sogar. Was man nicht wahrnimmt und aufnimmt, hat man tatsächlich nicht gesehen. In diesem Sinne hatte nur ich sie gesehen.

»Aber man weiß ja nicht«, hatte der zweite meiner Zaunanstreicher, der ein großes hölzernes Kreuz um den Hals trug, zu bedenken gegeben, »wie man selbst gehandelt hätte, oder heute, in so einem Polizeistaat, handeln würde. Würde man den Mut gehabt haben, oder ihn jetzt haben, einen Flüchtling zu verstecken, wenn man dadurch das eigene Leben gefährdet?«

Ich sage, ganz recht, Mut aus Gewissensgründen kann man nicht verlangen, denn der ist eine Tugend;

wäre er selbstverständlich, dann bräuchten wir ihn nicht als vorbildlich zu bewundern. Daher sei Feigheit auch kein verächtlicher Grund für Handlungsunlust und Handlungsunfähigkeit. Das Normale ist Feigheit, und man soll keinen für normales Benehmen verurteilen. Nur kann man nicht gleichzeitig behaupten, wir haben nichts von den Gewalttaten der Nazis gewußt, und wir haben aus Furcht oder Feigheit nichts dagegen unternommen. Entweder hatte man keinen Begriff von den KZs gehabt, oder man hatte Angst, selbst in einem KZ zu landen. Beides geht nicht. Er nickt. Das ist Wasser auf seine Mühle. Diesen zwei Wehrdienstverweigerern muß man nichts vorpredigen über die Unredlichkeit der Eltern- und Großelterngeneration. Da sind sie vollauf im Bilde.

Sympathisch ist jedoch, wer, wie dieser Junge, seine eigene Standhaftigkeit anzweifelt. Die angeschnittene Frage läßt mich nicht los. Wenn Feigheit das Normale ist und als Kind des Selbsterhaltungstriebs einen neutraleren Namen verdient, etwa den der Vorsicht, dann wäre nur das, was noch *unter* der Feigheit liegt, das aktive Mitmachen, die Fleißaufgaben für die schlechte Sache, zu mißbilligen. Was darf ein menschliches Gewissen wie Ihres von seinem Besitzer erwarten, frage ich ihn. Wo liegen die Grenzen der Feigheit, die man sich zumutet? Töten wegen einer etwaigen Gruppenzugehörigkeit des Gegners, weil er ein Neger, Jude, Schweizer ist? »Gewiß«, sagt er, »wenn ich nicht soviel von mir erwarten kann, hätte ich ja nicht Zivildienst gemacht.« »Das ist schon mehr als ein guter Anfang«, sag ich und denke mir dabei, daß man zwar so was von sich und auch von den eigenen Kindern glauben muß, denn wie könnte man sonst mit sich und seinen Nächsten umgehen? Aber stimmt es?

Kriminalromane erfrischen durch ihren moralischen Realismus, denn in ihnen machen sich alle Gestalten, einfach durch die Tatsache, daß sie auftreten, verdächtig. Nur der Detektiv ist ausgenommen, denn der ist ja die Fee, die alles wiedergutmacht. In der Gewißheit, daß das Problem am Ende gelöst wird, besteht der eingebaute Kitsch dieser Fiktionen, der Grund, warum man sie nur einmal liest. Das Ende enttäuscht mich meistens, der Anfang und die Mitte erheitern mich, weil sie meiner Überzeugung entgegenkommen, daß man nie wissen kann, was einer tun wird. Das halt ich für richtig, auch wenn in der Ausführung die Motive des Täters an den Haaren herbeigezogen sind. Die lebenslängliche Erziehbarkeit der Menschen, und das ist ja, was wir Freiheit nennen und worauf wir uns so viel einbilden, meint einfach, daß man ewig umlernen kann. Also wird niemand fürs ganze Leben erzogen, und man hat nie Gewißheit, wenn man aussagt: »Ich kenn ihn. So und so wird er in solchen Umständen handeln. Das und jenes wird er nicht tun.« Denn der kann es sich immer, zu jeder Zeit, anders überlegen. Wer frei ist, ist unberechenbar, und man kann sich nicht auf ihn verlassen. Wer frei ist, wird gefährlich für andere. Das trifft auf die Menschen eher zu als auf Tiere, die jung aufhören zu lernen, wie der Verhaltensforscher so schön ausgeführt hat. Wenn sie aufhören zu lernen, kann man ihr Verhalten voraussagen, denn sie sind fürs Leben programmiert. Indessen konnte man das Verhalten des Verhaltensforschers nicht voraussagen: Der wurde Nazi und war ein Großordinarius bei denen, und dann wurde er wieder ein vernünftiger Zeitgenosse, mit vertretbaren politischen Ansichten. Allerdings blieb das Böse für ihn immer nur das »sogenannte Böse«, und die Versuchung zum Bösen, die in der menschlichen Freiheit liegt, wollte er nicht wahrhaben, sondern verwechselte sie hartnäckig mit den vorprogrammierten tierischen Aggressionen, die er so gründlich erforscht hatte.

## 4.

Die Zeit unserer Flucht war die Zeit der letzten, schwersten Bombenangriffe. Deutschland war ein geschundenes Land, es war zum geschundenen Schinder geworden. Die großen Städte standen in Flammen. Überall wurde bombardiert, und dazu fielen manchmal Flugblätter, welche die Bevölkerung aufforderten, sich zu ergeben oder den Nazis Widerstand zu leisten. Nichts hätte weniger überzeugen können als diese Sprüche, abgeworfen von den verhaßten, kreischenden, anonymen metallenen Todesmaschinen. Die Leute legten die Blätter achselzukkend und verächtlich beiseite, auch als die wenigsten mehr an den Endsieg durch eine Wunderwaffe glaubten.

Die Alliierten hatten die KZs nicht beschossen, und so hatte ich bisher keine Erfahrung mit dem Tod aus der Luft. Zuerst kümmerte ich mich wenig um die Sirenen: Ich war so überzeugt, daß mich die Amerikaner nicht umbringen würden, wenn es den Deutschen nicht gelungen war, daß ich meistens bei Fliegeralarm nicht in den Keller ging. Das war insofern gerechtfertigt, als der Keller kein Luftschutzkeller, sondern ein Speicher für Kraut, Kartoffel und Äpfel war, und ein Gelaß, wo aus Milch Buttermilch wurde. Angst hatte ich erst, als der Bauer und ich auf dem Kartoffelfeld von Tieffliegern überrascht wurden, die allerdings weiterflogen und uns nicht behelligten. Wir legten uns flach hin, und ich blickte in die Höhe und merkte, daß wir so ungeschützt waren, als stünden wir in unseren Nachthemden und mit ausgebreiteten Armen vor einer Kanone. Da hat mir das Herz minutenlang sehr geklopft, und ich atmete tief auf, als am Himmel wieder nur Wolken zu sehen waren. Den zweiten Schreck bekam ich ab, als bei einem Angriff am hellichten Tag die Fensterscheiben klirrend in unser Zimmer fielen. Da sind wir doch eilig hinuntergestürzt, denn Sicherheit vor den Glasscherben, wenn auch nicht vor den Bomben, bot der Keller allemal.

Ich kenne Todesangst nur als eine Art Kinderkrankheit und nur im akuten Stadium; wie hohes Fieber oder wie ich mir einen epileptischen Anfall vorstelle. Ihre schleichende Variante, also die Auflehnung gegen die Grenzen des Lebens an sich, die Furcht, irgendwann ausgelöscht zu sein, habe ich nie am eigenen Leib, oder vielmehr in der eigenen Psyche, erfahren, sondern nur die plötzliche Attacke, in einer realen Gefahr, wie komm ich jetzt, heute oder meinetwegen übermorgen, mit dem Leben davon? Gefahr allein löst diesen Zustand nicht aus, es muß Gefahr in einer Falle sein, aus der man nicht heraus kann, wo die zwei natürlichen Reaktionen auf Gefahr, Flucht oder Abwehr, nicht verfügbar sind. Stillsitzen, Nichtstun in Lebensgefahr, das ist es, was einen verrückt machen kann. Diese Angst hatte ich im Vernichtungslager und zum zweiten Mal bei einem Bombenangriff auf Straubing, ganz kurz vor Kriegsende.

Wir wohnten zwar am Rand der Stadt, doch an einer Bahnstrecke, was wohl der Grund war, warum dort so oft und so heftig bombardiert wurde. Diesmal waren alle, die sich im Haus befanden, in den Keller gegangen. Die Bäuerin wimmerte leise, der Bauer hockte hinter einem Faß, als könne ihn dieses Objekt schützen. Gelegentlich kam sein Kopf über dem Rand des Fasses zum Vorschein, und wenn er die nächste Bombe fallen hörte, duckte er sich wieder. Bei allem Schrecken fand ich ihn zum Lachen. Komik gedeiht, wie gesagt, bei Gefahr.

Die Bomben schienen uns schließlich direkt auf den Kopf zu fallen. Ich war mehrmals überzeugt, es sei aus, Panik packte mich, ich glaube, ich verlor sekundenlang den Verstand, ich schrie und klammerte mich an meine Mutter, die wieder einmal völlig cool war. Nach der Entwarnung konnte ich es kaum fassen, daß das Haus noch stand. Im Hof war eine Bombe eingeschlagen, kaum zwei, drei Meter weit weg. Der Hühnerstall hatte dran glauben müssen, und die Hühner hatten es nicht überlebt. Ich starrte in dieses riesige Loch von einem Bombenkrater und schwankte zwischen dem Entsetzen darüber, einem so winzigen Zufall das Leben zu verdanken, und dem Triumph, wieder einmal ganz knapp, sozusagen mit der »Haut meiner Zähne«, wie es im Amerikanischen so schön heißt, davongekommen zu sein. Daß der liebe Gott da mitgemischt hätte, glaubte ich Gott sei Dank nicht mehr. Wir zerstreuten uns, gingen unserer Wege und sprachen nicht mehr von dieser Kellerstunde. Gerade über solche extremen Erlebnisse ist ja erstaunlich wenig zu sagen. Menschliches Sprechen ist für anderes erfunden und gemeint.

Und eines Tages waren sie da, die Amis. Das Wetter war schön, es war Frühling geworden, sie hatten die Stadt eingenommen, indem sie mit ihren Panzern und Jeeps voranfuhren, und es hatte keine Schlacht um Straubing gegeben. Der lange Spuk, der mein Leben gewesen war, diese sieben bösen Jahre, seit Hitlers Truppen, auch sie ohne Kampf, in Österreich einmarschierten, war mit einem Mal vorbei. Wir waren am Ziel.

Wir hatten nie weitergeplant als bis zu diesem Moment. Wir drei gingen in das Stadtzentrum, sahen einander verdutzt an, und fragten uns, »Was nun?« Meine Mutter nahm ihr bestes Schulenglisch zusammen, das sich übrigens als gar nicht so übel entpuppte, ging getrost auf den ersten besten amerikanischen Soldaten zu, einen MP (military policeman), der an diesem Straßeneck den Verkehr regelte, und erzählte ihm kurz und bündig, wir seien aus einem KZ entlaufen. Was er antwortete, verstand ich nicht, weil ich noch kein Englisch konnte, aber seine Gebärde war unmißverständlich: Er legte die Hände an beide Ohren und wandte sich ab. Meine Mutter übersetzte. Er hätte nachgerade genug von den Leuten, die behaupteten, sie seien in den Lagern gewesen. Man treffe sie überall an. Wir waren schon wieder welche.

Die Aprilsonne wärmte mir die Haut. Ich konnte von jetzt an kurze Ärmel tragen, und es war egal, ob jemand die KZ-Nummer bemerkte; auch bei meinem richtigen Namen durfte ich mich wieder nennen. Ein unvergeßlicher Tag würde es bleiben, doch ich war froh, daß wir uns schon selbst befreit hatten und von den Siegern nicht mehr viel brauchten, denn für die lang herbeigesehnte und in meiner Phantasie zu einem großen Fest hochstilisierte Stunde der Befreiung war sie etwas spärlich ausgefallen. Hier war mein erster Amerikaner, und der hielt sich die Ohren zu.

Also eines stand fest: nicht unsertwegen war in diesem Krieg gekämpft worden.

# *Bayern*

## 1.

Wofür war in diesem Krieg gekämpft worden? »Nicht für uns«, das war nur die halbe Wahrheit, aber die halbe war es immerhin. Die Sieger haben uns nicht auf Händen getragen, etwa wie verloren geglaubte, wiedergefundene, jubelnd befreite Brüder und Schwestern. Ich zähle einiges auf, das mir in den folgenden Wochen und Monaten über Sieger und Befreite zu Ohren kam.

Ich hörte von jüdischen Frauen, die sich nur mit knapper Not vor den Vergewaltigungsversuchen ihrer russischen Befreier retteten, woraus sich unschwer schließen ließ, daß andere Frauen Pech hatten und am Ende ihrer KZ-Existenz auch dieses weitere Trauma erduldeten. Stalins Truppen waren gar nicht so fein diskriminierend, daß sie nur die Frauen der Schuldigen überfielen. Aus patriarchalischer Sicht sind die Massenvergewaltigungen deutscher Frauen eine Racheaktion gewesen, zwar nicht gerecht, doch im Hinblick auf deutsche Gewalttätigkeit im Osten immerhin verständlich. Vergewaltigung als ein Eingriff in männliche Eigentumsrechte, etwa im Sinne von: »Dem Onkel ist leider die Tante vergewaltigt worden«, vielleicht sogar mit einem, den Männerrivalitäten entsprungenen, heimlichen Vorbehalt: »Recht ist ihm geschehn, dem Dreckskerl, der er ist.« Und die so verdinglichten Frauen verstummen. Über einen Gewaltakt, der auch »Schändung« heißt, schweigt man am besten. Die Sprache dient den Männern, indem sie die Scham des Opfers in den Dienst des Täters stellt. Die Gefolterten und die Vergewaltigten haben dies gemeinsam, daß die Zeit nicht wegspült, was ihnen geschehen ist, und daß sie sich, anders als diejenigen, die durch Unfall oder Krankheit gelitten haben, ihr Leben lang mit dem an ihnen Verübten abgeben, um damit zu Rande zu kommen. Es ist schon wichtig, ob die Qualen, die fast jeder Mensch im Lauf der Jahre auszustehen hat, zufällig oder zugefügt sind. Die Kriege gehören den Männern, selbst als Kriegsopfer gehören sie ihnen.

Und ich hörte von Menschen, die nach der Befreiung aus den KZs starben, weil keine Krankenbehandlung für sie vorgesehen war, oder auch weil man den Verhungernden schweres, sättigendes und daher für sie unverdauliches Zeug zu essen gegeben hatte, aus plan- und gedankenloser Sentimentalität. Man hat über die eigentlichen Opfer oft hinweggesehen und sich mit einer Entrüstung begnügt, die durchs Photographieren zu befriedigen war.

Überhaupt das Photographieren, dieser sublimierte Voyeurismus, verdrängte Lüsternheit der Sieger, der auch die Nazis frönten, als sie allen Verboten zum Trotz ihre Kameras in die Lager und zu Massenhinrichtungen mitnahmen. Es gibt einen britischen Dokumentarfilm über die Befreiung eines KZs, wo die Engländer genüßlich nackte junge Frauen beim Duschen drehten. Angeblicher Zweck der Szene: die Reinlichkeit der Jüdinnen zu dokumentieren, die die Deutschen abgestritten hätten. Dünnster Schleier über visueller Ausbeutung: Als ob Frauen, die sich viel waschen, eher verdienen ungemordet zu bleiben als solche, die es selten tun. Als ich in Straubing einmal ohne Ausweis nach der Sperrstunde auf der Straße war, mußte ich zur Strafe zur gynäkologischen Untersuchung gehen. Ein gleichaltriger Bekannter hat mir berichtet, daß er und andere junge Männer nach der Befreiung im Lager die Hosen für die Engländer herunterlassen mußten, damit die sich vergewissern konnten, daß die Gefangenen auch wirklich Juden seien.

Und ich sprach mit polnischen Juden, die nach dem KZ in ihre Geburtsstädte zurückgekehrt waren und von polnischen Christen, die sich wünschten, die Nazis hätten gründlicher mit den Juden aufgeräumt, unter Drohungen wieder vertrieben wurden. Straubing, eine deutsche Stadt und somit eine unerwünschte Adresse, war zumindest nicht lebensgefährlich.

Und ich las in der Zeitung von jugendlichen Überlebenden, die von den Amerikanern zu einer längeren Gefängnisstrafe verurteilt wurden, weil sie Obst aus einem privaten Garten geklaut hatten. Man hat diese Kinder wie Vorbestrafte behandelt, als seien sie im KZ gewesen, weil sie tatsächlich etwas verbrochen hatten. Daran dachte ich, als ich nach dem Wirtschaftswunder bei einer wohlhabenden Kölner Arztfamilie eine große alte Amphore stehen sah. Die haben wir selbst aus dem Wasser geholt, sagten die Besitzer stolz, als wir in Jugoslawien Urlaub machten. Aber die gehört doch den Jugoslawen, wendete ich betreten ein. Darauf das vergnügte Ehepaar, ja, darum haben wir sie ja auch herausschmuggeln müssen. Und sprachen dann behaglich vom Kohlenstehlen in der Nachkriegszeit, dazu ein herrlicher Jugendstreich, wo ein ganzer Lastwagen organisiert wurde. Ich erzähle meine Anekdote von den Obstdieben. Die wird kühl abgelehnt, die Amerikaner hatten recht, Ordnung muß sein.

Und ich hatte Freunde, die die Todesmärsche erlebt hatten und von alliierten Tieffliegern beschossen wurden, obwohl gerade Tiefflieger hätten sehen müssen, daß hier nicht die Feinde, sondern die erschöpften, verhungerten Opfer der Feinde die Straße entlang, von einem KZ ins andere, geschleppt wurden. Oder hatte niemand die Piloten informiert, daß es uns gab?

Über die Mentalität dieser Tiefflieger erfuhr ich mehr als jungverheiratete Frau in Amerika. Wir waren eingeladen bei Veteranen, Kameraden meines Mannes, der im Krieg Fallschirmjäger gewesen war. Da erzählte ein solcher Tiefflieger, der einstigen Machtausübung wohlig gedenkend, wie er einem verzweifelten Menschen das Leben ließ, weil der es sich durch hartnäckiges Hin- und Herlaufen zwischen Straße und Straßengraben »verdient« hatte. Der Flieger hatte ihn wie einen Hasen gejagt, es endlich lachend und »bewundernd« aufgegeben, und behauptete, er habe dem Verschonten noch zum Abschied mit den Flügeln seiner Maschine gewinkt. Diesem fröhlichen Amerikaner fiel es nicht ein, daß der Deutsche sich in dem Moment in einer ziemlich anderen Gemütsverfassung befand als der, der sicher im Flugzeug saß und die Wahl zwischen Töten und Nichttöten hatte; daß der Gejagte dieses Flügelwinken, wenn er es überhaupt bemerkte, nicht als ein kameradschaftliches Kompliment aufgefaßt haben wird. Ich konnte mir das nicht anhören und warf ein, man dürfe doch so nicht mit einem Menschenleben umspringen; ich widersprach ihm nicht aus Liebe zu den Deutschen, sondern weil dieser Mann nicht wußte, wie man vergleicht, weil er Spieler und Gegenspieler sah, wo er Jäger und Gehetzte hätte sehen sollen. Kann ja gut sein, daß die Rollen vertauschbar gewesen wären, daß die beiden sich dem Charakter nach nicht so unähnlich waren, daß der Geschundene auch Schinder hätte sein können und irgendwann auch gewesen ist, das weiß ich alles nicht. In dem Moment, von dem ich weiß, waren sie ein Täter und ein Opfer, der eine ausgeliefert an die Willkür des anderen. Der Sprecher ist verstimmt, auf ernsthafte Einwände war er nicht gefaßt, mir geht auf, daß Frauen in diesem Kreis nur geduldet sind, wenn sie den Mund halten. Auch mein Mann, mit dem ich kaum ein Jahr verheiratet bin, ärgert sich über seine vorlaute Frau.

Tatsächlich konnte man damals in Straubing den Eindruck gewinnen, daß die meisten amerikanischen Soldaten, mit Ausnahme der jüdischen, recht diffuse Vorstellungen hatten, warum, wofür und wogegen sie bewaffnet ausgezogen waren. Wir hatten Glück: Straubing bekam einen jüdischen Kommandanten, und meine Mutter bekam eine Stelle bei der Militärregierung, wo sie vor allem mit der Versorgung von DPs in Straubing und Umgebung zu tun hatte.

Das Kürzel bedeutete »displaced persons«, also die Befreiten, einst Verschleppten, die entweder zurück nach Hause oder, heimatlos wie wir, auswandern wollten. Wir waren die ersten DPs in Straubing gewesen, kein Wunder, da wir schon dort waren, bevor diese Bezeichnung auf uns angewendet werden konnte. Nach und nach kamen die anderen, von den Landstraßen oder aus Verstecken, Todesmärschen und den befreiten KZs, in die Städte, sofern sie nicht in DP-Lager aufgenommen wurden. Fast keiner war über dreißig, und die meisten waren Juden. Jeder hatte seine eigene abenteuerliche Leidens- und Überlebensgeschichte. Die Militärregierung gab ihnen Quartier, die Amerikaner, dann die Vereinten Nationen, versorgten sie.

In der deutschen Bevölkerung war der Judenhaß unterschwellig geworden, brodelte aber weiter, wie ein Ragout in einem Kochtopf guter Qualität eine Weile weiterbrodelt und warm bleibt, nachdem die Herdflamme längst abgedreht wurde. Wie hätte es anders sein können? Die Überlebenden erinnerten durch ihr bloßes Dasein an das Vergangene und Begangene. Vielleicht fürchtete man, die Mißhandelten könnten sich rächen, oder man dachte, wir seien wie die geschlagenen, und daher bissigen, Hunde fürs Zusammensein mit Menschen untauglich geworden. Wer draußen in der Freiheit gewesen war, glaubte leicht und ohne sich viel Rechenschaft darüber zu geben, nur Kriminelle hätten die KZs überlebt; oder diejenigen, die dort kriminalisiert worden seien. Was wiederum im Widerspruch stand zu der hartnäckigen und ebenfalls weit verbreiteten Überzeugung, die KZs seien nicht so schlimm gewesen, dafür seien wir, die sie überstanden hatten, der beste Beweis.

Ehre den Toten, den Lebenden eher Mißtrauen.

## 2.

Die erste Wohnung, die uns von der Militärregierung zugeteilt wurde, war ein ganzes luxuriöses Haus, das angeblich einem hohen Nazifunktionär gehörte. In diesem Haus zu wohnen, war traumhaft und unwirklich, dieser plötzliche Umschlag von Not und Gewalt zu tiefem Frieden in einem warmen blühenden Sommer mit Garten und schönen Büchern. Einen Sinn für Eigentum habe ich nicht dabei entwickelt, sondern nur ein Gefühl von provisorischer Benutzung. Ich rechnete mit einer baldigen Auswanderung. Haltlos und provisorisch und dann auch wieder in Ruhe verzaubert erschien mir das Leben im frühen Frieden von 1945. Ditha und ich lernten radeln und schwammen in der Donau. Die Strömung trieb uns flußabwärts, wir liefen am sonnigen Ufer zurück und applaudierten den Burschen unserer kleinen provisorischen jüdischen Gemeinde, die uns zu imponieren suchten, indem sie keuchend eine Strecke flußaufwärts schwammen. Wir lernten uns alle kennen in dem langen Atemholen des ersten Nachkriegssommers.

In den DP-Lagern ging es im Kontrast hektischer, unruhiger zu. Das nächste war Deggendorf, wo Ditha gern hinging, weil man dort tanzen konnte, während es mich deprimierte, einfach weil es wieder ein Lager war. Ich fragte mich ernsthaft, wie ich es eigentlich in einem Kibbuz aushalten würde, mit meiner Abneigung gegen Massenquartiere, ich würde in Erez Israel in einer Stadt wohnen müssen, was nicht völlig dem Ideal entsprach.

Natürlich waren die Einheimischen keineswegs

erbaut davon, daß die Besatzungstruppen ihre Wohnungen beschlagnahmten. Schlimm genug, wenn die Eroberer diese Wohnungen und Häuser für sich selbst in Anspruch nahmen, doch damit mußte man sich abfinden, da sie ja nun gesiegt hatten; daß sie außerdem rechtmäßigen Besitz an hergelaufene Vagabunden weitergaben, überstieg hingegen das Annehmbare.

Eine Göttinger Freundin erinnert sich an das Haus in Polen, in das sie während der Nazizeit, aus dem Baltikum kommend, als Kind einzog. Da stand das Geschirr noch auf dem Tisch, so schnell hatten die polnischen Bewohner ihr Eigentum verlassen müssen, und die Katzen liefen vor Hunger miauend ums Haus, weil ihre Leute erst seit zwei, drei Tagen weg waren. Es waren diese Teller auf dem Tisch, sagt die Göttinger Freundin, die ihre Großmutter entsetzten, weil sie ihr die Augen öffneten für die Ansprüche anderer, die auch von Tellern aßen.

Der Besitzer des Hauses, in dem wir zuerst wohnten, hat es bald zurückbekommen, wohl weil es ihm gelang, nachzuweisen, er sei kein echter Nazi gewesen. Ob es sich bei diesen Beschlagnahmungen immer nur um Naziwohnungen handelte? Für die Unschuld der kurzerhand Ausquartierten würde ich ebensowenig meine Hand ins Feuer legen wie für ihre Schuld. Mir war es egal, wo wir wohnten, solang es in keinem Lager war. Wir zogen näher zur Stadtmitte.

Ein paar junge polnische Juden, die ich ganz gut kannte und die eine besonders sorgfältig eingerichtete Wohnung bekommen hatten, fanden dort Gegenstände, die nur aus einer Synagoge stammen konnten. Darauf schlugen sie mit Vorbedacht, was sie nicht brauchen konnten, kurz und klein. Ich billigte das nicht, denn es war ja nachgerade genug zerstört worden, doch mußte ich zugeben, daß die Gründe für Vandalismus, wenn überhaupt, ganz gut waren, in dieser vornehmen, vom Synagogenraub bereicherten Wohnung.

Eines Tages war ich mit meinem Fahrrad auf dem Weg zu den Büros der Militärregierung, um meine Mutter abzuholen, als ein Fremder mich packte, vom Rad riß und mich beschimpfte. Erschrocken glaubte ich zunächst, es handle sich um das Fahrrad selbst, das ja auch konfisziert und mir zugeteilt worden war. Und da ich das Fahrrad schätzte, konnte ich mir denken, daß sein früherer Besitzer es noch höher schätzte. Mein Angreifer jedoch, ein alter, hagerer Mann mit dem gepflegten bayrischen Akzent der gehobenen Mittelschicht, schleuderte das Rad beiseite, in die Büsche, woraus sich folgern ließ, daß er aus anderen Gründen vor Zorn zitterte. Ich versuchte mich loszureißen, was nicht gelang, ich zerrte und schrie. Er: »Du kommst mit«, wohin, war unklar. Da bog meine Mutter, wie gerufen, um die Ecke. Ein Blick, und sie stürzt sich, eine feuersprühende Furie, auf den Mann: Gegen ihre schäumende Wut ist die seine ein Waisenkind, hinter ihren Beschimpfungen steht die Empörung über Mörder, hinter seinen nur die über Rausschmiß und Einquartierung. Zudem hatten *ihre* Drohungen die Autorität der Siegermächte hinter sich.

Es stellte sich heraus, daß der Mann mich mit den DPs gesehen hatte, die ihm die Wohnung verschandelten, daß er meinte, daß auch ich da wohne, oder zumindest jederzeit dort Eintritt hätte, und daß er mich für mitverantwortlich hielt. Er wollte mich also zwingen, ihm zu seiner alten Wohnung zu folgen und sie ihm zu öffnen. Natürlich hätte ich das nicht gekonnt. Seine Altmännerphantasie, so folgerte ich, gaukelte ihm da offenbar Orgien vor, in denen ich mit den brüderlichen älteren Freunden in seiner Behausung eine Hauptrolle spielte, und mir taten nachher seine kaputten Sachen nicht mehr leid. Gerade die kleinste und schwächste unter dem Judenvolk war ihm gelegen gekommen. Nur mit meiner Mutter hatte er nicht gerechnet.

Wir waren verhaßt, Parasiten einer verjudeten Militärregierung.

## 3.

Zeitungen, wie alles andere, gab es im Sommer 1945 nicht in Hülle und Fülle, und sie bestanden aus nur wenigen Blättern. Ich las Zeitung, wenn ich eine auftreiben konnte, verfolgte die Kriegsnachrichten – die Amerikaner kämpften ja noch im Pazifik – und die ersten offiziellen Informationen über die KZs. Ich beschloß, meine beiden Auschwitz-Gedichte an die Zeitung zu senden. Ich schrieb sie sorgfältig ab, acht Strophen das eine, vier Strophen das andere, und legte einen Begleitbrief dazu, in dem ich meine Verse sozusagen als authentisch erklärte, die Umstände ihrer Komposition beschrieb, mein Alter angab und großspurig feststellte, ich hätte in meinem kurzen Leben mehr erlebt als andere, die weit älter seien. Die Antwort blieb aus. Ich war enttäuscht, nach einigen

Wochen verging meine Enttäuschung, und als ich mir die Sache schon aus dem Kopf geschlagen hatte, sagte mir ein Bekannter, »Du stehst in der Zeitung«, und gab mir eine Adresse, wo ich mir ein Exemplar besorgen könne.

Der Garten, vor dem ich, braungebrannt und im Sommerkleid, vom Fahrrad sprang, gehörte einem der Einheimischen, deren Gesichter versteinerten, wenn sie einen Juden sahen. Mit der Freude einer frischgedruckten Autorin bat ich ihn um das Blatt. »Haben Sie …? Ich bin nämlich …« Er gab mir einen langen Blick (»Also Sie sind …«), in dem zu lesen stand, daß mein jetziges Aussehen und meine angeblichen Erlebnisse einander widerspächen. Dann warf er mir die Zeitung so hin. »Können Sie behalten.« Es klang nicht so sehr nach Geschenk, eher, als wollte er etwas Anrüchiges aus dem Haus entfernen.

Statt einer bescheidenen Spalte fand ich eine halbe Seite, die von mir handelte. In der Mitte die Photographie eines Stücks meines Begleitbriefes, den man vorerst sorgfältig zerrissen hatte, so daß die unregelmäßigen Ränder, zusammen mit der ungeübten Kinderhandschrift einer, die nicht viel in der Schule gewesen war, den Eindruck einer Art Flaschenpost erwecken konnten. Dazu eine Zeichnung, ein verlumptes, verschrecktes Kind darstellend, das zu allem Übel noch zufällig eine gewisse Ähnlichkeit mit mir aufwies. Nur zwei Strophen meiner Gedichte standen da, und die waren eingebettet in einen weinerlichen, händeringenden Text, Mitleid heischend vom kinderliebenden Publikum. Da verstand ich die Reaktion meines Zeitungsspenders.

Ich hatte mir vorgestellt, wenn man so ein Manuskript einschickt, bekommt man eine höfliche Antwort, sogar wenn es nicht gedruckt wird. Und wenn es ja gedruckt wird, so kriegt man womöglich ein paar Mark Bezahlung, und man sollte nicht durch die halbe Stadt radeln müssen, um ein Belegexemplar aufzutreiben. Daß sich die Redaktion auch nachher nicht mit mir in Verbindung gesetzt hatte, empörte mich besonders, denn es widersprach den Gefühlsergüssen des Zeitungsmenschen, der den rührseligen Brei gekocht hatte, und dem ich ja so wurscht war, daß er sich gar nicht an mich wandte, nicht fragte, wie es mir gehe, ob ich vielleicht noch anderes geschrieben hätte. Ich wollte ja als eine junge Lyrikerin gelten, die im Lager gewesen war, nicht als das Umgekehrte, das KZ-Kind, das Verse geschrieben hatte.

Danach wollte ich meine gedruckten Gedichte so schnell wie möglich ins Vergessen geraten lassen, doch ich war für einige Wochen unter den DPs eine kleine Lokalberühmtheit geworden, wenn ich mich auch noch so genierte. Die »Politischen« unter den ehemaligen Inhaftierten wollten mich zum Maskottchen machen. Ich sollte meine Gedichte öffentlich rezitieren, während ich mir Vorwürfe machte, sie eingesandt, fast sogar, sie verfaßt zu haben.

Diese Episode ist ein Stück aus den Anfängen der Vergangenheitsbewältigung, die damals noch nicht so hieß. Über die Geschichte der sogenannten »jüngsten Vergangenheit« (die mit den Jahren nicht älter zu werden scheint und daher irgendwie so zeitlos ist wie das Jüngste Gericht) ist so viel geforscht und geschrieben worden, daß wir sie langsam zu kennen meinen, während die Geschichte der Vergangenheitsbewältigung noch aussteht. Statt dessen gibt es Vorwürfe und Gegenvorwürfe, an denen auch ich fleißig teilnehme, wie der vorliegende Text zur Genüge beweist.

Da sag ich etwa: Ihr redet über mein Leben, aber ihr redet über mich hinweg, ihr macht so, als meintet ihr mich, doch meint ihr eben nichts als das eigene Gefühl.

Liebe Leserin, Bücher wie dieses hier werden in Rezensionen oft »erschütternd« genannt. Der Ausdruck bietet, ja, er biedert sich an. Ein Rezensent, der so über meine Erinnerungen schreibt, hat nicht bis hierher gelesen.

Es gibt ein Nachspiel zu dieser Geschichte meiner ersten Veröffentlichung. Etwa vierzehn Jahre später kamen meine verstümmelten und von ihrer Verfasserin verworfenen Verse an die Türe meines kalifornischen Hauses, wie verstoßene, doch hartnäckige Kinder auf der Suche nach ihrer Mutter. Ein fleißiger Sammler hatte sie aufgestöbert und in einem schön gedruckten Band, betitelt *An den Wind geschrieben,* mit anderen KZ- und Exilgedichten herausgegeben. Wieder hatte jemand etwas von mir gedruckt, ohne mich zu fragen, obwohl diesmal die Entschuldigung bestand, daß ich nicht so leicht zu finden war. Seither geistern sie hier und da durch eine deutsche Schulklasse, noch ein zweites Mal, wieder ohne mein Wissen, nachgedruckt in einem Band namens *Welch Wort in die Kälte gerufen.*

Noch mehr des Nachspiels. In Berkeley lernte ich Anfang der 60er Jahre einen prominenten Germanisten kennen, dadurch, daß seine Exil-Gedichte in demselben Band standen. Auf seine Empfehlung hin bot das German Department mir, einer geschiedenen Bibliothekarin mit zwei kleinen Kindern, also kein gutes Risiko für eine Hochschulkarriere, eine Assistentenstelle an, falls ich Lust hätte, noch zu promovieren. So bin ich über meine Auschwitz-Gedichte zur Auslandsgermanistin geworden. Wenn ich schlecht gelaunt bin, ist mir das nicht recht, denn ich werde den Verdacht nicht los, daß dieser Beruf für eine wie mich eine Charakterlosigkeit ist. Als wäre ich dadurch in die Schuld der Deutschen geraten. Dann sage ich mir wieder, mit der eigentümlichen Logik, die nur unserem unverläßlichsten geistigen Organ, dem Gewissen, zugänglich ist, daß ich andererseits keinen Antrag auf »Wiedergutmachung« gestellt habe, auf die Entschädigungsgelder, die die Bundesregierung in den 60er Jahren gezahlt hat. Das befriedigt mich. Merkwürdiges Soll und Haben, Aufrechnung, Abrechnung. Ich bin den Deutschen nichts schuldig, sage ich mir dann, sie eher mir. Denn sinngemäß hätte ich ja mein verspätetes Germanistikstudium durch einen solchen Zuschuß mitfinanzieren können. Es ist auch so gegangen. Wenn ich gut gelaunt bin, sehe ich eine poetische Richtigkeit, wenn nicht Gerechtigkeit, darin, daß gerade von diesen Gedichten der Weg zu meinem passend-unpassenden Beruf geführt hat. Daß sich da ein Ring geschlossen hat.

## 4.

Im Kreis der Überlebenden überbot man sich entweder mit Leidens- und Schreckensgeschichten oder man wollte »das alles« hinter sich lassen, um sich die Zukunft zu konzentrieren. Entweder setzte man seinen Stolz darein, mehr als andere »durchgemacht«, »mitgemacht« zu haben oder man wollte sein Leben nicht im Nachdenken über diese Sauerei, die einem zugestoßen war, verbringen. Die DPs, die sich der Vergangenheit nicht entziehen konnten, schienen mir Gestrige, ungesund. (»Bitte, hört auf, reden wir über was anderes. Ich möcht endlich anfangen zu leben, wie man im Frieden halt lebt.«) Andererseits interessierte mich noch immer brennend, was da eigentlich geschehen war. Ich war neugierig, wie immer. Ich entzog mich, und ich entzog mich nicht, in wechselnder Reihenfolge.

Ich las, so regelmäßig es ging, über die Nürnberger Prozesse, Nachrichten, die unsere deutschen Nachbarn mit Abscheu behandelten, als seien die Ermittlungen und die Berichterstatter die Schuldigen, und wer nichts wissen wollte, reinen Herzens. Es gab keine Auseinandersetzung mit den Verbrechen, die hier zum ersten Mal dokumentiert und verbürgt vor die Öffentlichkeit gelangten, sondern eher zynisches Beiseiteschieben. Der Prozeß galt als eine gezielte Erniedrigung Deutschlands, nichts anderes. Krieg sei eben Krieg. Die Auseinandersetzung kam wohl erst mit den späteren Auschwitz-Prozessen in Frankfurt, als Deutsche vor Deutschen, nicht vor Ausländern, vor Gericht standen.

Mir dämmerte es langsam, daß der Bruder und der Vater unter den sechs Millionen ermordeter Juden waren. (»6 Millionen Menschen« sagte man gern, denn man war ja nicht mehr antisemitisch und bereit zuzugeben, daß auch Juden Menschen sind. Eine solche Verdrängung des Spezifischen, indem man es dem »Allgemein-Menschlichen« beimischt, wurde später nur in den sozialistischen Ländern gepflegt, dort um so nachdrücklicher.) Solang es ging, schlich ich mich irgendwie vorbei an diesen Zusammenhängen zwischen dem, was in der Zeitung stand, und meinen Privatangelegenheiten, so daß die Vorfreude, die Männer in der Familie wiederzusehen, sich in eine allmählich um sich greifende Enttäuschung verwandelte, ähnlich wie das Warten auf die Ausreisebewilligung in der Zeit vor den Lagern. Ein Gefühl von Ungeduld, von Kränkung ging der eigentlichen Erkenntnis voraus: Ich nahm es ihnen übel, daß sie noch immer nicht zur Stelle waren, hatte ich nicht lang genug ausgehalten? Wartet man denn immer umsonst? Einen jungen Hund hab ich damals aus Versehen vergast. Er schlief in der Küche, ich hörte ihn in der Nacht jaulen und bin nicht aufgestanden. Das Gas war an. Tagelange Selbstvorwürfe.

Seit ich sechzehn bin, lebe ich in Amerika. Im April 1945 konnte ich nicht wissen, daß ich noch zweieinhalb Jahre dort, wo ich war, nämlich in Bayern, verbringen sollte. Die alte Geschichte: Wo war ein Land, das bereit war, uns aufzunehmen? Die USA hatten einen Wust von Bestimmungen und Quoten, der sich jeder vernünftigen Analyse entzog. Doch ich wollte ja gar nicht nach Amerika. Ich mochte die Amis nicht besonders: Daß ihr Entnazifizierungsprogramm korrupt und inkompetent war, konnte auch eine Vierzehnjährige mit bloßem Auge sehen. Und sie wurden mir nicht sympathischer dadurch, daß sie es geschafft hatten, die deutsche Jugend auf ihre Spiele, ihre Filme und ihren Kaugummi zu fixieren.

Ich wollte nach »Erez Israel«, nach Palästina, um dort einen gerechten, das heißt einen sozialistischen und jüdischen Staat aufbauen zu helfen. In Palästina saßen jedoch die Briten und waren, betreffs jüdischer Einwanderer, so stur wie je.

Am Ende hat meine Mutter die Entscheidung getroffen, ohne mich viel zu fragen. Nach Palästina hätten wir via Italien, zwar auf illegalem Wege, aber ziemlich schnell, kommen können. Meine Mutter sah nur das Risiko. Wenn das Schiff den Engländern in die Hände fiel, müßten wir nach Zypern und dort in einem weiteren Lager herumsitzen. Danach sei ihr nicht zumute. Ich kann ihr das heute kaum verdenken und verstand es auch damals, war auch nicht gerade verwöhnt mit Erfüllung meiner Wünsche, aber ein harter Schlag war es trotzdem. Sie hatte es ganz gut bei den Amis und dachte wohl, es würde ihr auch in Amerika gut gehen. Ich tröstete mich mit der Überlegung, daß ich auch von Amerika nach Erez Israel fahren könne und daß die Hauptsache war, überhaupt wegzukommen. Ich hatte warten gelernt, aber ich übte das Gelernte nur mit Ungeduld. Durch die Verzögerung und gleichzeitig mit der Ungeduld wuchs unbeabsichtigt und ungewollt eine zunehmende Verbundenheit mit Deutschland, deutscher Sprache, deutschen Büchern, auch mit deutschen Menschen. In unserer Wohnung hatte schließlich noch eine deutsche Familie neben uns Platz gefunden, und einige der alten Straubinger Bekannten haben uns sogar noch in New York besucht.

## 5.

Im Herbst 1945 stellte sich die Frage nach einer Schule. Ich war nie in eine Mittelschule gegangen und hatte ja nicht einmal die Grund- oder Volksschule absolviert. Dem Wissen und der systematischen Ausbildung nach hätte ich mit jüngeren Kindern lernen müssen, denn ich konnte weniger als meine Altersgenossen, doch den Kriegserlebnissen nach gehörte ich zu der älteren Generation. Ich hätte in keine Schulklasse gepaßt, und in eine deutsche schon gar nicht.

Also nahm ich Privatstunden in den verschiedenen Fächern, die man lernt, wenn man in die Schule geht. Das hab ich ganz gern gemacht, denn ich wollte so viel lernen und wissen wie möglich, um wegzukommen von dem, was ich tatsächlich wußte, aber eine Erleuchtung war es kaum. Ich lernte ein wenig Latein, Mathematik, ein wenig Englisch, ein wenig Geschichte des Altertums und des Mittelalters. Die Lehrer kamen entweder ins Haus oder ich ging zu ihnen, meine Mutter zahlte offiziell mit wertlosem Geld, inoffiziell mit kostbaren amerikanischen Zigaretten. Sie hatte keinen Respekt vor Schulwissen, aber große Achtung vor dem Studium. Ditha machte zuerst mit, dann war sie die erste von uns, die nach Amerika auswandern konnte, nachdem ein Onkel in St. Louis sie gefunden hatte.

Doch Olga, meine beste Freundin aus Theresienstadt, lernte eine Zeitlang mit mir. Ihr Vater, der Mathematiker mit den krausen Haaren und den Geschichten über die Erdgöttin Hertha, war umgekommen. Als wir erfuhren, daß Olga noch am Leben war, hat meine Mutter sie nach Straubing eingeladen, bei uns zu wohnen. Ich war glücklich, sie wiederzuhaben. Meine Mutter lud jeden ein, war gut zu jedem. Es war die Zeit, in der ich sie am meisten geliebt und auch verehrt habe, damals, als sie willig war, alles zu teilen und ich sie mit anderen teilen durfte. Allerdings war es auch eine Zeit, in der ich nicht viel mit ihr zusammen war. Sie hatte jetzt eine Stelle in Regensburg bei der UNRRA, der *United Nations Relief and Rehabilitation Administration,* also der Organisation, die für die »displaced persons« zuständig war. Da half sie Kontakte zwischen versprengten Familien herstellen, trug eine grüne Uniform, sah frisch und gesund aus und kam nur an Wochenenden nach Straubing.

Die Hauslehrer waren mein Hauptkontakt zum nicht-jüdischen Deutschland. Sie waren eine gemischte Gruppe: teils ältere Gymnasiallehrer, teils junge Männer, die Studenten gewesen waren oder es werden wollten. Der erste, ein pensionierter Herr, zuständig für Latein und Geschichte, hat die anderen gefunden. Mein Lateinlehrer war ein konservativer Bayer, der das Altertum liebte, eine Neigung, die ich zwar nicht ganz verstand, die aber trotzdem ein wenig auf mich abfärbte, weil ich ihn mochte, mit seiner väterlichen Art, und ihn sicher überschätzte, weil er als einziger manchmal Fragen zu unseren Kriegsjahren stellte. Vielleicht war der Lateinlehrer in der Partei gewesen, der Englischlehrer gab seine Mitgliedschaft ohne Umschweife zu. Daß sie überzeugte Nazis gewesen wären, stritten sie alle ab, und mir war diese Frage zu abstrakt. Ich hatte ja nicht im eigentlichen Nazideutschland, sondern unter den verfolgten Juden gelebt.

Es mußte schon dicker kommen, bevor ich mich ärgerte: Ein Mathematiklehrer, ein Flüchtling aus dem Osten, sagte einmal, die Amerikaner hätten sich nicht in den Krieg einmischen und die Deutschen daran hindern sollen, die Russen zu besiegen. Ich versuchte ein Gegenargument, es gelang mir nicht recht, ich kam nach Hause, schlug Türen krachend zu und tobte, daß da einer mir ins Gesicht gesagt habe, die Nazis hätten einen gerechten Krieg geführt. Wenn er solche Ansichten hege, solle er sie zumindest Juden gegenüber nicht äußern. Der hat mir nur wenig Mathe beigebracht, wie meine Wiener Englischlehrerin, die Nazisympathisantin, mir kein Englisch beibringen konnte.

Ich lernte Diskriminierung gegen Frauen kennen, Hohn und Herablassung. Das war mir neu, da ich bisher unter Frauen gelebt hatte. Ein Referendar, Kriegsveteran, äußerte sich über Disziplinprobleme an der Schule. Die Jungen könne man »bei ihrer Ehre packen«, bei den Mädchen sei das schwieriger, denn die hätten keine. (Der war auch mein Lehrer, und ich weiß nicht einmal mehr, welches Fach der unterrichtete.)

Nach einem Jahr dieses Privatunterrichts bestand ich eine Art Notabitur am Straubinger Gymnasium im Alter von knapp 15 Jahren. Daß ich es schaffte und daß ich überhaupt zugelassen wurde, habe ich bestimmt nicht meinen Talenten zu verdanken gehabt, obwohl ich mir alle Mühe gab, sondern meiner Mutter und ihrer Verbindung mit den Besatzungsmächten. Sie sprach beim Direktor der Schule vor. Vielleicht hat sie ihn und seine Kollegen mit Zigaretten bestochen, vielleicht hat sie ihn eingeschüchtert mit den Amerikanern, vielleicht hat sie ihn gerührt mit dem Schicksal des armen Häftlingskindes, oder sie hat nur überzeugend dargelegt, daß es der Schule gleichgültig sein könne, ob ich mit einem Straubinger Reifezeugnis nach New York ginge, denn hierbleiben würde ich ja doch nicht.

Im Straubinger Gymnasium dürfte es Streit gegeben haben um meinen Fall. Einer der Lehrer, ein beschädigter Kriegsveteran, war bestimmt dagegen, daß man das Abitur so verschenke. Das war deutlich nach der mündlichen Prüfung, in der ich wohl mehr schwieg als antwortete. Ich hatte Sympathie für eine negative Beurteilung meiner akademischen Fähigkeiten und bildete mir keineswegs ein, ich hätte den Bildungsstand der Durchschnittsabiturienten, vor deren Niveau ich sowieso mehr Respekt hatte, als gerade in diesen Jahren gerechtfertigt war. Aber bei aller Bescheidenheit und allen Minderwertigkeitsgefühlen brauchte ich meinen Abschluß, ob ich ihn verdient hatte oder nicht, denn auf keinen Fall wollte ich noch einmal Schülerin werden, in welchem Land auch immer. Als Kind unter Kindern konnte ich nicht mehr sein. Es war ähnlich wie mit der Wohnung: Ob ich nun ein Recht auf eine Straubinger Wohnung hatte oder nicht, wohnen wollte ich in einer und nicht in einem Lager. Ich habe mir auf dieses dubiose Abitur ohne vorhergehenden Schulbesuch nie etwas eingebildet; doch die paarmal, als es mir nützlich war, habe ich es ohne Bedenken eingesetzt.

## 6.

Olga erwähnte beiläufig, ihr Vater habe vor dem Krieg seine mathematischen Arbeiten an Albert Einstein gesandt und sei über Einsteins kollegiale briefliche Antwort hocherfreut gewesen. Was, sagten wir alle, einschließlich Freunde und Bekannte, dein Vater hat mit Einstein korrespondiert?! Und rieten ihr, an Einstein zu schreiben. Die Adresse wurde ermittelt, und ein Brief nach Princeton abgeschickt. Bald erhielt sie auch eine warme, herzliche Antwort, von Einsteins Sekretärin getippt, aber mit der eigenhändigen Unterschrift des großen Mannes, die wir alle ehrfürchtig zur Kenntnis nahmen, den Brief mit Fingerspitzen haltend. Er erinnere sich noch an ihren Vater. Was könne er für sie tun, sie möge ihn doch um etwas bitten, und sei es auch nur ein Care-Paket. Wir berieten lange. Einstein schien nicht zu wissen, daß wir von den Amerikanern verpflegt wurden und genug zu essen hatten.

Einstein will dir helfen, der hat jede Menge Einfluß. Olga wollte Ärztin werden, schreib ihm, er soll dich an einer amerikanischen Uni unterbringen. Sie zögerte. Was meinst du, einer der berühmtesten Juden der Welt, der wird sich freuen, wenn er für die Tochter eines deutsch-jüdischen Kollegen, die das alles überstanden hat, was tun kann. Sie schrieb ihm einen respektvollen Brief, in den wir alle hineinpfuschten. Lebensmittel bräuchte sie nicht, aber vielleicht könnte er ihr bei der Gestaltung ihrer Zukunftspläne helfen. Diesmal kam die Antwort von der Sekretärin allein, in seinem Auftrag, aber ohne seine Unterschrift. Manche Leute, hieß es da, dächten, daß Herr Einstein einen Zauberstab habe. Den besäße er jedoch nicht. Man ließ Olga nicht undeutlich wissen, sie sei unverschämt gewesen, und wies sie in ihre Schranken zurück. Olga war tagelang wie ein geschlagener Hund. Wir alle hätten sie falsch beraten. Wir entschuldigten uns, wir hätten es gut gemeint. Was müsse er von ihr denken, der Mann, den ihr Vater vor allen anderen bewundert habe. Ich dachte, so bewundernswert ist der nicht, auch wenn er noch so gut rechnen kann. Kurz darauf meldeten sich Verwandte von Olga in Australien, und sie wanderte dahin aus. Ärztin ist sie nicht geworden.

Als ich 35 Jahre später einem Ruf nach Princeton folgte und dort als Professor of German dem Dekan, dem einflußreichen »Dean of Faculty«, selbst ein Physiker und ein Jude, vorgestellt wurde, machte der mich stolz auf seinen schlichten Schreibtisch aufmerksam, denn der sei Einsteins Schreibtisch gewesen. Ich tat beeindruckt, aber dachte mir »Fetischismus« und »Persönlichkeitskult«. Und auf der Straße wies man mir mit ehrfürchtigem Finger Einsteins uralte Sekretärin, die noch in Princeton lebte. Ich dachte: »Die also hat der Olga den Brief geschrieben. Die hat im Namen des großen Mathematikers dem verletzten und daher doppelt verletzbaren Kind des erschlagenen, unbedeutenden Mathematikers eine saftige, transatlantische Ohrfeige versetzt.« Und mir graute vor dieser kleinen, unscheinbaren weißhaarigen Dame, wie ihr und den anderen Unversehrten vor uns, den Überlebenden, gegraut haben mochte.

## 7.

Ditha und Olga schrieben Briefe von fernen Kontinenten, und ich übersiedelte nach Regensburg, wo meine Mutter mit ihren Mitarbeiterinnen, einem buntgewürfelten internationalen Team, in einem großen Haus wohnte. Für Angehörige war da kein Platz. Ich mietete ein helles Zimmer in der Stadt, in einem oberen Stockwerk bei einer freundlichen Vermieterin. Mit meinem Straubinger Abitur konnte ich mich als Studentin an der Philosophisch-Theologischen Hochschule Regensburg für das Sommersemester 1947 einschreiben.

Mein Studienbuch und den Studentenausweis hab ich noch. Die Auswahl an Lehrveranstaltungen war beschränkt, und ich belegte, man glaubt es kaum, Logik und Erkenntnistheorie, Geschichte der mittelalterlichen Philosophie und Weltgeschichte zu Beginn der Neuzeit. Die Fragen, die mich zwangsläufig beschäftigten, waren nicht ein Teil der Philosophie, die da gelesen wurde. Ich saß als Fünfzehnjährige in einem Hörsaal mit älteren Studenten, darunter viele Veteranen und auch einige Juden, und fühlte mich unbehaglich, weil ich so wenig verstand, und auch weil ich die jüngste und noch dazu Jüdin war. Die Dozenten waren fast ausschließlich katholische Geistliche, und es war ja unvermeidlich, daß man sich fragte, wie diese Herren uns noch vor zwei Jahren behandelt hätten. In diesen Hörsälen, schien mir, waren wir geduldet, nicht willkommen, und ich konnte das Gefühl nicht loswerden, daß ich mich hier eingeschlichen hatte. Der Nationalismus gedieh und trieb Blüten. Als der Geschichtsprofessor erwähnte, daß in Polen Kopernikus als ein Pole gilt, scharrte der ganze Hörsaal mit den Füßen, um sich für das Deutschtum des Kopernikus, zu deutsch Nikolaus Kopernigk, einzusetzen. Bei den Juden war die Spannung fühlbar, daß sie sich den Lehrenden, den entlarvten Unterdrückern, als Lernende weiterhin unterordnen mußten. Eine brenzlige Stimmung mit beiderseitiger Aggressivität herrschte zwischen ihnen und den Dozenten. Oder hab ich mir das nur eingeredet, weil ich selber nicht sicher war, was ich hier sollte? Wenn einer der Juden eine Frage stellte, so hörte ich mit den Ohren der Deutschen, daß das Gesagte nicht in die schematische Akademikersprache paßte, in der unterrichtet wurde, und sein Deutsch zu abhängig vom Jiddischen war.

Im heutigen Deutschland sind jiddische Wörter so »in« wie das Zwiebel- und Knoblauchessen, das ja früher auch verpönt war. Während Wilhelm Busch das »Z« in seinem »Naturgeschichtlichen Alphabet« noch mit einem scheußlichen Menschen und einem anmutigen Tier verzierte und darunter schrieb: »Die Zwiebel ist der Juden Speise, / Das Zebra trifft man stellenweise«, gilt es jetzt als spießig, solche vordem artfremden Genüsse auszuschlagen. Ähnlich mit der Sprache: Selbst im Fernsehen gehört es zum philosemitischen guten Ton, Brocken wie »Reibach« für unsauberen Profit einfließen zu lassen. Man sagt mit unbefangenem Lächeln »Ganoven« für Schwindler (in korrektem Jiddisch ist der Ganef eigentlich ein Dieb) oder »Chuzpe« für Unverschämtheit. Mir fällt dabei auf, daß es sich jedesmal um negative Ausdrücke handelt. Nicht verstanden werden in Deutschland hingegen die jiddischen Wörter, die ich am liebsten gebrauche. Diese wären etwa »Naches« für Freude, oft verwendet für das, was man anderen wünscht und gönnt, »Broche« für Segen, »Rachmones« für Mitleid oder »Mitzve«, die gute Tat. Auch »Chuzpe« verwende ich eher im Sinne von vorlaut oder frech, wie etwa »ein chuzpediges Kind«, also in abgeschwächter Form, und nicht für verlogene Politiker oder für Industrielle, die illegale Machenschaften als soziale Marktwirtschaft ausgeben. »Unbetamt« wurde man zu Hause gescholten, wenn man zwei linke Hände hatte. Aber »Tam« war mehr als Anstelligkeit, es ist ein Wort für Anmut, das noch Thomas Mann in diesem Sinne gekannt hat, nicht aber die Bundesbürger. Was die Bundesbürger für schickes Jiddisch halten, ist nicht die zärtliche, intime, geistreiche Sprache des Schtetls, wie sie noch der Nobelpreisträger Isaac Bashevis Singer schrieb, der den deutschen Lesern nur in doppelter Verfremdung, nämlich in Übersetzung aus dem Amerikanischen, zugänglich ist: Euer Jiddisch ist abgeleitet vom Rotwelsch der kleinen Verbrecher.

Damals gab es noch kein schickes Jiddisch.

So sehr ich meine »Studentenbude« genoß, wo ich wahllos Literatur und Geschichte las, so ungenügend kam ich mir aus guten Gründen im Hörsaal vor. Ich langweilte mich und vermochte den scholastischen, aber auch den systematisch-philosophischen Denkstrukturen nichts abzugewinnen. Also war ich doch dümmer, als ich geglaubt oder zumindest gehofft hatte. Da saß ich, mit meinem dumpfen, aber nichtsdestoweniger hartnäckigen Verlangen, daß endlich jemand anfangen solle, mir das zu erklären, was mir an den Jahren meines Lebens als erklärungsbedürftig vorkam, und einer vagen Vorstellung, daß die Philosophie eventuell die Werkzeuge dazu liefern könne, wenn man nur irgendwie an dieses Besteck rankommen könnte. Dagegen vermittelte der Unterricht Abstrakta, die man auf keinen konkreten Nenner bringen konnte, ohne gegen die ewigen Gesetze einer erhabenen Disziplin zu verstoßen. Ich war fehl am Platz, denn ich ließ mich zu leicht von Sinnbildern einerseits, von Tatsachen andererseits ablenken.

Dank mangelnder Vorbildung verstand ich wenig, schrieb mir selten etwas auf und zerriß aus Nervosität mein Schreibpapier in kleine Stücke. Es fiel mir nicht ein, daß diese Gewohnheit unangenehm auffallen könnte, bis mich Christoph darauf ansprach. Ich behauptete, meine Konzentration sei besser, wenn ich nicht schreiben müsse, er dagegen, in seiner milden Art, in der auch heute noch ein Streifen Ironie nahtlos in menschliche Anteilnahme übergeht, es sehe doch sehr nach Unaufmerksamkeit aus, das mögen die Professoren nicht.

Dabei waren wir über einem Bleistift ins Gespräch geraten. Es war in der Geschichtsvorlesung, der einzigen, die mir Spaß machte. Der Dozent, Professor E., war kein bayrischer Geistlicher, sondern ein Flüchtling aus Breslau. Der hatte nicht alle Antworten parat, sondern stellte Fragen, zum Beispiel zum Ausgang des Bauernkriegs und zu Erasmus' Verhalten in der Reformation. Ich wollte mir etwas notieren, da zerbrach mein Bleistift. Nachkriegsware. Von der hinteren Reihe schob mir jemand einen metallenen Stift zu. Da war ein Student, der mir schon aufgefallen war, denn anders als die anderen kam er mit Jacke und Krawatte in den Hörsaal und sah sich jedesmal hochmütig um, bevor er Platz nahm. Daß auch er mich bemerkt hatte, war mir neu und schmeichelte mir. Der beugte sich nun mit eindringlicher Gebärde vor und beschwor mich mit übertriebenem Nachdruck, das Schreibgerät bitte anzunehmen.

Nach der Vorlesung begann das Gespräch mit Christoph, das ein Semester lang nicht abriß. Seither ist es zwar häufig abgerissen, wegen Unterbrechungen, Entfernungen, Mißstimmungen, wesentlichen Meinungsverschiedenheiten. Das wäre normal; ungewöhnlich ist, daß es sich immer wieder zusammenknüpfen läßt. Ich sage »knüpfen« und merke, daß mir kein besseres Bild für diese zähe Freundschaft einfällt als das einer brüchigen, rissigen Schnur, mit Knoten, die man nicht mehr entwirrt ohne Gefahr, das Ding ernstlich zu schädigen. Laß sie sein, diese Knoten, möchte ich dann zu Christophs Frau sagen, wenn sie glättet, was sich nicht glätten läßt, und zu versöhnen sucht, was sich gegen Versöhnung sträubt: Auch das Mißliche, und gerade das, ist ein Teil unserer Geschichte, und nicht nur unserer eigenen.

## 8.

Wie bei allem Alten und durch die Zeit selbstverständlich Gewordenen, das plötzlich erklärt werden will, stolpert man leicht in die Nostalgie. Verliebt war ich eigentlich nicht in Christoph, außer wenn man in den Begriff der Verliebtheit jede Form von wohlwollender Faszination mit Ungleichartigkeiten im anderen Geschlecht miteinbezieht. Dann paßt er, sonst nicht. Die Faszination aber lag vor allem darin, daß ich sozusagen mit dem Bub vom Ferienlager, den ich auf der Fahrt ins Arbeitslager die Fahne schwingen sah – das war noch keine zwei Jahre her –, über die Straße gehen konnte, vertieft in literarische Gespräche. Ich hatte Angst, er könne meine in der Zeitung verunglückten Gedichte zu sehen bekommen und mit Herablassung über sie herziehen. Defensiv war ich bis zur Kratzbürstigkeit.

Die Studenten siezten sich, auch wir siezten einander; unvorstellbar heute, daß zwei Studenten, auf Spaziergängen und bei Theaterbesuchen, sich siezen. Doch war dieses aus jetziger Sicht lächerliche Sie richtig für uns, war angemessen als Kennzeichen der Distanz, und die Distanz wieder als die Marinade, in der diese Freundschaft die Jahre überstanden hat. Erst in den 60er Jahren, als sich in Deutschland alle Welt duzte, fingen auch wir damit an, dann gleich zu dritt, mit Christophs Frau.

Was mir am meisten imponierte und mich gleichzeitig irritierte, war, daß der seine Identität hatte. Der war beheimatet in Deutschland, verwurzelt in einer bestimmten deutschen Landschaft und wurde für mich der Inbegriff des Deutschen. Der wußte, wo und wer er war. Auch heute noch. Großzügig, liebenswürdig zieht er aus, die Fremde zu erobern, und dabei will er nicht mehr von ihr lernen, als ohne Gefährdung der Eigenständigkeit zu machen ist. Aber ist Lernen ohne eine solche Gefährdung richtiges Lernen?

Christoph lieh mir Bücher, die noch Mangelware waren. Er brachte mir Stefan Georges Gedichte, die waren mir zu germanisch, die melkende Urmutter, der auffliegende Aar. Er fand diese Kritik erstaunlich, ich wußte nicht recht, hielt er sie für ungerechtfertigt, irrelevant oder für jüdische Geringschätzung deutscher Art. Dann kam er mit Kafkas Erzählungen, damals noch fast ein Geheimtip. Die verfolgten mich und verschlugen mir die Kritik. In einem der geliehenen Bücher fand ich ein Gedicht von Christoph, in seiner schönen, leserlichen Handschrift. Die erste Strophe:

*Sie kam wie die Sonne ihres Landes*
*Und schenkte meinem Dämmer einen Tag.*
*Ich sah nicht nach dem Saum ihres Gewandes,*
*Auf dem von vielen Fahrten Fremdes lag.*

Ich las dieses Gedicht nicht als Liebeserklärung, sondern erstens als lyrische Übung des Autors, zweitens als Bestätigung des Abstands zwischen uns, also das Gegenteil einer Annäherung. Eigentlich hätte ich ihm gerne etwas über meine »vielen Fahrten« erzählt und seine Äußerungen dazu gehört. Aber es war zu schwer, einen Ansatz zu finden. Er glaubte, ich sei erschrocken, als wir einmal ein Parteiabzeichen am Wegrand fanden: als wäre ich so leicht zu schrecken gewesen! Da war das Material von Professor E.s Vorlesung. Ich kam beharrlich auf Luthers Antisemitismus zu sprechen, ein Dilemma für mich, weil der Protestantismus doch aufgeklärt war, im Vergleich zum Katholizismus, und weil ein protestantischer Pfarrer uns auf der Flucht geholfen hatte, und weil der junge Luther ein genuiner Tatmensch und Held unter den Dichtern und Schreibern war. Wieso dann die judenfeindlichen Tiraden seiner späteren Jahre? Wie war das einzuordnen? Christoph hielt das Thema eher für läppisch. Darauf behauptete ich verärgert, daß, trotz Beteuerungen des Gegenteils, ein Antisemit auch in ihm stecke. Das hat er sich lange gemerkt und wehrte sich dagegen, er habe doch ein starkes Interesse an jüdischem Geistesleben. Ob ich ihm nicht etwas über die Kabbala sagen könne? Da war ich überfragt.

Was ich hier schreibe, vereinfacht. So verschieden waren wir gar nicht. Ich wollte ja auch, daß das Leben weitergehe, wollte nicht, wie Lots Frau, in der Rückschau auf die Totenstadt versteinern. Ich wollte weg von denen, die Ähnliches erlebt hatten wie ich. Christophs Gesellschaft machte es leichter, nicht über das unverständliche Unrecht meiner Herkunft zu sprechen, und gleichzeitig war da der Drang, doch darüber zu sprechen, es miteinzubeziehen in den neuen Anfang. Es war beides, Sowohl/Als-auch, undurchsichtiges Nebelzwielicht, wo die Schwermut ihren Ursprung hat und die Gespenster gedeihen. Wir waren alle beteiligt an der Verdrängung der Vergangenheit, die früheren Häftlinge freilich weniger als die Freigebliebenen, und die früheren Täter am meisten. Uns allen war der Boden unter den Füßen zu heiß, und fast alle haben wir uns auf Neues verlegt, die Altbauten abgerissen und oft nichts Besseres an ihre Stelle gesetzt. (Das Bild ist mehr als Metapher: Die alten Gebäude waren erinnerungsträchtig.) Vielleicht ist es eilfertig, pauschal zu urteilen, das sei nur falsch und feig gewesen. Vielleicht war die Verdrängung der erste Schritt zur Bewältigung. Das fiel mir in Amerika nach dem Vietnamkrieg ein: Wir waren so erleichtert, daß dieser Alptraum ausgestanden war, wir wollten uns endlich mit anderem beschäftigen, genug hatten wir von dem häßlichen Krieg. Ein älterer amerikanischer Journalist, David Halberstam, schrieb neulich: »Vietnam ist uns auf dem Tisch stehen geblieben wie eine Mahlzeit, die weder aufgegessen noch abgeräumt wurde.« Früher oder später kommt die Rechnung für jede Mahlzeit, ob man sie gegessen oder stehen gelassen hat.

Die Mahlzeit meiner Kindheit stand mir auf dem Tisch und wurde immer ungenießbarer. Ein KZ war etwas für politische Debatten und Dokumentationen, sonst nur für sentimentale Ausbeutung, wie bei meinen Zeitungsgedichten. Auch Erich Kästners Weinerlichkeiten zu den aufgehäuften Schuhen toter Kinder mochte ich nicht, denn ein Schuh ist kein rechtes *pars pro toto*. Und so hatte ich eigentlich nichts einzubringen, was für Literatur und Geschichte oder für die Zukunft mitbestimmend wirken konnte. Ich ließ mich einschüchtern und wich aus mit dem Gedanken an die bevorstehende Ausreise. Ein *non sequitur,* Flucht in jedem Sinne des Wortes.

Nachdem ich ein paarmal mit Christoph gesehen worden war, nahmen mich einige jüdische Studenten beiseite, um ernsthaft mit mir zu reden. Das ginge nicht, ein jüdisches Mädchen mit einem Goj, und noch dazu mit einem Deutschen. Ich war empört. Ihr mit euren Verhältnissen mit deutschen Mädchen, wie kommt ihr dazu, mir etwas vorzuschreiben? Das sei etwas anderes, sie seien Männer, sie dürften sich einlassen, mit wem sie wollten. Für solche Feinheiten war ich ungenügend sozialisiert in den Perversitäten der Geschlechterrollen. Ich hörte nur die Verachtung für Frauen, die in dieser Unterscheidung und in der Anmaßung der Männer lag, eine Art Vormundschaft über mich ausüben zu wollen. Erst hatte es die Verachtung der arischen Kinder für die jüdischen in Wien, danach die der tschechischen Kinder für die deutschen in Theresienstadt gegeben, jetzt die der Männer für Frauen. Diese drei Arten der Verachtung sind inkommensurabel, werdet ihr sagen, ich aber erlebte sie an mir selber, in der angegebenen Reihenfolge. Ich war das *tertium comparationis,* das Versuchskarnickel dieses Vergleichs, und darum stimmt er für mich. Im übrigen scherte ich mich nicht um die Mißbilligung der Kommilitonen, nur daß Christophs Gesellschaft dadurch auch zu einer Art Rebellion gegen das Jüdische wurde.

Später, als auch Christoph, wie alle deutschen Intellektuellen unserer Jahrgänge, sein Wort zu Auschwitz gesagt hatte, nahm ich es ihm übel, daß er mich nicht vorher ausgefragt hatte. Er war erstaunt: Er habe nicht gewußt, ich sei dort inhaftiert gewesen. Theresienstadt ja, Auschwitz nicht. Das ist unwahrscheinlich und glaubwürdig zugleich. Unwahrscheinlich, denn gesagt habe ich es ihm bestimmt, denn es war schon damals ein Wort, das aufhorchen ließ. Glaubwürdig ist es aber deshalb, weil so ein deutsches KZ etwas für Männer war, nichts für kleine Mädchen, die erwachsenen Männern nicht ganze Erfahrungsbereiche voraushaben durften. Er sah eben nicht nach dem Saum meines Gewandes.

In der Schule haben meine Kinder ihren Klassenkameraden stolz erzählt, ihre Mutter sei aus einem deutschen Gefangenenlager geflohen. Sie seien ausgelacht worden, sagten sie mir mißtrauisch. Hätte ich sie denn angelogen? wollten sie wissen. Die anderen Kinder kannten eine Fernsehserie über ein Stalag, ein deutsches Kriegsgefangenenlager, und die dort dargestellten Fluchtversuche amerikanischer Soldaten. Aber ein Mädchen?! »Your dad, o.k. But not your *mother.*«

Dinge, die mir Christoph im Lauf der Jahre nicht geglaubt hat, obwohl ich sie doch wissen mußte: daß Jiddisch mit hebräischen Buchstaben geschrieben wird (das hat er mir Jahre später als seine neueste Entdeckung berichtet); daß das Wort »Caucasian« im Amerikanischen die weiße Rasse bezeichnet; daß in Amerika die meisten männlichen Neugeborenen beschnitten werden (das hielt er für eine jüdische Phantasie). Warum das wichtig ist, warum es mich ärgert? Die Abwehr gegen das, was ich so herangeschleppt bringe, was sich im Lauf der Zeit bei mir angesammelt hat, geht bis in Nichtigkeiten.

Eigentlich sei es ja gar nicht so abnormal, Fremde zu hassen, man hört das überall in Deutschland. Das gehe auf uralte Defensivmechanismen und steinzeitalterliche Hirnstrukturen zurück. Aufgabe einer fortschrittlichen Erziehung sei es dann, diese naiven Reaktionen abzubauen; durch aufgeklärtes Denken altes Hordendenken zu überwinden. Und was das Töten anbelangt, so hörte ich neulich einen Professor für Tierzucht sagen: Dem, der in einem Labor arbeitet, ist das Töten von 40 Mäusen Routine, man spricht nicht einmal davon. Wo aber nur eine Maus uns nach dem Abendessen quer über den Weg läuft, wird das Töten dieser einen Maus zum buchenswerten Ereignis. Es klingt so vernünftig, das Böse gibt es somit nicht, nur Gewohnheiten und primitive Veranlagungen, in schnurgerader Linie geht der Weg nach vorn, und für die Erziehung des Menschengeschlechts steht uns die ganze Ewigkeit zur Verfügung.

Auch Christoph sagt so was, der Judenhaß, der sei eben so ein Fremdenhaß gewesen, wie er allen Menschen natürlich sei. Man will das Andersartige nicht um sich haben, wenn man es nicht anders gelernt hat. Jedoch: Bin ich denn wirklich so andersartig als ihr alle, die ihr mich an euren Tisch geladen habt? (Die Wärme eurer Familie, wie laues Seewasser im Sommer. Immer war ich bei euch willkommen.) Wie wir miteinander sprechen, unterscheiden wir uns durch unwesentliche Dialektfärbungen, nicht einmal so wichtig wie das Englische, das oft in mein Deutsch hineinfunkt, sicher nicht so wichtig wie das Netz von Anspielungen und Ironien, die uns beide erheitern. Und dem Aussehen nach könnten deine Frau und ich, zum Beispiel, entfernte Verwandte sein. Nein, sagst du, du siehst schon jüdisch aus, das sieht man dir an. Ich find es auch und freu mich, daß du es merkst, denn ich hab es nicht gern, wenn die Leute sagen: »Sie könnten auch Italienerin oder Mexikanerin sein.« Nur: Bin ich euch so unähnlich, daß nur eine hochgradige Bewußtmachung euch davon abhält, mich zu verfolgen? Oder auch nur, mich nicht fortzujagen vom Frühstückstisch, wo mir eins deiner Kinder die dritte Tasse Kaffee einschenkt und wir eben noch so herzlich plauderten über den Sommer, als die Ameisen in Papas Arbeitszimmer eindrangen?

Aber so war es doch nicht gemeint, wie kannst du nur …? Ich meine, die jüdische Katastrophe kann mit diesem Steinzeitalter-Argument und mit den Mäusen des Herrn Veterinärprofessors nicht erklärt werden. Der Nazismus war das Produkt einer hohen Zivilisation, die aus ihren morschen Fugen geriet, niemand konnte wissen, wie und wann, während man primitives Verhalten, wo die Fugen noch frisch und fest sind, mit ziemlicher Sicherheit voraussagen kann. Was hier in Deutschland geschah, war zivilisiert und daher willkürlich. Willkürlich bedeutet freiwillig gewählt.

Ohne mit einer Unhöflichkeit rund herauszukommen, läßt Christoph durchblicken, ich könne kein gemäßigtes Urteil fällen über die Katastrophen, die uns heute bedrohen, denn für mich sei von Haus aus alles katastrophal, und auch das Prinzip Hoffnung verstünde ich aus biographischen Gründen nicht. Ich antworte, daß vielleicht auch die Urteilsfähigkeit der früheren Hitlerjungen durch ihre Erziehung beeinträchtigt sei. Die Bemerkung hält er für unangebracht. Seine wohlwollende Überlegenheit hilft ihm, nicht zu verstehen, was ich sage. Denn du ordnest alles, was ich sage, in einen von dir geschaffenen Kontext ein, so daß jedes Wort, das ich sage, sogleich zur Kröte wird, die mir aus dem Mund kriecht, wie im Märchen. »Aber wir sind doch umweltfreundlich«, sagst du dann erstaunt, »und wir finden Kröten genau so schön wie alle anderen Tiere.« Doch du selbst möchtest keine Kröten sprechen, sondern Goldstücke, die auf die Goldwaage gehören.

Es kann ja auch sein, fahre ich fort, ohne viel Hoffnung, daß er mir zuhört, daß sich gerade aus meinem atypischen Leben ein paar Gedanken herauskristallisiert haben, die auch für Menschen, die anders aufgewachsen sind, der Überlegung wert seien. Er hat doch zugehört, lacht auf. Daß man normale Umstände mit Normen messen kann, die sich von abnormalen Umständen herleiten, hält er für pervers, obwohl er doch Sigmund Freud gelesen hat. Ich, in nervöser Reaktion, krame in der Handtasche nach meinem amerikanischen Reisepaß, um mich zu vergewissern, daß er da ist, wie ein Kind, das schnell sein Kuscheltier streicheln muß.

Neulich sagte Christoph, eine Frau kann auch den Toten gegenüber gefallsüchtig sein. Der Satz gefällt mir, ich frage mich, ob er mich damit meint. Es war aber die Rede von Antigone gewesen. Antigones Wort, das den Kommentatoren zu schaffen macht, nämlich daß ein toter Bruder nicht zu ersetzen ist, während sich ein zweiter Liebhaber unter den vielen Lebenden mühelos finden läßt, ist mir so einleuchtend, daß es nicht ausgelegt werden muß. Es ist biologisch richtig und eine logische Erklärung ihres Tuns. Ich erinnere Christoph daran, wie wir in Regensburg zusammen in Anouilhs *Antigone* gegangen sind. Ich denke an die beiden Frauen, Antigone und Ismene, wie sie auf der Bühne Zigaretten rauchten, die erste Modernisierung eines klassischen Stoffs, die ich sah. »Ja«, sagt er lebhaft, »und ein einarmiger Kriegsveteran hat den Kreon gespielt.« An den hatte ich nun wieder nicht mehr gedacht, aber er war mir sofort präsent, und zwar im Profil. Im Gespräch mit Christoph fang ich, wie ein Streichholz Feuer fängt, den Geruch, das unsagbare Gespür, das prickelnde Fingerspitzengefühl jener Nachkriegsjugendjahre. Erinnerung verbindet uns, Erinnerung trennt uns.

Das ist deine Sicht, sagt Christoph, nachdem er

gelesen hat. Das alles ist an deinen Himmel projiziert. Ich zitiere ihn, um ihm das letzte Wort zu lassen – aber indem ich es mir nicht nehmen lasse, ihm das letzte Wort zu lassen, lasse ich es ihm doch nicht, sondern lenke den Leserblick auf mich, die es ihm läßt. So treiben es auch die Zeitungen mit den Leserbriefen, sagt ihr vorwurfsvoll. Ich gebe es zu. So ist es.

## 9.

Selbst als alle unsere Papiere in Ordnung waren, gab es weitere Verzögerungen, bevor die Seereise begann. Wir waren schon auf dem Weg, da streikten die Hafenarbeiter in New York. Wir mußten in lagerähnlichen Quartieren in Münchens Funkkaserne und in Bremerhaven warten; daher weiß ich, wie elend ich mich in einem DP-Lager gefühlt hätte. Ich las, oder versuchte zu lesen, was mir an englischer Lektüre in die Hände fiel, streunte durch das zerstörte München und durch das zerstörte Bremen, sah mir Sehenswürdigkeiten an und besuchte die Theater, *in limbo,* wie die ungetauften Seelen bei Dante, eine Landschaft aus Erwartung und Unsicherheit, wo die Luft nach Hoffnungen und Abschied riecht.

Als ich das Landungsbrett unseres Schiffs betrat, schaute ich angestrengt auf meine Schuhe und den Boden unter ihnen und dachte: »Den Augenblick mußt du festhalten, diesen Moment, wo du Europa verläßt.« Mein Gedächtnis hat diese Anweisung sozusagen achselzuckend hingenommen und den Augenblick festgehalten. Er war unbedeutend, denn auf dem Schiff waren wir genauso mit Auswanderern zusammen wie in den vorhergehenden Wochen. Ich hab mir oft bestimmte feierliche oder scheinbar typische Momente bewußt gemerkt, und sie waren immer unbedeutend. Die wichtigen Augenblicke werden erst durch den Filter der Erinnerung bedeutend oder typisch. Wenn die Gegenwart die Werturteile der Zukunft frohlockend zu bestimmen sucht (wie in: »Wir erleben eine historische Stunde!«), gähnt man im Rückblick hinter nicht einmal vorgehaltener Hand.

Später habe ich diese Nachkriegszeit in Deutschland als verschwendete Lebenszeit empfunden und dachte traurig, daß ich das englische »r«, das sich mit dem gutturalen österreichischen so schlecht verträgt, besser aussprechen könnte, wenn ich schon im Alter von 13 nach New York gekommen wäre. Aber gerade die zweieinhalb bayrischen Jahre sind dafür verantwortlich, daß ich den Angelhaken einer mir gemäßen, weil im Selbstkonflikt befangenen Kultur geschluckt habe, die mich später wieder an Land zog. Wir segelten auf einem ausgedienten Kriegsschiff, der *S. S. Ernie Pyle,* so benannt nach einem bekannten amerikanischen Journalisten und Kriegsberichterstatter. Die *Ernie Pyle* war alt, der Kapitän wich vorsichtig jedem Unwetter aus, so daß wir fast zwei Wochen unterwegs waren. Wir schliefen in einer stickigen, unbequemen Großkabine, was mich allerdings nicht besonders anfocht. Bequemlichkeit ist mir erst mit zunehmendem Alter interessant geworden. Tagsüber saß ich stundenlang an Deck auf einem Haufen Seilen (Deckstühle gab es nicht, dies war kein Luxusschiff) und starrte auf das Meer und löste mich von Europa, das heißt, von dem einzigen Europa, das ich kannte, dem deutschsprachigen. (Ehe ich es wieder betrat, war ich doppelt so alt geworden.)

An Bord waren auch Ukrainer, von denen ich gelegentlich antisemitische Bemerkungen zu hören bekam. Ein amerikanischer Matrose sagte dazu: »Aber diese Leute zählen in den USA gar nicht. Die bleiben ganz unten«, und verdeutlichte die niedrige soziale Stellung, die er den Genannten prophezeite, indem er sich etwas bückte und die flache Hand über den Boden hielt. Diese Demonstration beruhigte und beunruhigte mich zugleich. So sehr ich es den Antisemiten gönnte, daß sie es in Amerika nicht zu Ehren und Ansehen bringen würden, so konnte ich nicht umhin, mich zu fragen, warum es uns denn besser gehen sollte. Die Geringschätzung für eine Menschengruppe, bevor ihre einzelnen Glieder noch die Gelegenheit gehabt hatte, sich zu bewähren, als sei es auch im Land der tausend Möglichkeiten für gewisse Ausländer unmöglich, festen Fuß zu fassen: Das ging mir wider den Strich. Zum Nachtisch gab es regelmäßig Speiseeis in kleinen geschlossenen Papierbechern. Wenn man den Pappdeckel abnahm, konnte man auf der Innenseite des Deckels die Photographie eines Filmstars bewundern, mal männlich, mal weiblich. Sie sahen aufgeputzt und geschmückt aus, diese Gesichter, die sich für ein Publikum empfangsbereit hielten. Ein Keim von Sammelsucht meldete sich: Ich hab die Deckel zwar nicht aufbewahrt, war aber täglich neugierig, welches berühmte, wenngleich mir noch unbekannte, doch jedenfalls uramerikanische Gesicht ich beim Eisessen zu sehen bekommen würde. Das Eis und die Mannschaft, das war Amerika an Bord der *Ernie Pyle.*

Als wir landeten, lag der Hafen von New York in warmem Dunst. Es war ein heißer, feuchter Oktobertag, nicht untypisch für das Klima der Stadt, befremdlich für uns Europäer. Die Freiheitsstatue war umnebelt. Viel zu schwer gekleidet in unseren unförmigen deutschen Nachkriegsmänteln, traten wir an Land. Meine Mutter fragte einen Hafenbeamten: »Wohin gehen wir jetzt?« und der antwortete: »Wohin Sie wollen, gnädige Frau. Sie sind in einem freien Land.« (»Wherever you like, lady. It's a free country.«)

Eine grundfalsche Übersetzung, sagt eine amerikanische Kollegin lachend. Sie hat recht, aber da versuche einmal einer, es besser zu machen. »Gnädige Frau« ist eine distanzierte Anredeform, während »lady« salopp wirkt, egal was das Wörterbuch behauptet; und »a free country« bezeichnet hier nichts Idealistischeres, als daß sich der Teufel drum schert, was einer anstellt oder auch, wie es einem geht. Lange waren wir Auswanderer gewesen, jetzt waren wir endlich Einwanderer geworden, und die Einwandererstadt New York nahm uns auf.

# VIERTER TEIL

## *New York*

## 1.

Eine Einwandererstadt ist eine Stadt, wo die Einheimischen es verstehen, sich die Einwanderer auf Armeslänge vom Leib zu halten, eine Stadt, die darauf achtet, daß sich Krethi nicht mit Plethi vermischt. Gleichzeitig ist so eine Stadt ein Ort, wo Platz ist für Einwanderer, sogar Spielraum ist da, sonst kämen ja nicht immer noch welche nach, doch ist es eben ein Spielplatz, in dem nur ausnahmsweise gemeinsam gespielt wird. Kurz nach unserer Ankunft verirrte ich mich nach Barnard, dem weiblichen Pendant der Columbia University, um anzufragen, ob ich dort wohl studieren könne. Die lächelnde Herablassung, mit der man mich abfertigte, enthielt ihre eigene unmißverständliche Begründung: Du kommst grad erst vom Schiff, hast offenbar kein Geld, und willst an unserer berühmten Uni unterkommen. Lern du erst, wer hier wohin gehört. New York verstand es, der Einwanderein die Zähne zu zeigen.

Nach ein paar Nächten in einem widerlichen, von der jüdischen Hilfsorganisation zur Verfügung gestellten Obdach, wo ich zum ersten Mal die allgegenwärtigen New Yorker Küchenschaben mit den Wiener Wanzen vergleichen konnte, waren wir in eine zwar winzige, doch gut gelegene und relativ erschwingliche Wohnung in Manhattan gezogen, die freilich direkt unter dem Dach lag und daher im Sommer zum Ersticken heiß wurde. Ein älterer Bruder meines Vaters und seine Frau, Vorkriegsemigranten, die sich endlich etwas Größeres leisten konnten, zogen gerade aus, als wir ankamen, und ersparten uns dadurch die Wohnungssuche.

Meine Mutter, die sich nicht leicht etwas schenken läßt, fand bald einen Job. In Regensburg bei der UNRRA war ihre Aufgabe die Wiedervereinigung versprengter Familien gewesen. In New York hat sie, aus dem hungernden Europa kommend, für einen Dollar die Stunde dicke Frauen massiert, die sich einbildeten, durch diese Anstrengung einer anderen Gewicht zu verlieren. »More, more«, forderten sie energisch, wenn meine Mutter nicht energisch genug den unerwünschten amerikanischen Speck bearbeitete.

Wir waren arm. Armut hatte ich bisher nicht gekannt, denn Geld hatte in meinem Leben nur eine geringfügige, eigentlich fast überhaupt keine Rolle gespielt. Für Kaufenswertes hatte man in Deutschland vor der Währungsreform mit Kaffee und Zigaretten gezahlt, wenn man die bekommen konnte. Hier war das Geld eine ewige Sorge.

Die Flüchtlinge, mit denen wir verkehrten, hatten wenig gemeinsam mit den berühmten Intellektuellen und Exilanten, um die heute die Aura einer verklärenden Nostalgie wetterleuchtet. Es waren meist kleine Leute, darunter auch ein paar Ärzte, deren geistiger Horizont schon immer nicht weit vom Ufer gelegen haben muß, die jetzt mehr verdienten als zu Anfang, und die fanden, es sei nur gerecht, daß es dem nächsten Schub Einwanderer auch zunächst dreckig gehe. Man muß sich hier hocharbeiten. Von unten muß man anfangen. Sie erzählten genüßlich, wie weit unten. Die Frauen hatten als Putzfrauen gearbeitet. Daß wir dieselbe Zeit als Sklavenarbeiterinnen verbracht hatten, stand auf einem anderen Blatt. (In Göttingen, im Autobus hinter mir, reden zwei Frauen: Die aus der DDR wollen alles sofort. Man hätte doch vierzig Jahre lang gearbeitet, die sollen jetzt auch endlich die Ärmel hochkrempeln und nicht erwarten, daß ihnen Sahne und Zucker kredenzt wird. Wie es denen drüben in den vierzig Jahren gegangen ist, steht auf einem anderen Blatt. Ich denke an uns in New York.)

Alle wollten uns zeigen, wie amerikanisiert sie waren. Sie korrigierten und verspotteten einander beim Englischsprechen. Und verachteten sich selbst, weil sie nicht zu den Einheimischen zählten. Sie sagten etwa geringschätzig: »Der ist auch nicht mit der Mayflower gekommen«. (Die Mayflower, das Schiff der »Pilgerväter« aus dem 17. Jahrhundert, ist übrigens auch der Name einer großen Speditionsfirma.) Sie suchten die Selbstverachtung durch Prahlereien wettzumachen und verspotteten dann wieder die Prahlereien. Da sie entwurzelt und deklassiert waren, lachten sie über die Wichtigtuerei der Entwurzelten und Deklassierten. Es gab ein beliebtes Emigrantenlied, in dem ein kleiner Hund, ein Dackel oder Affenpinscher, am Ende jeder Strophe behauptet:

*Ich war einmal ein großer Bernhardiner,*
*Over there, over there, over there.*

Sie meinten die vergiftete Vergangenheit auszumerzen und schnitten sich dabei ins Fleisch, solcher Chirurgie unkundig.

Mein Onkel, der uns seine Wohnung überlassen hatte, war ein Buchhalter, der von der Emigration überfordert war. Er klammerte sich an die neue Kultur als den Inbegriff alles Guten, und nichts ließ er auf sich zukommen, was seine ungefestigten Gewißheiten in Frage stellte – und sah meinem Vater doch genügend ähnlich, so daß ich ihm gern eine, zumindest partielle, Vaterrolle eingeräumt hätte. Umsonst: Ich war ihm und der Tante zu spröde, zu wild, zu unzivilisiert, zu kompromittierend und zu wenig kompromißbereit, zu unamerikanisch. Ich kam ihnen vorlaut vor, mir fehlte das Einschmeichelnde, das die Mädchen jener Jahrgänge als gute Manieren von klein auf lernten. Ich konnte nicht tanzen, kichern und pubertär blödeln. Ich war kein Backfisch. Es war doch albern, daß man für Bauch nicht »belly« sagen durfte, weil das Wort als ordinär galt, sogar das Babywort »tummy« war vorzuziehen oder das anatomisch falsche »stomach«, Magen. Da lernt man das richtige Wort, dann muß man das falsche gebrauchen. Mir ging dieses ängstliche Gutheißen alles Amerikanischen gegen den Strich, dieser Gestus einer umfassenden Billigung. Ich war zu Skepsis und Widerspruch erzogen worden, wenn man von Erziehung sprechen kann, jedenfalls anders aufgewachsen, das merkte man, und es mißfiel. Dabei war meine sozialistische Kritik am amerikanischen Kapitalismus nur kindische Fragerei. Und die abendlichen einsamen Spaziergänge, auch daß ich später mit Freundinnen auf dem Land Ferien machte und wir per Anhalter bis nach Kanada fuhren, weil das billig war, hätte man bei einem Jungen hingenommen. Einem Mädchen hat man es nicht verziehen: diese Eigenwilligkeit.

Wir hatten auch eine »echte« amerikanische Familie, wer hatte die nicht. Das waren Leute, die schon längst dort ansässig waren, Englisch fehlerlos und akzentfrei sprachen und uns so behandelten, nämlich von oben herab, wie unsere Großeltern-Generation die polnischen und russischen Juden behandelt hatten, die von den Pogromen im Osten nach Deutschland und Österreich flohen und deren Deutsch leicht ins Jiddische umkippte, wie hier in Amerika unser Englisch ins Deutsche.

Diese Amerikaner waren wohlhabend, und schon kurz nach unserer Ankunft, als wir knapp einen Monat im Land waren, luden sie uns feierlich zu einem riesigen Festessen, dem traditionellen amerikanischen Erntedankfest, Thanksgiving, in ihr großes Haus auf Long Island ein. Vor dem Essen teilte man mich einem etwas jüngeren verwöhnten Mädchen zu, das die Aufgabe, sich mit mir abzugeben, unübersehbar als eine Zumutung empfand, und als sie merkte, wie anstrengend es war, sich mit der wortkargen Fremden zu unterhalten, mich schließlich bat, ihr die Haare zu bürsten. Das Bürsten sei so gut für das Haar, man müsse es nur lange und immer wieder in Angriff nehmen, und außerdem fühle es sich so angenehm an. Ich hab ihr also die Haare gebürstet, mich fragend, ob das in Amerika üblich sei. War ich hier Gast oder Dienstmädel?

Ich atmete auf, als man uns zum Essen rief. Zu frühes Aufatmen. Das Gelage begann mit grünem rohen Sellerie als Vorspeise. Die Verwandten wunderten sich laut und wiederholt darüber, daß uns dieses Gemüse nicht begeisterte; auch daß wir nicht so ausgemergelt seien, wie es ihrer Vorstellung von KZ-Häftlingen entsprach. (Kamen sie sich betrogen vor?) Sie hatten uns die Überfahrt bezahlt, aber das Visum für meinen Vater, als er noch in Frankreich war, das hatten sie ihm nicht geben wollen. Es ging um eine Garantie, daß er dem Staat nicht zur Last fallen würde, eine Geldfrage. Sie waren aber nicht mit ihm verwandt, sondern mit meiner Mutter, und er wäre ja damals ohne uns, ohne seine Familie, gekommen. Das tut kein amerikanischer Familienvater. Sie redeten davon, ich verstand nicht alles, doch ich verstand, daß sie sich keine Vorwürfe machten, nur ihm. Sie hätten ihn retten können, dachte ich, knabbernd an den faserigen, wahrscheinlich unverdaulichen, auf jeden Fall unappetitlichen grünen Stengeln. Dann hätten wir ihn jetzt.

Das Dinner wurde ungemütlich lang. Wir sprachen über meine Fortbildung. Mit mehr Überlegenheit als Überlegung rieten sie, ich solle mir einen Job suchen, richtig Englisch lernen – denn mit so geringen Englischkenntnissen könne ich nicht ins College gehen –, ein wenig Geld verdienen und eventuell abends, in einer Art Volkshochschule, noch was dazulernen. Meine Mutter, beleidigt, widersprach. Ich sei gescheit genug für ein amerikanisches College, und sie würde schon für uns beide verdienen.

Ein normales amerikanisches College-Studium dauert vier Jahre. Die ersten beiden sind einer allgemeinen Ausbildung gewidmet, die letzten beiden einer etwas spezialisierteren. Erst nach den vier Jahren beginnt mit der »graduate school« oder den »Professional schools« die eigentliche Berufsausbildung. Meine Mutter, die das ebensowenig wußte wie ich, behauptete, ich strebe ein Doktorat, den Ph.D. an. Man war entrüstet über die Anmaßung, ich hätte doch noch nicht einmal den Bachelor. Ich sagte auf gut Glück, ich wolle ja gar nichts, was leicht zu bekommen sei, ich wolle nur fleißig lernen. Mit dieser Bemerkung hatte ich ins Schwarze getroffen, man wiederholte sie befriedigt.

Sie brachten uns in einem protzigen Riesenauto nach Hause. In der Dunkelheit auf dem bequemen Rücksitz sagte die entfernte Tante zu mir: »Was in Deutschland passiert ist, mußt du aus deinem Gedächtnis streichen und einen neuen Anfang machen. Du mußt alles vergessen, was dir in Europa geschehen ist. Wegwischen, wie mit einem Schwamm, wie die Kreide von einer Tafel.« Und damit ich sie mit meinem schwachen Englisch auch verstünde, vollführte sie die Geste des Abwischens. Ich dachte, sie will mir das einzige nehmen, was ich hab, nämlich mein Leben, das schon gelebte. Das kann man doch nicht wegwerfen, als hätte man noch andere im Schrank. Sie wird doch auch ihre Kindheit nicht wegwischen wollen, und ich hab eben die, die ich hab und kann mir keine neue konstruieren. Warum mir Vorschriften machen, wie ich damit umzugehen habe? Nach den fernliegenden Worten suchend, wehrte ich mich gegen diese Einladung zum Verrat an meinen Leuten, an meinen Toten. Die Sprache war widerspenstig, Gefühlsstauungen sind indessen gute Sprachlehrer. Die Tante hörte kaum auf das ausländische Geschwätz.

Als wir diese Verwandten wieder besuchen sollten, weigerte ich mich. Es kam zu Szenen mit meiner Mutter, ich gab nicht nach.

## 2.

Ich bereitete mich einige Wochen lang durch intensive Lektüre englischer Bücher auf eine Aufnahmeprüfung am Hunter College vor, ein City College für Mädchen, von der Stadt finanziert, wo die Studentinnen zum Großteil Einwanderer oder Amerikaner der ersten Generation waren. Dort gab es keine Gebühren, sogar die Lehrbücher konnte man ausleihen.

Ditha hatte zwar warnende Briefe aus St. Louis geschrieben, in denen es hieß, amerikanische Unis und Colleges hätten hohe Ansprüche, und es sei praktisch unmöglich, ohne ein amerikanisches Mittelschuldiplom da reinzukommen, und mein bißchen Privatunterricht würde gar nicht zählen. Doch das stellte sich als Fehlmeldung heraus. Ich war sogar über das Ziel hinausgeschossen, denn nicht nur mein Straubinger Abitur, sondern auch mein Regensburger Semester, in dem ich ja nur in Hörsälen herumgesessen und mich in den Pausen mit Christoph unterhalten hatte, wurde mir angerechnet. Hunter College nahm fast jede auf, mit oder ohne Vorbildung, und laufend wurden ausländische Zeugnisse vorgelegt, die die Verwaltung bei dem Andrang nicht bewerten konnte. Die neuen Studentinnen bekamen daher eine Bewährungsfrist, und wenn wir im ersten Jahr nicht bei den häufigen Prüfungen durchfielen, so wurde uns das ausländische Studium angerechnet. Diese einfache Lösung des Problems bewährte sich, denn wir waren dankbar und fleißig. New York konnte auch großzügig sein.

Nur eine Sprachprüfung mußte man mit mindestens 65 von 100 Punkten bestehen. Das würde mir nicht gelingen, meinte der Freundes- und Bekanntenkreis, ich sei ja noch keine drei Monate im Land. Tatsächlich schnitt ich schlecht ab, kam ganz betrübt nach Hause, stieg die fünf Stockwerke langsam hinauf. Meine Mutter steht in der erleuchteten Tür, ich sage ihr, ich bin durchgefallen, bestimmt, sie ist bestürzt, denn sie sieht mir an, daß es mein Ernst ist.

Jetzt würde ich bis übernächstes Semester statt nur bis Februar warten müssen, mehr als ein halbes Jahr statt einiger Wochen, was sollte ich bis dahin anfangen? Sie wollte mich ja keinen Job annehmen lassen, und New York war eine richtige Fremdstadt: bedrohlich, deprimierend. Einige Tage später liegt die Zulassung in der Post: 67 Punkte hatte ich bekommen. Zwei Punkte über dem Minimum: Denen hab ich's gezeigt, Erfolg, Inbegriff von Erfolg, gerade weil es so knapp war.

Ich hatte mein Leben unter Frauen verbracht, das sollte sich auch in New York nicht ändern. Männer hatte es in der Familie, in den Lagern, auch nach dem Krieg, nur am Rand gegeben. Zwar herrschten die Männer an diesem Rande und beherrschten vom Rande her auch uns, und meine Mutter schärfte mir ein, daß Frauen heiraten und sich »versorgen lassen« sollen. Doch sie hat mir etwas anderes vorgelebt. Seit dem Anfang der Hitlerzeit, bis ich von ihr fortging, war sie ohne Mann. Ich kannte sie in der Freiheit als berufstätig, und in der Hitlerzeit waren ihre eigenen Männer machtlos gewesen und zugrunde gegangen.

In den späten vierziger Jahren konnte jeder mit etwas Unternehmergeist hochkommen, solange dieser Jeder ein Mann von weißer Hautfarbe war. Man sprach vom Arbeitsmarkt als einem Markt der unbegrenzten Möglichkeiten, ohne hinzuzufügen: »Für weiße Männer.« Die Quoten und Barrieren gegen Juden fielen, während Frauen immer unerwünschter wurden, immer mehr in die Büroarbeit gedrängt wurden. Diese Einschränkungen kamen erst mit der Frauenbewegung der späten sechziger Jahre ins Gespräch, damals wurden sie stillschweigend hingenommen. Worüber man nicht spricht und schreibt, das bleibt unerledigt. Die Unfähigkeit der meisten Frauen, sich in anspruchsvollen Berufen zu bewähren, galt als erwiesen; und als erwiesen galt auch das Umgekehrte, nämlich daß es berufstätigen Frauen mißlungen sei, einen Mann zu finden. Eine Bekannte erzählt mir, wie sie auf der Suche nach einem Doktorvater von einem Professor mit den Worten: »Wozu brauchen Sie ein Doktorat? Sie sind doch kein Krüppel!« abgefertigt wurde. Der hielt das noch für ein Kompliment, sagt sie verwundert und verwundet. Wieviele von uns wohl zu jung geheiratet haben, nur weil es so wenig Ersprießlicheres zu geben schien?

Hunter College war das weibliche Pendant zu CCNY, City College of New York, wie Barnard das Mädchencollege für Columbia war. Die männlichen Studenten an der CCNY waren ehrgeizig und zukunftsorientiert. Die bereiteten sich auf richtige Karrieren vor. Bei uns konnte man als Hauptfach »home economics« belegen, ein »Fach«, das die Studentin für die Hauswirtschaft und Mutterschaft vorbereiten und ertüchtigen sollte. Wir »Hunter girls« sangen zwar bei Pflichtversammlungen unseren College-Song: »In der ganzen Welt berühmt sein, / Wünscht sich jede wahre Huntertochter« (»Farne throughout the wide world / Is the wish of every Hunter daughter true«), doch sangen wir ihn mit Verachtung, ein idiotisches Lied, wir wußten, daß wir die Wahl hatten zwischen Lehrerin, Bibliothekarin, Sozialarbeiterin und Hausfrau, und daß keiner dieser Berufe ruhmreich ist. Hunter College war ein Mittelding zwischen Lyzeum für mittlere, nicht für höhere Töchter und einer ordentlichen Hochschule, und ich empfand das Niveau entsprechend als eine Mischung aus Kindereien (zum Beispiel Turnen und Pflichtkurse über Hygiene) und spannenden Veranstaltungen über Literatur, gehalten von vorzüglich ausgebildeten Dozenten und Dozentinnen. Dozentinnen: wir hatten Frauen als Vorbilder, ein nicht zu unterschätzender Vorteil. Ich hätte mir später kaum eine Hochschulkarriere zugetraut, wären es nicht Frauen gewesen, die mir am Hunter College Shakespeare und Faulkner zu lesen gaben.

Ich schrieb jetzt englische Gedichte. Das waren teils Formexperimente, und teils war es Trauerarbeit, ein Wort, das ich noch nicht kannte. Zu guter Letzt gewann ich zwei Preise der englischen Abteilung, einen davon bei einem Lyrikwettbewerb. Die haben ein paar Jahre später meine teils sehr schlechten Noten wettgemacht und mir die Aufnahme in Berkeley, als graduate student mit Gebührenerlaß, geebnet.

Unbequem waren mir die Kleider, die Schuhe, die Manieren der neuen Gesellschaft. Meine Mutter sprach wegwerfend von Frauen oder Mädchen, die nur an »die Fetzen« denken. Das war mir recht, ich wollte mich so anziehen, daß ich nicht auffiel, und möglichst wenig Geld dafür ausgeben, weil wir keines hatten. Nach alter New Yorker Emigrantentraditon kauften wir unsere Kleider in den billigen Kaufhäusern am Union Square. Meine Mutter war vor dem Krieg eine sportlich elegante Frau gewesen und sah jetzt wieder gut aus. Ich vertraute ihr zunächst, doch wurde ich bald mißtrauisch. Sie zwängte mich in Kleinmädchenkleider, für die ich zu ausgewachsen war. Eine Umhängetasche mit einem kleinen metallenen, goldfarbenen Pferdchen bekam ich. Eine rote Jacke zu einem roten Kleid, das ein anderes Rot war. Ich wußte, das sei falsch, aber nicht, was richtig war. Rot paßt zu allem, sagte sie.

Die Haare wuchsen mir wild und waren mit keiner Dauerwelle zu zähmen. In den sechziger Jahren empfand mein Sohn seinen ähnlichen, von mir geerbten Schopf als eine Gunst der Natur, doch in den späten vierziger Jahren paßten solche Haare nur allzu gut in das verwilderte Bild, das sich die alten Emigranten von mir machten. Wenn ich meine Mutter bat, mir mit diesem Problem zu helfen, machte sie sich lustig über mich (»Kämm dich mehr«, sagte sie), was mich bis zur Weißglut reizte. Wie sie mich als Kind abwechselnd abgeknutscht und geohrfeigt hatte, so machte sie mir jetzt überschwengliche Komplimente oder beanstandete mein Aussehen aufs heftigste, übergangslos. Abwechselnd versicherte sie mir, wie hübsch ich sei und daß ich mir mehr Mühe geben müsse, einen Mann zu finden. Beide Behauptungen schienen mir unangebracht und waren mir peinlich.

Meine Mutter hat sich konsequent für jünger ausgegeben, tut es noch immer, und zwar um sechs Jahre jünger, genau die Kriegsjahre, in denen wollte sie nicht gealtert sein. Ihre Erinnerungen deckten sich nicht mit meinen. Für sie war ich das passive Kind, eventuell das arme Kind, das halb unbewußt und unwissend die Nazijahre über sich ergehen ließ. Ein Requisit, höchstens Nebenfigur, in ihrem Drama. Ihr Besitz, ihre Habe. Ein Traum, den sie öfters hat und mir zum Beweis ihrer Mutterliebe erzählt: ein Krankenzimmer, ich waagrecht im Bett, sie, aufrecht daneben, spendet Mitleid. Ihre Lüsternheit beim Erzählen. Sie dämpft Energien, gießt Saures auf Wunden. Wenn sie sagte, »Du bist mein alles«, meint sie da nicht, daß ich nicht aufwachsen, ihr entwachsen soll? Doch tatsächlich hatte sie nicht viel mehr als mich.

# 3.

Den Holocaust gab es als Ereignis, aber nicht diesen Ausdruck und daher auch nicht den Begriff. Es waren eben unter anderem viele Juden im Zweiten Weltkrieg umgekommen. Erst seit den frühen siebziger Jahren hat sich das Wort eingebürgert und die Sache umgrenzt. Ob das hebräische »Shoah« ein geeigneteres Wort sei, wie neuerdings behauptet wird, kümmert mich nicht: Solang es nur irgendein Wort gibt, das sich ohne Umschweife und Nebensätze gebrauchen läßt. Denn Wörter, einfache Wörter, wie sie mit Definitionen im Wörterbuch stehen, nicht einmal die hochtrabenderen Worte, grenzen ab und schaffen umfriedetes Gedankengelände; sonst muß man jedesmal erklären, wovon die Rede ist, und der andere hört womöglich nicht hin, ist mit seinen Gedanken anderswo oder ist streitsüchtig und meint, man will ihn belehren und hakt sich darum am Umschweif, am Nebensatz fest.

Unser College-Präsident mit dem deutschen Namen Shuster, wenn auch ohne »c« behaftet, nahm in einer Ansprache heftig Stellung gegen die Nürnberger Prozesse. Die Sieger hätten zwar die Macht, doch nicht das Recht, die Besiegten für im Krieg begangene Verbrechen zu verurteilen. Ich kannte dieses Argument in seiner scheinbaren und scheingerechten Grundsätzlichkeit von Deutschland her. Vielleicht hat man den Unterschied zwischen Kriegsverbrechen und Verbrechen gegen die Menschlichkeit übersehen können, wenn man nicht dabei gewesen war und bis Hannah Arendt ihn deutlich herausschälte. Unverzeihlich war jedoch, daß der Herr Shuster ohne Rücksicht auf sein Publikum sprach, daß er sich nicht darum scherte, daß die »Hunter girls« überwiegend Jüdinnen waren, darunter ein großer Schub europäischer Flüchtlinge. Oder wollte er seine Ansichten gerade *uns* hinreiben, für die die Nürnberger Prozesse nicht einfach ein Racheakt gegen eine Handvoll Nazis, sondern die erste öffentliche Aufarbeitung der jüdischen Katastrophe gewesen war? Ich war sicher nicht die einzige, die sich getroffen fühlte. Unsere Lehrer redeten über den »Blitz« in England, aber keiner und keine fragte die Klasse, ob da jemand säße, die den Bombenkrieg mitgemacht hätte. Schleier über unsere Erfahrungen.

Noch Jahre später, als ich mit einem Historiker verheiratet bin, der in Berkeley europäische Geschichte lehrt: Er kommt zur Hitlerzeit, und ich frage ihn, ob ich mit seinen Studenten eine Stunde über die KZs sprechen soll. Etwas in seinem Gesicht verändert sich, ein Gittertor in seinen Augen knallt zu, oder besser, eine Zugbrücke geht hoch, man hört es rasseln, darunter ist stehendes Wasser, gelbgrün, algenreich. Ich will noch sagen, ich hab doch keinen Striptease im Kolloquium vorgeschlagen, dann denke ich, mach ihm keine Vorwürfe, er ist halt ein Kriegsveteran, die vertraten den Sieg des Guten über das Böse. Wir waren wie Krebskranke, die die Gesunden daran erinnern, daß auch sie sterblich sind. Oft erzählt er mir, wie kalt der Winter 44/45 für ihn war. Einmal faßte ich mir ein Herz und sagte, daß ich selbst den harten Winter, von dem die Rede sei, ohne die guten Dekken, die warme Kleidung und die ausreichenden Rationen der amerikanischen Streitkräfte, und daher sehr genau, im Gedächtnis habe. Er gerät aus der Fassung, weil ich ihm Erinnerungen auftische, die mit seinen konkurrieren. Da hab ich gelernt, daß die Kriege den Männern gehören.

Die Neuankömmlinge wurden vor Straßenüberfällen gewarnt, und wo und wann man lieber nicht hinsollte. Mir mißfiel der schmatzend vertrauliche Ton, mit dem über den gefährdeten Status junger Mädchen geredet wurde, besonders im Central Park, hieß es, und besonders nach Sonnenuntergang. Die Männer erörterten diese geschlechtsspezifischen Gefahren mit einem gewissen Stolz auf den Überschuß an eigener Männlichkeit (»auch ich könnte …, ich weiß, wie leicht …«, »du als junges Mädchen kannst das noch nicht richtig einschätzen«), als läge das Problem nur in der angeborenen schwächeren Muskulatur der Frauen und nicht in der Perversität der Gewalt, die sich immer an Schwächeren vergreift und der die Moral der Ritterlichkeit nur als Camouflage dient, und eine dünne noch dazu, wie uns der Krieg gezeigt hatte. Es störte mich, daß die Warner die Täter so tolerant erörterten, als ob Männer zwar Böses tun, aber nicht böse, sondern eben nur Männer, sind, und die Frauen dank angeborener Schwäche angewiesen auf die Großmut dieser Männer. Den sie nicht provozieren und auf die Probe stellen sollen. Es war, als müsse man sich bei den Warnern dafür bedanken, überhaupt in Ruhe gelassen zu werden. Es lag mir auf der Zunge zu behaupten, ich hätte schon mehr riskiert als in New York spazierenzugehen, was aber des vorlauten Tons wegen unerwünscht und sowieso unlogisch, sogar abergläubisch gewesen wäre, denn man kann ja gegenwärtige Gefahren nicht durch überstandene abwenden. Doch hätte es den Leuten nicht einfallen können, daß ich zwar neu im Land, doch nicht unvertraut mit dem ABC der Gewalt war?

Hierher gehört auch, daß man die KZ-Nummer nicht gerne sah. Symbol der Erniedrigung, sagen die Leute, laß sie dir wegmachen. Symbol der Lebensfähigkeit, sage ich, denn als ich nicht mehr mich und meinen Namen verleugnen mußte, da gehörte es mit zur Befreiung, die Auschwitznummer nicht verdecken zu müssen. Aber heute ist es leichter geworden, sagt ihr, es gibt da jetzt die verschiedensten Methoden, sagt ihr. Laser empfiehlt sich. Vielleicht tu ich's auch noch einmal, es ist noch nicht aller Tage Abend, den Spielraum hab ich. »Wer gibt Ihnen das Recht, wie ein Mahnmal herumzulaufen?« sagte ein älterer Jude zu mir. Auch Ditha hat zu hören bekommen, sie wolle anderen durch diese Nummer Schuldgefühle aufdrängen. Sollten die nicht analysieren, warum der Anblick einer solchen Nummer sie so aggressiv stimmt? (Was sollen wir uns dann denken, wenn ihr unaufgefordert schwört, nie zu vergessen?) Ditha nickt. Es hängt was an der Nummer, ein Stück Leben und viel Gedächtnis. Vielschichtig ist sie in ihrer Bedeutung. Dann gibt es die wohlmeinenden Puristen der nächsten Generation. Wenn man so eine Nummer hat, sagt die Tochter eines früheren Buchenwaldinsassen zu mir, dann soll man sie auch nicht verdecken, mit Armbändern und so. Warum nicht? Man kann ja Verschiedenes wollen zu verschiedenen Zeiten. Warum die Vorschriften, die doch, wie jede Form von Zwang, suspekt sein sollten? Es ist wie mit angeheirateten Namen, wenn man geschieden ist: Manche wollen sie loswerden, manche wollen sie behalten. Die Wahl, scheint mir, ist moralisch neutral. Als ich Kellnerin war, haben mich die Kunden öfter gefragt, was das für eine Nummer sei. Ich mußte lachen, weil sie es nicht wußten oder vorgaben, es nicht zu wissen, und zwischen Küche und Stammtisch ist nicht der Platz für Aufklärung. Um die Frager loszuwerden, sagte ich gelegentlich, das sei die Telephonnummer von meinem Freund, meinem boyfriend. Der hat's gut, sagte ein Gast. Ich sehe meine Leser befremdet die Köpfe schütteln. Tut mir leid. Ich war frei, ich konnte sagen, was ich wollte, das hat mich gefreut.

Auch kamen Leute mit Bordellphantasien zu mir und wollten wissen, ob ich vergewaltigt worden sei. Dann sagte ich, nein, aber fast umgebracht haben sie mich, und erklärte den Begriff der Rassenschande, weil ich es interessant finde, daß ein bösartiger Begriff ein weitgehendes, wenn auch kein absolutes Schutzmittel für Jüdinnen gewesen ist. Wenn das Interesse erlahmte, wußte man, daß die intime Frage einem falschen Interesse gedient hat. Es gibt ja eine Pornographie der KZs, die Vorstellung der absoluten Macht über andere erweckt Lustgefühle.

»Ob man fragt oder nicht«, sagt ein kopfschüttelnder Leser, »dir kann man's nicht recht machen.«

Ich mußte auch lachen, wenn die Leute mir ihre Vorstellungen von einem Frauenleben, von einem Kinderleben überstülpten, ohne hinzuschaun. Mir, die nie einen Regenschirm besitzt, wahrscheinlich weil Regenschirme zu der bürgerlichen Kinderstube gehören, die mir ausgeräumt wurde, und gewöhnt bin, im Regen mit unbedecktem Kopf herumzulaufen, mir sagt ein Mann, ein Deutscher, der mir ritterlich den Regenschirm über den Kopf hält, ich besäße wohl keinen, weil ich mein Leben lang von Herren beschirmt worden sei, und freut sich noch über das schlechte

Wortspiel. Ich speichere die Szene im Kopf in derselben Datei, in der ich einen amerikanischen Kinderarzt bewahre, der sich wunderte, als meine kleinen Kinder mich mit ihren Windpocken ansteckten. Was, die hätte ich als Kind nicht selbst gehabt? Da müßte ich eine sehr beschirmte Kindheit verlebt haben. »A sheltered childhood.«

Meine schlimmste Kinderkrankheit waren indessen nicht die Windpocken, sondern die Todesangst gewesen, dieses Käfiggefühl, das sich in New York in sein Gegenteil, die Todesversuchung der Depressionen verwandelte. Denn hier lebte die Vergangenheit erst richtig auf und streckte sich in Öde hinter mir. Reiter über den Bodensee waren wir gewesen, die erst im Rückblick erkennen, was das für ein Wasser war, das sie fast geschluckt hat.

Ich kam mir wertlos vor, sah mich durch fremde Augen, und es gab Stunden, da hatte ich das Gefühl, ich sei nicht befreit worden, sondern ich sei davongekrochen, wie eine Wanze, wenn das Haus ausgeräuchert wird. Sicher ist so ein Bild eine Nachwirkung der Nazipropaganda, doch zu einer Zeit, die die Frauen abwertete, war es naheliegend, mich selbst abzuwerten.

Ich glaubte fest, obwohl die Männer es unbegreiflicherweise bestritten, daß Frauen lebensfähiger als Männer sind. Aber auch weniger wertvoll; daß unsere Toten männlich waren, bedeutete demzufolge, daß die wertvolleren in der Familie nicht mehr lebten. Ich war jetzt gleichaltrig mit meinem Bruder und würde bald älter sein. Meine Überflüssigkeit. Ich wäre gern ein Mann gewesen und womöglich kein Jude.

In diesem ersten Jahr verfiel ich innerlich einem

um sich greifenden und schwer zu fassenden Unbehagen. Heute nennt man so etwas Kulturschock, diese Umstellung auf ein anderes Land. Ein Symptom war meine pathologische Angst vor der Routine der häufigen Collegeprüfungen, ich war besessen von ihnen, konnte Tage vorher an nichts anderes denken und bestand sie oft schlecht, auch wenn ich vorbereitet war. Das war der Anlaß, warum meine Mutter mich zum Lazi Fessler schickte. Der sei Psychiater und sei ein enger Freund meines Vaters gewesen, mit dem zu sprechen würde mir sicherlich gut tun. Ich hatte keine Ahnung, was ein Psychiater eigentlich macht, nur eben daß er für Nerven und »Zustände« zuständig sei. Es schien mir sinnvoll, daß mir so einer helfen könne, meine diversen Probleme auszusortieren.

## 4.

Siehst du, sagte ich zu meinem Vater, du hast gar keine Freunde gehabt. Nicht was ich Freunde nennen würde. Ich haderte lange mit ihm, weil ich ihn ein paar Wochen lang in einem Seelenarzt, der kein Menschenkenner war, verkörpert sah.

Dieser Lazi Fessler hatte meine Mutter ein paarmal zum Abendessen eingeladen, und da wird sie ihm wohl etwas über uns beide erzählt und den Eindruck hinterlassen haben, ich sei schwierig und erfordere viel Geduld. (Ich hielt mich natürlich für das Gegenteil, für eine ausgesprochen anspruchslose Tochter.) Vielleicht hätte sie ihn gern geheiratet, er war ledig, Aufopferung für die Tochter ist gleich Aufopferung für einen Mann, das Stichwort bleibt dasselbe, er hat dann eine Amerikanerin geheiratet. Mit Amerikanerinnen könne sie nicht konkurrieren, hörte ich meine Mutter öfters sagen.

Er hatte eine gutgehende Praxis in midtown Manhattan, denn die Psychiatrie war ein Fach, wo ein österreichischer Akzent Vertrauen einflößte. Die Wienerwald- und -wiesen-Psychoanalyse, die damals in New York grassierte, vermied die Gesellschaftskritik und die Zusammenhänge zwischen psychischem und historischem Übel, denn man war in voller Flucht vor dem Übermaß an Geschichte, das man eben erfolgreich hinter sich gebracht hatte. Alle seelischen Leiden hatten ihren Ursprung in sich selbst. Draußen wehte kein kalter Wind.

Auch Ditha ging, während ihrer Ausbildung als Krankenpflegerin, mit ihren Alpdrücken zu einer Psychotherapeutin. Von der bekam sie zu hören, daß das KZ keine bleibende Bedeutung für sie gehabt haben könne, weil sie älter als sechs gewesen sei. Laut dieser Logik, sage ich ihr ungerührt, haben die KZs niemandem psychologischen Schaden zugefügt, da Kinder unter sechs kaum eine Überlebenschance hatten. Aber ging es überhaupt um die Wahrheit oder um gezielte Kränkung? Denn es gab auch die gegensätzliche Meinung, daß man vom Lager her unheilbar geschädigt sei. Bei ihrer ersten Bewerbung an einer »nursing school«, noch dazu an einem jüdischen Spital, wurde Ditha abgelehnt. Man sagte ihrer Tante und meiner Mutter unverhohlen den Grund: Eine, die im KZ gewesen sei, eigne sich nicht für den Beruf einer Krankenschwester. Was sie erlitten habe, würde ihre Fähigkeit, Patienten zu betreuen, beeinträchtigen. (Damit ihr auch wißt, wer ihr seid.)

Ich ging also eines Abends in Herrn Fesslers psychiatrische Praxis und hatte eigentlich geglaubt, es sei seine Wohnung, diese Adresse auf der Fifth Avenue. Er hat mich nie in seine Wohnung eingeladen, der Freund meines Vaters, in unsere schäbige war er uns besuchen gekommen. Da war er mir über den Mund gefahren, ich weiß den Zusammenhang nicht mehr, vielleicht weil ich mich überhaupt ins Gespräch mischte, statt still lächelnd dazusitzen. Die Zurechtweisung des fremden Herrn kam unvermutet, und ich wurde genauso nervös wie ein paar Monate vorher in der Regensburger Hochschule, als ich Papier zerriß, weil mich die klerikalen Professoren uneingestandenermaßen ängstigten. Diesmal flocht ich Zöpfe in die Fransen des Tischtuchs, das hat er auch gleich gerügt als unhöflich, als sei es etwa höflich, mich bei mir zu Hause zu rügen. Trotz dieser Anmaßung duzte er mich nicht, was ich als Herzlichkeit empfunden hätte, da ich erst sechzehn und mein Vater ja angeblich sein Freund gewesen war. Meine Mutter schwieg und hörte nur müde lächelnd zu, womit sie ihm recht zu geben, ihm die väterlich-strafende Stellung zuzubilligen schien.

Ich hätte mir nach dieser Begegnung überlegen sollen, ob der der richtige sei für meine Probleme. Was ich heute ein wenig verstehe, damals noch nicht, war, daß diese Männer ihr eigenes Programm hatten: die jüdische Katastrophe als Erniedrigung, nicht als die Märtyrertragödie, zu der sie seither stilisiert worden ist. »Juden gehen nicht mehr ins Gas«, sagt ein strammer Israeli in einem populären Film, bevor er zuschlägt. Das Publikum freut sich, die Kritiker zitieren den Satz. Das ist es, was sie gegen uns hatten, der Onkel, der Lazi, alle. Daß wir die Mütter waren, die sie verlassen hatten, die Frauen und die Kinder waren wir, die sie als Männer hätten beschützen müssen. Während ich, auf eine andere Wellenlänge eingestellt, an ihren Erinnerungen teilnehmen wollte. An die sollten sie mich heranlassen. Im Grund wollte ich meinen Vater von ihnen, wollte Menschen, die ihn irgendwie vertreten konnten, ein letzter Versuch, ihn doch noch zu finden. Das war zu viel verlangt. Doch diese Männer klangen wie er, der Ton war mir noch im Ohr.

Wir sprachen deutsch, das fiel mir damals noch leichter, vielleicht ihm auch, ich erinnere mich nicht an sein Englisch. Ich erzählte ihm von meinen Schwierigkeiten im College. Mit dem Lernen in der fremden Sprache ginge es ja einigermaßen, nicht hervorragend, aber das würde täglich leichter, trotzdem die Panik vor diesen verdammten Prüfungen, die nicht einmal schwer sind. Ob ich Freunde hätte? Noch nicht, noch keinen rechten Kreis, versetze ich bekümmert. Es war im ersten Semester, so was braucht eine Weile. Damit hatte er seinen Anhaltspunkt gefunden. Meine Abneigung, mich anzupassen, mein Hochmut. Nein, nein, sag ich abwehrend, arrogant sei ich gar nicht. Ich verstehe nämlich noch nicht, daß nicht ich es bin, die hier über meine Charaktereigenschaften zu entscheiden hat.

Vertrauensselig erzähle ich dem Lazi Fessler, wie es zu Hause sei, die ständigen Reibereien, ich könne meiner Mutter nichts rechtmachen, und dabei ließe sie mich nie in Ruhe, über jeden meiner Handgriffe fälle sie ein negatives Urteil. Wenn sie Besuch habe, erlaube sie mir nicht, mich diskret zurückzuziehen (zugegeben, viel Platz sei in unserer Wohnung nicht, immerhin zwei Zimmer), sondern stelle mich vor den Gästen bloß, und wenn ich sage, ich müsse arbeiten, das heißt lernen, dann sagt sie gleich, lernen ist nicht arbeiten, du arbeitest ja nicht, ich arbeite für dich. Darum sei ich ungern mit ihr zusammen und ginge so viel wie möglich aus, in die Bibliothek, in Museen, spazieren. Sie behaupte, ich läse zu viele Bücher, und verlange von mir, daß ich mir ein »date«, einen »boyfriend«, einen jungen Mann zum Ausgehen fände, wonach mir aber gar nicht der Sinn stehe. Und fände ich einen, so würde sie sicher kein gutes Haar an ihm lassen. (Am Hunter College hatten wir übrigens wenig Gelegenheit, Männer kennenzulernen, das kam erst später. Mir hat das gutgetan, mein seelischer Haushalt war schon so überfordert.) Und sie mißverstehe auch alles zu meinen Ungunsten, ein Witz werde ernst aufgefaßt, eine unwesentliche Bemerkung bekäme den falschen Nachdruck. Gesagtes ändere sich dabei derart, daß ich nicht mehr zu Gesprächen aufgelegt sei, was sie dann wieder argwöhnisch mache. Sie wolle Geheimnisse aufspüren, wo es gar keine gäbe. Was rate er mir, wie kann ich dieses Zusammenleben ins Gleichgewicht bringen?

Ich hatte mir vorher zurechtgelegt, wie ich, sachlich, nicht weinerlich, ihm imponieren würde, durch Selbstbeherrschung und Beweis von klarem Denken. Denn wenn ich den ersten schlechten Eindruck, den ich bei uns auf ihn gemacht hatte, ausradierte, dann würde er vielleicht zu Privatgesprächen aufgelegt sein. Zum Beispiel, was das für eine Freundschaft mit meinem Vater gewesen war. Was den als Student beschäftigt hatte. Derlei Fragen. Der Arzt saß hinter seinem riesigen Schreibtisch, der mir wahrscheinlich noch größer erschien als er war, und ich mußte auf einem Stuhl ihm gegenüber, doch etwas seitlich, in der Ecke des Zimmers, sitzen, so weit wie möglich von ihm getrennt.

Ich hatte nicht bemerkt, daß er während meiner »sachlichen« Ausführungen immer zorniger wurde und war daher wie von einer Ohrfeige gerührt, als er sich Luft machte. »Halten Sie denn Ihre Mutter für eine Kuh?« rief er mit wahrer oder gespielter Empörung. Den Satz kann ich wörtlich zitieren, weil er so aus dem Blauen kam. Nichts lag mir ferner, als einen Menschen mit einem Tiernamen zu beschimpfen, und nun gar meine Mutter. Gerade wegen der Lager reagierte ich sensibel auf sprachliche Roheiten, war geneigt, die Sprache beim Wort zu nehmen. Im Österreichischen sagt man leicht über jemand, der einen ärgert, »Der Schlag soll ihn treffen.« Ich höre so etwas wie eine tatsächliche Verwünschung und schau mich gleich nach dem Hexenkessel um, in dem vielleicht eine Haarlocke oder ein paar Socken des Verwünschten schwimmen, damit der Fluch wirksam werde. Ich hielt meine Mutter nicht für dumm, und er hätte mir das mit der Kuh nicht unterstellen sollen. Der Geruch von Gefahr steigt mir in die Nase. Die Mißverständnisse häuften sich offenbar, und »warum solche Mißverständnisse?« war ja in erster Linie meine Frage gewesen.

Die Stunde war um, ich lernte die Spielregel, das mit den fünfzig Minuten, nicht mehr und nicht weniger. Ich bekam eine Hausaufgabe mit auf den Weg. Nächste Woche sollte ich meine Charakterfehler beichten, und er zählte mir auf, welche ich zu beichten hätte: Überheblichkeit, Hochmut, Respektlosigkeit.

Die seien der Grund meiner Kontaktarmut, die dann Angst, zum Beispiel vor Prüfungen, zur Folge habe.

Ich erkannte mich nicht in dieser Diagnose und versuchte tagelang, mich darin zu erkennen. Je mehr ich nachdachte, desto unsicherer wurde ich. Vielleicht hatte er irgendwie recht, nur ich begriff es nicht. Bei der nächsten Sitzung sprach ich davon, warum man mich für arrogant halten könne, wenn ich es doch nicht sei. Beharrlich bestand ich darauf, daß ich es schwer hätte mit meiner Mutter. Er ärgerte sich, mir saß die Angst in der Kehle, ich könne mir am Ende selber unzurechnungsfähig vorkommen. Ich schwieg und ließ mich abkanzeln.

»Wie laufen Sie denn überhaupt herum?« sagte er plötzlich. »Schauen Sie sich doch an«, und wies auf einen Spiegel. Ich sah gehorsam hinein, ehrlich verblüfft. Ich hatte noch meinen deutschen Mantel, sehr modern war der zwar nicht, aber man kauft doch keinen neuen, wenn man noch einen brauchbaren hat. Ein wenig ungekämmt war ich, zugegeben, aber es war windig draußen, das konnte einem schon die Haare zerraufen. In diesem Haus, versetzte er streng, verkehrten Damen aus besten Kreisen, was würden die sich denken? Um diese Tageszeit war ja niemand da, kombinierte ich im stillen. Hatte er mich darum so spät bestellt, weil er sich für mich schämte? Meine vernachlässigte Kleidung drücke Verachtung der Umwelt aus. Unkenntnis und Armut stellte er nicht in Rechnung.

Beschimpft und gedemütigt ging ich aus seinem Sprechzimmer, meine Tränen schluckend. »Warum weinen Sie?« fragte er, triumphierend, wie mir schien. Wenn ich mir Mühe gab, meinen Kummer nicht zu zeigen, so hätte er mich doch auch nicht darauf ansprechen sollen, meinte ich und stritt die Tränen ab. Auf dem Weg nach Hause räumte ich ihm in meinen Gedanken ein, daß er mich bessern, einen besseren Menschen aus mir machen wollte, doch nicht mir helfen, besser mit New York fertig zu werden.

Er hatte mir aufgetragen, nicht ohne Kopfbedekkung wiederzukommen. Ein Hut schien (und scheint) mir das unwesentlichste Kleidungsstück, das ein Mensch tragen kann, außer bei kaltem Wetter. Hier jedoch ging es nicht um die Temperatur, sondern um die Zivilisation, in der Mode vertreten. Ich kaufte die billigste Kopfbedeckung, die ich finden konnte, eine Kappe bei Woolworth um 80 Cents (hellblau oder rosa war sie), hielt auch das für Verschwendung, setzte sie auf und ging wieder hin.

»Was ist das Gewissen?« hab ich ihn gefragt, denn ich wollte ihm sagen, daß mir die Toten zu schaffen machten, weil ich am Leben war. Direkt heraus wollte ich nicht mit diesem Bekenntnis, weil es aufgeblasen klang, und er würde es mir ja nicht glauben, wenn er mich für so egoistisch hielt. Ich hätte ihm anfänglich gern meine Gedichte gezeigt. Dort standen die Worte, die ich dafür gefunden hatte, und er hat mir keine anderen geliefert. Nicht einmal das Wort von der Trauerarbeit. Vom KZ war nur einmal die Rede und dann so, als sei ich in keinem gewesen, nur meine Mutter. Die Antwort auf meine Frage ist er mir schuldig geblieben. (Siehst du.)

Nur loskommen von diesen Gesprächen, die mich vernichten. Er zerstört das, was »ich« in mir sagt. Ich wurde ganz vorsichtig mit dem, was ich preisgab und was ich verschwieg. Und er wurde ungeduldig mit meiner Wortkargheit. Ich verschwende seine kostbare Zeit, 10 Dollar pro Sitzung, die ich gratis erhielte. Nun geschah zweierlei: Erstens glaubte ich ihm die Summe, die er nannte, nicht. Der lügt, dachte ich schlicht. Der kann doch in vier Stunden nicht so viel verdienen wie meine Mutter in der ganzen Woche. Zweitens entpuppten sich diese qualvollen Sitzungen als ein in Dollar meßbares Almosen; ein Almosen muß man nicht annehmen.

Ich hätte um einen neuen Termin anrufen müssen und unterließ es. Das Telephon läutet, da war er wieder, was will er nur, er will wissen, warum ich nicht mehr komme, er besteht darauf, daß ich ihm beteuere, er hätte mir geholfen, ich tu es, ich lüge, ist mir wurscht, ich bin ihm nichts schuldig, die Wahrheit schon gar nicht. Er drängt mich, ja, die Prüfungen fallen mir jetzt leichter – dabei hatte ich seit der letzten Sprechstunde gar keine Prüfungen gehabt. Er verlangt, daß ich mich bei ihm bedanke, warum nicht, ich bedanke mich. Die Woolworth-Kappe hab ich nie mehr getragen und setzte barhäuptig meine Spaziergänge durchs nächtliche Manhattan fort.

Ich überlegte mir, ob man sich in einem Fluß, dem Hudson, ertränken könne, wenn man in einem Fluß, der Donau, schwimmen gelernt hatte. Auch daß der Hudson recht schmutzig sei, erwog ich. Und stolperte so ohne viel seelisches Gleichgewicht mit meinen Selbstmordgedanken durch die Tage. Lernen war Therapie, Lesen Rettung. Das dauerte noch eine ganze Weile.

Depressionen haben auch ihr Gutes. Sie sind ein sicheres Mittel gegen die Todesangst. Entweder fürchtet man sich vor der Auflösung, oder man wünscht sie herbei. Beides zusammen geht nicht. Damit war diese Kinderkrankheit überstanden. Das eine hat das andere geheilt. Freilich eine Roßkur, doch bleibt man geimpft, auch nachher. Depressionen wird es noch geben, auf die bin ich gefaßt. Doch Todesangst kann einem die Laune so gründlich verderben, daß es mir lieber ist, manchmal tagelang lethargisch herumzusitzen mit dem Gefühl, es hat absolut keinen Sinn, den kleinen Finger zu rühren.

Wie tief sich dieser Herr Fessler mir eingeprägt hat. Ich bin nur drei- oder viermal hingegangen, und er ist längst gestorben. Trotzdem bleibt dieser abgründige Widerwille, ich reg mich auf, wenn ich an ihn denke, im Gegensatz zu den dankbaren Erinnerungen an manche verstorbene College-Lehrer, die mich nicht weiter zur Kenntnis nahmen, als daß sie mir was beibrachten. Der Lazi Fessler, das war (aber das fällt mir erst jetzt ein), als hätten die Nazis eine geistige Autorität erlangt, die sie in Deutschland für mich nie gehabt hatten, nämlich daß da einer war, der mich nicht gelten ließ (und dahinter steht doch der Tod, ein Todesurteil, oder nicht?), und der doch wie mein Vater geklungen hat.

Das Ärgste war, daß er mir die Fähigkeit zur Freundschaft absprach, abgestritten hat.

## 5.

In Vermont konnte man Sommerkurse belegen, die einem am Hunter College angerechnet wurden. Im Sommer 1949 teilte ich im dortigen Studentenheim ein Zimmer mit einem Mädchen, die ihr Bett mit Kuscheltieren verzierte, eine Mode zur Betonung des Weichen, Kindlich-Weiblichen der Besitzerin. Sie war ein Typ der kommenden fünfziger Jahre, sie wollte eine gute Partie machen und eine gute Hausfrau werden, keine unedlen Absichten, nur mein Fall war sie nicht. Auf ihre Frage, welcher Nationalität ich denn sei, gab ich die einzig mögliche Antwort, ich sei Jüdin, in Österreich geboren.

Dann sei ich einfach Österreicherin, konstatierte sie, mein Glaube hätte nichts mit meiner Staatsangehörigkeit zu tun. Mit der nicht, räumte ich ein; seit der Krieg aus sei, könne ich einen österreichischen Paß bekommen, trotzdem bestehe ein Unterschied.

Sie darauf, mit den Scheuklappen der toleranten Amerikanerin, die zum Überfluß stolz war auf ihre Kenntnis der Verfassung: »So denken wir nicht in den Vereinigten Staaten. Bei uns sind Kirche und Staat getrennt.«

»Ich weiß«, erwiderte ich, mit an Verzweiflung grenzender Ungeduld, »darum bin ich ja hier. Darum hoffe ich in ein paar Jahren amerikanische Staatsbürgerin zu werden. Den Antrag hab ich schon gestellt, die ›first papers‹ hab ich.«

Da sie es gut meinte, unterließ ich es, ihr zu erklären, warum ich den Studenten, den sie mir als »date« aufgeschwatzt hatte, fallen ließ. Der erzählte mir nämlich, er und seine Kameraden hätten deutsche Kriegsgefangene erschossen, wenn es zu umständlich war, sie mitzunehmen. Auf meine unerwartet negative Reaktion gab er zu, das sei ein Verstoß gegen die Regeln gewesen, aber eben nur ein Verstoß gegen Eisenhowers Regeln. – Der war trotzdem ein Held.

Ich zog mich zurück in die hübsche, wenn auch

nicht sehr gut bestückte Bibliothek, verfaßte harmlose englische Verse, las mein Pensum von den ausgewogenen Versen Alexander Popes und der bissigen Prosa Jonathan Swifts für meinen Kurs und fand, daß ich eigentlich in dieser strahlenden Gartenlandschaft Neu-Englands wieder in den Spitalgarten des jüdischen Krankenhauses in Wien versetzt war, nur diesmal aus eigener Schuld, und fragte mich, ob der Lazi Fessler nicht doch recht gehabt hätte mit seiner Diagnose von Kontaktarmut als Folge von Arroganz und Besserwisserei. Ich schrieb einen liebevollen Brief an Onkel und Tante in New York, erhielt keine Antwort, und stellte mir vor, daß sie diesen Annäherungsversuch als eine hinterhältige Sentimentalität weggeworfen hätten.

Da erfuhr ich, daß noch andere Studentinnen vom Hunter College da seien, und die suchte ich auf.

Mein Sohn sagt: »Wie war das nur mit euch vieren? Ich seh euch zusammensitzen wie in einem schwarz-weißen Film, ihr raucht Zigaretten und lacht viel.« Er meint, dieser prähistorischen Freundschaft fehlen Tiefe und Nuancen, denn ist nicht alles, was sich vor unserer Geburt abgespielt hat, vor den Farbfilmen gewesen und daher prähistorisch? Was hattet ihr gemeinsam, eigentlich seid ihr doch recht verschieden. Das Rauchen, das wir längst aufgegeben haben, bestürzt ihn, den Sportler und Gesundheitsfanatiker, besonders wenn er hört, daß die Frauen, die ihm seit früher Kindheit wie Familie, nur vertrauter, sind, mich erst dazu verleiteten.

Bei der ersten Begegnung saßen Marge und Anneliese an einem Tisch in der Mensa, pafften wirklich Zigaretten und waren gut gelaunt. Ich platzte mitten in ein theologisches Streitgespräch hinein. Sie hatten ein

Seminar über das Neue Testament belegt. Sie fielen einander rücksichtslos ins Wort, Behauptung und Gegenbehauptung, du hörst mir nicht zu, aber ja doch, nur hast du unrecht.

Marge und Anneliese waren Jüdinnen, und gleichzeitig waren sie gründliche, wenn auch skeptische Christinnen, die die eigenen Motive für ihren Glaubenswechsel selbstquälerisch in Frage stellten. Das war eine neue Wellenlänge, aus unbekanntem Terrain. Die mitgeschleppten Vorurteile meines liberal aufgeklärten Backgrounds, wo man die Orthodoxen für altmodische Fanatiker und die Getauften für charakterlose Assimilanten hielt, habe ich beim Zuhören schweigend und heimlich abgestreift. Als wenn ich mir unterm Tisch ein Paar zerrissene Strümpfe ausgezogen hätte: daß nur keiner merkt, du hattest sie an.

Sie hatten zu dritt ein Zimmer außerhalb der Studentenheime gemietet, und als ihr mich einludet, mit euch nach Hause zu gehen, wußte ich, daß ich bei euch keine Kuscheltiere vorfinden würde. Wir fanden die schlafende Simone, die ihr ohne Bedenken mit einem Hagel wohlgezielter Kissen aufgeweckt habt, damit ich sie kennenlerne, und weil sie, so hieß es, doch nur aus Faulheit schliefe. Als Mathematikstudentin müßte sie nicht so viel schreiben und lesen wie ihr. Simone, die verschwiegenste, zurückhaltendste von uns vieren, war sauer beim Aufwachen, aber freundlich zu mir, mit der ihr eigenen natürlichen Höflichkeit, Produkt der Nächstenachtung, die der Nächstenliebe vorausgeht.

Sie nahmen mich wahr und ließen mich sein, wie ich war. (Bei denen bleib ich.)

Anneliese sagt, das erste, was die Leute an ihr bemerken, sei, daß sie am Stock geht, daß sie hinkt. Auf mich trifft das nicht zu, ich weiß es genau, es war nicht das erste. Von Deutschland kommend war ich an den Anblick von Behinderten, durch die Bombenangriffe Versehrten, sowieso gewöhnt. Das erste war ein magnetisches Feld. Das heißt, ich wünschte mir sofort, zu euch zu gehören. Ich wünschte mir, ich hätte die drei schon in New York gekannt, dann hätte ich vielleicht mit ihnen zusammen herkommen und wohnen können. Wäre auch billiger gewesen.

Seit dem Sommer in Vermont sind über vierzig Jahre vergangen. Unsere Generation leidet allmählich an den Krankheiten, an denen man stirbt, und da soll man nichts aufschieben, darum hatten wir neulich, in London, zwei Wochen lang eine Wohnung zu viert, Marge und Anneliese in einem Zimmer, Simone und ich im anderen. In unserem Zimmer wohltuende Unordnung, im anderen aktives Aufräumebedürfnis. Marge und Anneliese fallen einander beim Frühstück noch immer ins Wort, der alte Gesprächsduktus, nur geht es nicht mehr um das Christentum, sondern der Golfkrieg ist der Anlaß. Simone und ich hören friedlich zu, eine Behauptung, die die beiden anderen vehement abstreiten würden. Ich denke stillvergnügt: Jetzt hab ich doch noch eine Wohnung mit ihnen zusammen. Ein Versäumnis nachgeholt, so leicht ist das manchmal, das befriedigt, die meisten lassen sich nicht nachholen.

Anneliese, mit 25, war die Älteste und maßgebend für uns. Sie war als kleines Kind von ihren Eltern aus Frankfurt in ein Sanatorium in der französischen Schweiz geschickt worden, mit einem Leiden, das man wenige Jahre später mit Antibiotika heilte. Sie und ich hatten als ein Gemeinsames eine Kindheit, die das Vorstellungsvermögen strapaziert. Krankheit als eine Art Gefängnis, man sollte meinen, so hätte ich mir das vorstellen können, doch ich konnte mir nicht vorstellen, wie man im Bett liegend wächst und älter wird. Ich erkundigte mich nach Details und gab dann auf die Antworten nicht acht oder merkte sie mir nicht, so daß ich noch einmal fragen mußte. Jahrelang nicht aufstehen, dann aufstehen, dann noch einmal lange im Bett liegen. Eine unnatürliche Situation, sagt Anneliese, wird natürlich, wenn sie dort, wo man sich befindet, »normal« ist. Das weiß ich eigentlich selbst, aus den Lagern, aber Unbeweglichkeit war mir trotzdem eine frustrierende Leerstelle, ich tappte daran herum, versuchte es ehrlich, dann vielleicht doch nicht so ehrlich, weil es anstrengend war, und konnte mich nur ein wenig, nicht sehr, hineinversetzen. Ich reagierte ähnlich wie andere auf die Lager reagieren, was ich den anderen gern übelnehme. Und lernte mühsam, was man in Freundschaften lernt, sich die eigenen Lasten vom Buckel zu nehmen und sie zu verwandeln, indem man sie verwendet, zu Werkzeugen, mit denen man greift und begreift, statt nur zwischen den eigenen Stacheldrähten schnaufend hin und her zu laufen.

Freunde ergänzen einander, ergänzen heißt ganz machen, um das nötig zu haben, muß man geschädigt sein, aber wenn man es nötig hat, so kann man auch niemand brauchen, der auf dieselbe Weise beschädigt ist, sondern jemand, der andere Schäden aufweist. Die Freunde füllen die Lücken, sind komplementär, sie holen auf, was einem fehlt, sie tun, was man versäumt hat, Verwandte tun das nicht, oder wenn, dann nur zufällig.

Die drei verdienten schon ihren Unterhalt und wohnten nicht mehr zu Hause. Wir waren vaterlos, unsere Väter hatten wir nicht oder kaum gekannt, und die Mütter waren uns allen ein Problem. Wir ersetzten einander die Eltern.

Anneliese sagte zu einer Professorin am College, ich hab jetzt nicht die Zeit, dies oder jenes zu tun, ich bin mit Simone verabredet. Die andere darauf, mit der Gewißheit der Älteren: Du läufst immer hinter einer Freundin her. Mit denen wirst du ja nicht dein Leben verbringen. Anneliese, die inzwischen eine weißhaarige Großmutter geworden und als einzige von uns vieren noch immer verheiratet ist, schiebt ein Knie vor, kreuzt die Hände über ihrem Stock, wie sie es tut, wenn ein Gedanke sie bewegt oder ihr Nachdruck abnötigt, und die Jahrzehnte, mit ihren Krisen und Tiefpunkten, überprüfend, sagt sie: »Die hat sich geirrt. Ich hab mein Leben mit Simone verbracht.«

Ich hab sie alle umbenannt. Der Name für Marge ist der belangloseste, weil sie selber ihre Namen oft gewechselt hat. Ich wähle einen Namen, von dem ich sagen kann, Marge nannte sich Meg, bevor ich sie kannte, und jetzt nennt sie sich Margaret. Für uns bleibt sie Marge. Unsere Amerikanerin und beharrlichster Flüchtling vor den Äußerlichkeiten der Identität, flüchtete sich nicht in das amerikanische Durchschnittsmilieu, sondern zu uns, zu den Ausländerinnen, mit unseren Fremdsprachen und internationalen Perspektiven.

Marges Mutter hatte ihren beiden Töchtern abgeraten zu studieren und ihnen andererseits eingeredet, sie würden wie Filmstars aussehen, wenn sie sich die Nasen operieren ließen. Es hat ja lange gedauert, bevor jüdische Identität modisch wurde, und die großen

Nasen auf Frauengesichtern sind es erst mit dem berühmten Profil der Barbra Streisand geworden. Amerikanische Juden, die es sich leisten konnten, ließen sich die Gesichter verunstalten, besonders die Frauen; wie eine Hitzewelle gab es die Nasenoperationenwelle. Marge hat sich dieser freiwilligen Tortur ausgesetzt, sobald sie das Geld dazu hatte, ein Filmstar ist sie nicht geworden, dafür eine tüchtige Anglistin an einer kanadischen Universität, weil sie trotz mütterlichem Abraten promovierte. Anneliese lamentiert, Marge habe so ein schönes Gesicht gehabt, jetzt sei es ein Dutzendgesicht geworden. Das ist übertrieben, Gesichter sind eine Charakter- und keine Nasenfrage, Aber besser war es schon mit der angeborenen Nase. Marge ihrerseits behauptet, niemand hätte ihr was von ihrem schönen Gesicht gesagt, auch Anneliese nicht. Auf die hätte sie nämlich gehört, wie wir alle, sagt sie, und sich nicht das Nasenbein brechen lassen. Achselzuckend gibt sie heute zu, sie wäre einer katholischen Lehrerin zuliebe konvertiert.

Simone war, wie ich, als Zionistin aufgewachsen, nur hat sie, anders als ich, Ernst damit gemacht. Wir waren noch kein Jahr in Amerika, als der Staat Israel gegründet wurde. Meine Mutter jubelte, in meine Freude mischte sich Enttäuschung, ich kam mir betrogen vor, weil ich doch dort hingewollt hatte und nicht durfte. Neulich im Fernsehen sah ich genau dieselbe Mischung auf den Gesichtern von DDRlern, die wochenlang in der Prager Botschaft ausgeharrt hatten und dann in westdeutschen Flüchtlingsunterkünften die Tatsache verarbeiteten, daß die deutsch-deutsche Grenze offen war.

Als ich das College absolviert hatte, ging ich zu

den zuständigen Behörden um Auskunft, was ich in Israel anfangen könne. Man entmutigte mich: Es gab wichtigere, wesentlichere Fälle, ganz zu schweigen von den Juden in Europa. Ich hatte gerade einen langweiligen Job in der Katalogabteilung bei der New York Public Library und konnte mit nichts aufwarten, was im neuen Staat als Beitrag gelten konnte, außer meiner Bereitschaft. Betroffen fragte ich mich, ob ich ohne die amerikanische Staatsbürgerschaft so weit wegfahren sollte, um womöglich in Israel nutzlos zu sein und hier in Amerika meiner Mutter zu fehlen? Ich schob den Zionismus auf oder meinte, ihn bis zum Erlang der amerikanischen Staatsbürgerschaft aufzuschieben, und tatsächlich wurde er das Unerledigte schlechthin und daher eine Wunde.

Anders Simone. Die hat in Israel unter den übelsten Bedingungen mit asozialen, schwer erziehbaren und straffälligen Kindern gearbeitet (»institution food with flies«, »Anstaltsessen mit Fliegen«, habe sie gegessen, verkündete ihre Londoner Mutter naserümpfend, aber auch stolz). Und ist nach Amerika zurückgekommen, wenn nicht enttäuscht, so doch auch nicht mehr begeistert von einem Land, wo die Kriegsbereitschaft die Menschen prägt, selbst wenn die Kriege von ihren Feinden angezettelt werden. Und dann hat sie die Sozialarbeit an den Nagel gehängt und hat fliegen gelernt und ist Pilotin geworden.

Da hast du's, sag ich zu Anneliese, die wäre in einer gerechteren Welt gleich Fliegerin geworden, denn das macht sie am liebsten. In dieser Scheißmännerwelt ging das damals nicht, und selbst jetzt geht es kaum. Jedoch, antwortet Anneliese, da unterschätzt du, was unsere Simone im Lauf ihrer Karriere für ihre

Klienten geleistet hat, weil du überall verschwendetes Leben siehst, es geradezu suchst, damit du die Hände darüber ringen kannst, sagt Anneliese zu mir.

Ich hab ihr den Namen von Simone Weil gegeben, obwohl sie mit dem Herrgott so wenig anfangen kann wie ich. Ich hab erstens kein Talent zur Transzendenz. Zwar kann ich ein paar Kunststücke, die das Bewußtsein heben, senken, zumindest auf eine andere Platte schieben, aber sie sind gehaltlos und hauptsächlich gut als Mittel gegen Schlaflosigkeit und Nervosität. Zweitens kommt der christlich-jüdische Gott aus einer Gesellschaftsstruktur, die mir wenig behagt, denn der Sprung über Adams Rippe hinweg zu diesem Patriarchen ist mir zu weit, und ich schaffe ihn nicht. Weder zum Mann mit dem Bart noch zu seiner logozentrischen Abstraktion. Ich seh mich im Spiegel und bin nicht sein Ebenbild. Und drittens war ich zu früh in gottverlassenen Räumen.

Trotzdem denke ich theologisches Denken gern mit, und Simone Weil möchte ich gerne entchristianisieren, die Jüdin in ihr finden, die sie verdrängte, und behalten möchte ich die Verquickung von Politik und selbstentfremdender Reflexion. Die letzten Essays und Briefe der Philosophin liegen gerade bei mir auf dem Nachttisch, die sie schrieb, als sie aus New York wiederkehrte, in London herumirrte und nicht ins besetzte Paris durfte. Da nenne ich kurzerhand die Freundin nach ihr, die atheistische Freundin aus koscherem Haushalt, die vor ihrer anglo-französischen Familie bis nach Amerika floh. Über Ausgeliefertsein sprechen wir manchmal. Meine Simone sagt, du brauchst dich nicht erniedrigen lassen, es hängt von dir ab, wie du es aufnimmst. Ich darauf, nein, wieso, bei jeder frauenärztlichen Untersuchung kann dich der Kerl mit fiesen Bemerkungen demütigen, wenn er Lust hat. Meine Simone ist der Philosophin ähnlich in der Grundsätzlichkeit der Lebenshaltung: das Unbestechliche an ihr. Sie läßt sich nicht einwickeln. Schmeichelt nicht. Hat nie geflirtet. Gibt nicht nach, wenn man meint, sie muß, und gibt sofort nach, wenn jemand sie braucht, sie bittet.

Doch auf die dritte Freundin ging ich direkt zu und sagte, wie willst du in meinen Aufzeichnungen heißen? Und sie antwortete ohne Zögern: »Anneliese.« Denn als sie im Schweizer Sanatorium lag, zwar hilflos, aber dem Zugriff der Nazis entzogen, schrieb ihr manchmal eine jüngere Verwandte aus Deutschland, und bat sie, sich ihrer anzunehmen. Sie schrieb, daß alle sie verlassen hätten, sich niemand um sie kümmere, daß es nicht gut ausgehen könne. Meine Freundin hat natürlich nichts für die andere tun können, denn sie war ja selbst ein abhängiges Kind und eine Fremde, doch in einem Land, das der Zurückgebliebenen Utopie war, und wer dort lebte, schien mächtig. Meine Freundin hat schließlich diese flehenden Briefe nicht mehr beantwortet. Mit schlechtem Gewissen beiseite gelegt.

Das jüngere Mädchen hieß Anneliese und ist in einem Lager umgekommen. Meine Freundin blieb mit ihrem schlechten Gewissen und dem unterbrochenen Briefwechsel hängen. Für mich, die ich diese ursprüngliche Anneliese nur aus den spärlichen Brocken kenne, die ich hier referiere, war sie ein blasses Gespenst unter vielen und war doch damals in New York an der ungleichen Freundschaft einer Achtzehn- und einer Fünfundzwanzigjährigen mitbeteiligt. Und nun wählt die Freundin gerade diesen Namen: Anneliese, das war doch gewissermaßen ich, und jetzt ist sie es geworden, und dahinter steht die dritte, mit ihrer Hinterlassenschaft vergeblicher Briefe. So rutschen wir in- und durcheinander, und der identifizierende Name verwischt die Identitäten.

## 6.

Die Freundinnen waren ansprechbar. Meine Mutter und ich hatten keine Sprache miteinander. Die ihrige dient nicht dem Gedankenaustausch, sondern der Manipulation. Meine Mutter ist nicht identisch mit ihrer Sprache, war es nie, ihre Sprache ist wie die Garderobe der Schauspieler, sie sucht sich aus, was gerade in ihre jeweilige Rolle paßt. Sie verwendet die Wörter wie Schminke. Die lassen sich das nicht gefallen, und in ihrer Tücke verschmieren sie ihr die Gedanken.

Sie war eifersüchtig auf die Freundinnen. »Mit Krüppeln und Geschmaten [Getauften] gibst du dich ab.«

Als sie das sagte, saß ich gerade in der Badewanne, die ich wegen der Hitze mit kaltem Wasser vollaufen ließ. Da es noch keine Klimaanlagen gab, mußte man sich nicht darüber kränken, daß man sich keine Klimaanlage leisten konnte. (Unvorstellbar damals, daß einmal Touristen im Sommer – im Sommer! – nach New York kommen würden.) Sie ist nebenan, in der Küchennische. Sie will mich quälen, kränken mit ihren Vorurteilen, was denn sonst? Sie will mir die Freunde vermiesen, nehmen will sie, einfach so, mir etwas wegnehmen. Ich schrie, schrie sie an und schrie vor mich hin zur eigenen Beruhigung. Ich haßte sie, gründlich.

Eine Tante sagte unumwunden über Anneliese: »Die Arme, die findet nie einen Mann.« Ich war so empört, erstens, weil ihr nichts Wichtigeres einfiel, zweitens, weil es ja nicht wahr sein konnte. Aus lauter Empörung hab ich es Anneliese weitererzählt, mit der grenzenlosen Taktlosigkeit, die ein Bestandteil meines Vertrauens zu ihr war. Ich hab ihr alles zugemutet. Sie hat sich alles gefallen lassen und dann plötzlich einen Wutanfall bekommen, wenn ich auf der Straße zu schnell für sie gelaufen bin. (Und warst mir doch immer voraus: Ich bin dir nachgelaufen, und hab an dir gezerrt, wollte alles von dir, was sonst nicht zu haben war, Gerechtigkeit, Einsicht, Verständnis.) Einmal bist du auf der Straße der Länge lang hingefallen, wegen meiner zerfahrenen Rücksichtslosigkeit. Ich erschrak heftig, aber du hast dich nur abgeputzt und geschimpft.

Nachgelaufen bin ich ihr auch in Museen. Mein Kunstsinn ist gering, verglichen mit ihrem, und ich muß mir erst einreden oder einreden lassen, daß etwas schön ist. Mich lockte die Statik des Gesammelten, die nicht von Umziehen, Herumziehen, Aufbruch und Abbruch bestimmt war. Ein Museum war wie ein Schwamm, der mich aufsaugt, eine geistige Suppe, die mich minderwertiges Gemüse würzt und gar kocht. Schmackhaftes, Abgeschmecktes war da vermischt, und keine Kartoffelschalen, die der Mensch nur aus Not frißt. Dazugehören, einfach dadurch, daß man hinschaut. Bibliotheken empfangen mich ähnlich, aber die versprechen nur (weil man die Bücher ja nicht auf der Stelle lesen kann), während Museen ihr

Versprechen gleich einlösen, dir den Dinosaurus oder den Matisse zum sofortigen Genuß servieren.

Ich zog hinter Anneliese her und blieb stehen, wo sie stehenblieb, und versuchte, mit ihren Augen zu sehen. Im Metropolitan Museum blieben wir lange vor El Grecos verzerrten Gestalten stehen, und sie zeigte mir, wie er das macht, mit dem unheimlichen Licht über Toledo. Bei Goya hab ich selbst drauflos gequasselt, denn das sah ich sofort, daß Goya, anders als sein Zeitgenosse Goethe (und noch dazu ein fast *genauer* Zeitgenosse!, trumpfte ich auf), der ihn nicht kannte (Goethe, der die Werke des größten Malers seiner Zeit nicht einmal vom Hörensagen kannte!), keine Kompromisse kannte, Goethe hingegen ja. Ständig suchte ich Anneliese, von deren beiläufigen Hinweisen ich hungrig lernte, mit meinen Kenntnissen zu beeindrucken, und genierte mich, wenn es gelang.

Wo immer ich wohne, hat mir Anneliese hübsche Bilder an die Wand genagelt, sie kommt mit dem Bild und bringt auch gleich den Hammer zum Aufhängen mit. Sie richtet alle ihre Freunde in neuen Wohnungen ein. Schwitzend schiebt sie stundenlang Möbel und legt Teppiche, bis alles stimmt. Wir anderen mit unseren normalen Gliedern stehen staunend daneben und lassen die Arme hängen. Ich freue mich jedesmal riesig, und dabei ziehe ich ja doch wieder aus, nachdem sie mich »eingerichtet« hat, aber das stört sie nicht, von mir erwartet sie es nicht anders und fängt unverdrossen von vorne an. Sie sammelt hübsche Sachen, verfertigt auch welche, verschenkt sie, zieht sich elegant an. Überspielt das schwere Gebrechliche mit dem leichten Zerbrechlichen der ästhetischen Gegenstände. Die Stöcke, die sie zum Gehen braucht, sind edle Objekte aus Antiquitätenläden, dem Aussehen nach nicht Krücke, eher Zier- oder Spazierstock. Trivial nennt sie diese vergängliche Schönheit, die ihr lieb ist, uns Unbegabtere entlastend.

Als ich vor zehn Jahren mit einer schweren Herzkrankheit im Spital in Philadelphia lag, dachte ich eines Nachts: »Wenn ich hier nicht herauskomme, kann ich das Guggenheim-Museum nie wieder sehen.« Und dann, resigniert: »Wenn das der Inbegriff aller Versäumnisse ist!« Als ich die Krankheit überstanden hatte, fuhr ich eilig zu einer Ausstellung deutscher Expressionisten in New York und lief Frank Lloyd Wrights kuriose schneckenförmige Rampe auf und ab, feiernd, daß ich wieder einmal am Leben geblieben war. Die Sehnsucht nach dem Museum, diesem Museum, das war die Sehnsucht nach der warmen Lebensbrühe unserer Kultur, zu der sogar die vielgeschmähte Bildung gehört.

Dagegen die Todesaura der KZ-Gedenkstätten, diese Antimuseen, die von Auflösung reden; der Ort so konkret, das Geschehen nur noch der Phantasie zugänglich. Und wer weiß, was die daraus macht. War noch nie verläßlich, unsere Phantasie, die so gern von Perversem und Gewalttätigem träumt.

Das Guggenheim-Museum gab es in meinen Collegetagen noch nicht. Dafür waren wir gern in der Frick-Galerie, wo nur Weniges, aber um so Erleseneres, zum Beispiel Holbein und Turner, hängt. Dort war's am Nachmittag still und vornehm, und im Museum of Modern Art hing noch Picassos Guernica – der Bombenkrieg in entstellten Menschen und Tieren und Häusern, Entstellung bloßgestellt in den Konturen der Moderne. Ein Flüchtling war Guernica in

New York – auch ein Gemälde konnte ein Flüchtling sein – und blieb es, bis die Spanier es sich vor einigen Jahren nach Hause holten. Das war uns das liebste Bild von allen.

## 7.

Meinen Bachelor of Arts hatte ich, als ich noch keine 19 Jahre alt war, dem Alter nach zwei oder drei Jahre zu früh, und mit etwa zehn Jahren fehlender Vorbildung. Nicht, daß der Bachelor mit Hauptfach Englisch viel wert gewesen wäre.

Ich wollte Geld verdienen und ausziehen. Irgendeinen Job konnte ich schon finden, und die Wohnung war klein. Meiner Mutter ging es jetzt besser, sie war als Krankengymnastin bei einem Arzt tätig. Außerdem hatte sie einen kleinen Teil ihres Wiener Vermögens zurückbekommen. Damit bezahlte sie, um sich nichts schenken zu lassen, den amerikanischen Verwandten die Kosten für unsere Überfahrt, und der Rest diente als Anzahlung für ein Häuschen in Forest Hills. Da war nun leider reichlich Platz für uns beide, und somit wurde die Ausrede Platzmangel hinfällig. Ich blieb noch ein Jahr bei ihr und fuhr täglich in der überfüllten Subway nach Manhattan, wo ich entweder als Bürohilfskraft oder als Kellnerin jobbte. Etwas anderes konnte ich nicht finden, und ich hielt es in keinem Job lange aus.

Die Wohnungsgemeinschaft mit meiner Mutter wurde mir eine immer lästigere Pflicht, und doch sah man mich als Nutznießerin einer aufopfernden Mutter, noch dazu eine Tochter, die die Mutter davon abhielt, wieder zu heiraten. Das war ein Gerücht, das sie selbst verbreitete. Ein Stiefvater wäre mir indessen sehr gelegen gekommen. Sie hat viermal geheiratet und empfand es sicherlich als ein Manko, daß sie in den ersten paar Jahren in New York keinen geeigneten Partner aufgetrieben hat. Vielleicht hat sie gar nicht bewußt gelogen, sondern glaubte selbst, daß ich, je erwachsener ich wurde, sie desto mehr benötigte.

Um für meinen Unterhalt aufzukommen, zahlte ich fast alles, was ich verdiente, in eine gemeinsame Kasse; da wir nie abrechneten, mußte ich noch immer um Geld bitten. Meine Mutter war nicht geizig, sie wollte mich nur abhängig. »Was mir gehört, gehört auch dir«: Ich interpretierte, du gehörst mir und hast nichts Eigenes zu haben. Sie hatte oft genug selbst nichts Eigenes gehabt, das Kind aber hatte sie, wer konnte das bestreiten?

Sie durchstöberte meine Sachen, kam ohne zu klopfen in mein Zimmer, sie beroch meine Unterwäsche. Heute noch kann es vorkommen, daß sie in meinem Arbeitszimmer den Papierkorb durchwühlt, auf der Suche nach etwas Privatem. Ich sehe, sie liest ein zerrissenes Blatt, ohne viel damit anfangen zu können, etwa Notizen zu einem Aufsatz über das »Käthchen von Heilbronn«. Ich atme auf, es könnte ärger sein, es könnte dieses Blatt hier sein. Ich stelle sie zur Rede, gereizt: Alles liest du, was offen herumliegt, und kaum dreht man dir den Rücken, stürzt du dich sogar auf Weggeworfenes. Sie verteidigt sich: »Wieso? Was im Mist ist, darf man sich doch anschauen! Bei mir kannst du alle Papierkörbe durchsuchen.« Als ich ihr von einer bevorstehenden Reise berichte, sagt sie mit dem verletzten Rechtsbewußtsein der Eigentümerin:

»Du bist mir immer davongelaufen.« Abhängiger als die Frauen sind nur die Kinder, daher sind die Mütter oft so abhängig von der Abhängigkeit ihrer Kinder.

Ich wollte raus aus New York und eine nützliche Arbeit finden. Da die Israelis nichts mit mir anfangen konnten, ging ich zu dem American Friends Service Committee, den Quakers, die immer irgendwelche menschenfreundlichen Projekte hatten, und ließ mich für ein Jahr nach Mexiko schicken, wo es ein Dorf auszubauen galt. Danach würde ich vielleicht weiterstudieren. Auch die Freundinnen hatten Pläne, die von New York wegführten. Ein deutliches Kapitelende war der Sommer 1951.

Mein New York war eine relativ gemütliche Stadt, verglichen mit den heutigen Verhältnissen. Ich glaubte tatsächlich nie, daß mir auf diesen Straßen Böses zustoßen könne. Auch heute, wenn mich eine Dienstreise dahin bringt, laufe ich aufgekratzt und unbefangen in der Stadt umher, weil ich mich ja auskenne, obwohl es so lange her und mein Ortssinn so schlecht ist. Tag und Nacht sind diese Straßen so belebt, als hätten die New Yorker etwa nicht den Ruf, sich in ihren Wohnungen zu verschanzen. Und in den heißen Sommernächten ist Manhattan ein einziges langgestrecktes Volksfest, aus Schmutz und Glanz. Wenn Anneliese zu Besuch von England kommt, geht es ihr ähnlich: Sie, diese ältere, ausgesucht gut gekleidete, gehbehinderte Dame stürzt sich mit Wonne in die berüchtigten, stinkenden, verschmierten und von Touristen ängstlich vermiedenen Subways und prahlt, wie schnell und preiswert sie überall hinkommt. In New York brauche sie keine Taxis, und die heutigen Taxifahrer verfahren sich bekanntlich sowieso pausenlos.

New York war abwechselnd zähnebleckend und großzügig, es ließ alle an sich rankommen, und wenn man sich wohl fühlte, dann war es doch nur Gleichgültigkeit gewesen. New York ist Chiaroscuro, ein schwarz-weißer Film, mein Sohn hat recht. Von den ungefähr zweitausend Menschen, die in New York jährlich erschlagen und erschossen, erdrosselt und erstochen werden, zelebrieren die New Yorker regelmäßig den einen oder den anderen Spezialfall, die Begräbniskosten werden oft von privaten Spenden bestritten, die Leute diskutieren und lamentieren und beerdigen feierlich im Beisein der Medien ein aus Versehen erschossenes Kleinkind oder einen erstochenen jungen Touristen aus der Provinz, der in der Untergrundbahn seiner Mutter zu Hilfe kam: Zeremonien, mit denen man sich behilft, wenn das Ausmaß des verschwendeten Lebens die Mitleidsfähigkeit übersteigt und sogar das Grauen in die Defensive treibt. Es ist wie mit meinen Jahrzeitlichtern, diesen Paraffinkerzen. Ich kenn das.

Bei meinen Stippvisiten legt mir New York das Unterbrochene und Liegengelassene um die Schultern, eine wärmende, kratzende Wolljacke; und das Gewesene schmiegt sich mir an die Waden wie eine Katze, die mir einmal gehörte, in einem Haus, wo ich einmal wohnte – *Wer nannte seine Stadt ein Mütterchen mit Krallen? Das war der Onkel Franz* –, und ich beuge mich zu ihr und tu erstaunt: »Du wohnst noch hier? Wer hat dich denn gefüttert? Hast womöglich von Mäusen und Ungeziefer gelebt, wenn nicht gar von Abfall? Pfui!« Und zögerlicher: »Hast auf mich gewartet?« Und dabei schiel ich schon heimlich nach der Uhr, denn gleich werde ich das schnurrende Tier wieder verlassen.

## 8.

Hier kommt ein Gedicht, das den Kaufmann von Venedig zum Thema hat, doch wurde ein New Yorker Gedicht daraus: nicht weil meine Jessica nach New York flüchtet, sondern sie flüchtet nach New York, weil sie in einem New Yorker Gedicht steht. Es ist weder »Erlebnislyrik« noch ein »Rollengedicht«. Am liebsten möchte ich es einen Intertext nennen.

### JESSICA LÄSST SICH SCHEIDEN

*Mein Vater Shylock:*
*Unser Erzeuger*
*lebte im Regen*
*am Rande Europas.*
*Dem war Venedig*
*so fremd wie die Juden:*
*Rialto wie Rabbi*
*ein Hörensagen.*

*Mein Vater Shakespeare:*
*Du gabst mich dem Goj*
*du hast mich verkuppelt*
*mit einem Playboy*
*du hast mich getauft*
*und mein Erbe verkauft*
*(und es war doch nicht feil*
*für eine Wildnis von Gecken)*
*du hast mich gesteckt*
*(ich stieg in die Hosen, das Publikum gaffte)*
*in züngelnde Worte, die sich selber belecken,*
*und dem alten Juden das Messer geliefert*
*und den alten Juden ans Messer geliefert*

*und mich lyrisch begabt*
*für die magischen Nächte*
*und mir ein langes Leben beschert.*

*Mein Vater Shylock:*
*Dir war ich so wert*
*wie deine Dukaten*
*vergittert, versperrt*
*mein Leben, mein Lieben*
*dein Gut, deine Habe die ging ich mir holen*
*ich hab dich bestohlen*
*für deine Tollwut und deine Szenen*
*muß man sich schämen*
*wer kauft dir die ab?*
*Ich hab dich verraten*
*(und tu's bis ans Grab)*
*mit dem fein-geilen Affen*
*den ich längst verließ.*

*In New York sind die Häuser*
*noch höher und heißer*
*als bei uns, wo's zum ersten Mal*
*Ghetto hieß.*
*Mein Vater Shylock, du Narr deiner Listen,*
*ich lach mit den Lachern*
*die dich schließlich berauben*
*du fluchst, einer reizt dich*
*sie spucken, du spreizt dich,*
*in New York werden massenhaft Ehen geschieden.*
*Man wechselt den Glauben*
*man heiratet Christen.*
*Mein Vater Shylock, ich glaub an Psychiater*
*Souffleusen, Kostüme-, Perückenmacher,*
*nicht an Gott, nicht für* dieses *Theater.*

*Mein Wucherervater,*
*mein Dichtervater:*
*Vogelfrei war ich*
*in Westchester County und Beverly Hills.*
*Ich sitz auf der Stange*
*und zerr an der Kette*
*aus Gold und Wörtern*
*die ihr geschmiedet.*
*Euch beiden entlaufen*
*von keinem gesegnet*
*von beiden vertrieben*
*und doch nicht geschieden*
*O was für Väter!*

Ich verüble es dem Dichter, daß er Jessica und ihren Vater überhaupt, und wenn schon, dann so und nicht anders, erfunden hat. Ich fülle Leerstellen, angeregt durch diese Fremde, diese Puppe, diese angebliche Jüdin.

Mein Vater war kein Shylock, mein Mann kein Lorenzo, und auch die Lyrik der magischen Nächte und die leicht versetzte Wildnis von Affen stammen aus dem Drama, nicht aus dem Leben. Jessica, nicht ich, ist die Tochter des Reichen Juden, darum wohnt sie, nicht ich, wo die Reichen wohnen, an der Ostküste in Westchester County und an der Westküste in Beverly Hills. In Venedig wohnte sie im Ghetto, sie kommt aus der Stadt, wo das Wort herkommt, das Shakespeare vermutlich nicht kannte, denn in seinem England gab es keine Juden. Was ich mit ihr gemeinsam habe, mit dieser verlorenen Tochter, dieser wandernden Jüdin, ist die Rolle von einer, die auszieht, die weggeht. Das Gegenstück wäre ein Gedicht über die Treue, etwa zu einem fernen Vater, der diese Treue nicht verdient. Zum Beispiel, ein Intertext mit dem Titel »Cordelia landet in Dover«. Denn die Gegensätze Treue und Untreue gehören zusammen wie Höhe und Tiefe, wie Freundschaft und Verrat.

Ich träume manchmal, daß ich Fahrerflucht begehe. Jemand überfahren und weiterfahren, das ist ein alltägliches Verbrechen, ich kann mich gut in den Täter hineinversetzen und wache entsetzt, weil ich es träumte, und erleichtert, weil ich noch unschuldig bin, auf. Die Lebenden vergessen die Gesichtszüge und die Augenfarbe der Toten (denn man hat noch anderes im Kopf), die Kinder packen ihre Siebensachen und verlassen die Eltern. Es bleiben unbezahlte Schulden, denn man hat ja, wie Jessica, einiges mitgehen lassen, wenn es auch keine Dukaten waren. Und eine Beziehung kann man nicht aufräumen wie eine Küche, wenn die Mahlzeit beendet, das Geschirr gespült ist. Ich wollte, es wäre anders, und bereue es doch nicht.

Ich greife vor. Es ist 1955, ich hab in Kalifornien geheiratet, jetzt wohne ich im Bundesstaat Connecticut, mein Mann hat einen einjährigen Lehrauftrag an einem renommierten College, das seine neuen Dozenten schlecht bezahlt und einen großen Brocken der schlechten Bezahlung für unsere Unterbringung in alten Baracken, die nicht instand gehalten werden, einsteckt. Wir haben seit einigen Wochen ein Kind, der Junge, dem ich nicht den Namen meines Vaters gegeben hab. Die Geburt hat uns ein volles Monatsgehalt gekostet. Wir waren nicht versichert. Inzwischen ist meine Mutter, im unfernen New York, nach einem mißglückten Selbstmordversuch, der vermutlich mißglücken sollte, ins Krankenhaus eingeliefert worden. Verwandte und Freunde geben ihrem Mann, denn sie hat wieder geheiratet, die Schuld, doch ich werde den Gedanken nicht los, daß ich mit meinem Baby die Ursache bin. Sie wollte mich nach der Geburt besuchen kommen, ist aber mitten auf dem Weg aus dem Autobus gestiegen und zurück nach New York gefahren, von dort telephoniert sie mir den Grund, gewisse rothaarige Männer hätten sie verfolgt. Sie muß unterschwellig gedacht haben, so kombiniere ich, mein Kind setzt sich an meine Stelle, die Tochter wird zur Mutter, wie kommt das Kind dazu, es löst mich ohne Erlaubnis ab. Und weil dadurch ihr Leben sinnlos wurde, wurde ihr die Welt gefährlich wie schon lange nicht, im Autobus, zu Hause, überall. Zugegeben, eine verrückte Idee, aber ich kenn sie doch mit ihrer Paranoia, also fragt es sich, ob es meine oder ihre Verrücktheit ist.

Dann war der Onkel, der Buchhalter, am Telephon, ich denke, er ruft aus Mitgefühl an oder um sich mit mir zu beraten, aber nein, er ist im Zorn. Er spricht deutsch, Wiener Männerstimmen ähneln einander, mein Vater an der Leitung. Ich steh in unserer provisorischen, spärlich möblierten Barackenwohnung und verkrampfe mich innerlich vor seinen Worten. Er sagt, ich hätt kein Recht gehabt zu heiraten, meine Mutter zu verlassen. Seine Stimme zittert vor Erregung. Und ich meine zu wissen, was hinter diesen Vorwürfen steckt, aber es nützt mir nichts, und ich trau mich auch gar nicht, das Ungesagte, das Unsagbare in die Muschel zu rufen, nämlich: Und du, und deine Mutter, bist du nicht etwa ohne sie ausgewandert, und sie ist in Theresienstadt verreckt? Er hat seine Mutter in Wien gelassen, wie ich meine in New York, und in beiden Fällen ist es schlimm ausgegangen, ärger bei ihm, darum jetzt seine Wut auf mich. »Du hättest sie nicht verlassen dürfen«, sagt er. Aber ich war ja nur von einem Bundesstaat in einen anderen gezogen und hatte meine Mutter nicht, wie er, einer Terroristenbande ausgeliefert. Ich bilde mir ein zu hören, was hier mitschwingt, Ungesagtes seinerseits: »Du hast kein Recht auf dein Leben.« Er legt auf, unversöhnt, er hat mir die Meinung gesagt, jetzt ist ihm wahrscheinlich besser.

Mir nicht. Ich stehe im Zimmer und schrei. Wie als Kind in Wien, als das neurotische Hundsvieh Opapas Papagei in Stücke riß. Ich weine nicht, ich brülle, einfach so, um mir Luft zu machen. Wie soll man denn leben, um das Leben zu verdienen? Mein Mann ist zur Salzsäule erstarrt, er ist mir fremd, ich ihm auch. Er merkt, was er sich eingebrockt hat mit der Frau, von der er dachte, die war im KZ, die wird anspruchslos sein. Es gab noch den Neugeborenen: Man kann doch kein Kind ungeboren wünschen. Angebliche Rechtfertigung des Frauenlebens, bei mir soll sie nicht gelten? Und ich weiß auf einmal, daß ich dieses Alibi schon immer für ungültig hielt.

Das war vier Jahre später. Vier Jahre früher in Forest Hills, als ich wegzog, lag alles kreuz und quer im Wohnzimmer, ich hab schlecht gepackt und hatte nicht einmal die nötigen Papiere, um über die Grenze nach Mexiko zu gelangen. Amerikaner konnten mit einfachem Ausweis hinüber, ich war aber noch nicht Amerikanerin und hätte um einen »border pass«, eine Grenzkarte, ansuchen müssen, was ich versäumte, weil ich in Kanada ein paar Wochen lang ohne irgendein Permit in einem Restaurant Geschirrspülerin gewesen war, und dachte, an der südlichen Grenze wird's nicht anders sein als an der nördlichen.

Es war Spätsommer, New Yorker Hitze, die äußere Unordnung Ausdruck der inneren, ich wußte kaum, was ich mitnehmen sollte. Die Freundinnen waren da und halfen packen, ob sie sich erinnern? Meine Mutter war zu Tod betrübt. Es war ihr schon klar, daß ich nach diesem einen Jahr in Mexiko nicht zurückkommen würde. Einige Teilnehmer des Projekts nahmen mich im Auto mit; Quaker, Idealisten oder Ausreißer von zu Hause waren wir. An der Grenze in Laredo, Texas, gab es Schwierigkeiten für uns alle, ich weiß nicht mehr welcher Art, nur daß wir warten mußten und uns gut vertrugen. Ich las amerikanische Nachkriegsliteratur, die vom Krieg handelte. Am Ende durften die anderen weiterfahren, nur ich blieb auf der Strecke, weil ich nicht den richtigen Ausweis hatte und noch nicht Amerikanerin war und Österreich doch Krieg nicht nur mit Amerika, sondern auch mit Mexiko geführt hatte. Das sagten mir die Behörden am Grenzübergang Laredo in Texas mit todernstem Gesicht. Nicht über eine Grenze dürfen, wenn andere es können, schien mir zwar unvernünftig, aber irgendwie gemäß. Also ein anderes Mal oder später. Doch es wiederholt sich nichts, man hat nicht zweimal dieselbe Chance. Ich fuhr im Bus weiter nach Kalifornien, was blieb mir schon übrig, nach New York wollte ich auf keinen Fall zurück. – Aber das führt schon in eine andere Geschichte.

Denn das Ende *dieser* Geschichte ist im kleinen Haus in Forest Hills, das Wohnzimmer voll verstreuter Sachen, mein schlechtes Gewissen, das mich versäumen ließ, mir die richtigen Papiere zu beschaffen, und die Enttäuschung meiner Mutter, daß sie das Haus für nichts und wieder nichts gekauft hatte, da ich jetzt doch nicht mehr bei ihr wohnen würde. Meine Mutter, die allein blieb, bis sie den nächsten Mann fand, der der Falsche für sie war. Nach meiner Abfahrt hat sie meine Papiere gelesen, meine Briefe weggeworfen, weiß Gott was mit den Büchern angestellt, so daß fast alles verlorenging, was von meinem bisherigen Ich in New York geblieben war: Am Ende war diese Trostlosigkeit, in den Zimmern, in den Menschen. Am Ende war dieser Verrat.

# EPILOG

*Göttingen*

# 1.

Am Abend des 4. November 1988 ging ich in Göttingens Fußgängerzone die Rote Straße entlang, um eine Studentin abzuholen, mit der ich ins Deutsche Theater zum »Don Carlos« wollte. Ich war von meiner südkalifornischen Universität nach Göttingen gekommen, um zwei Jahre lang das dortige kalifornische Studienzentrum zu leiten, und war erst seit dem Sommer da. Jetzt waren es noch ein paar Tage bis zum 50. Jahrestag der Kristallnacht, und ich hatte zu diesem Anlaß einen Vortrag vorbereitet, eingeladen von einer ortsansässigen christlich-jüdischen Gesellschaft. Ich hatte mich erkundigt, wieviele Juden es denn in dieser Gesellschaft gäbe, und man hatte mir seufzend den Namen eines älteren Ehepaars genannt, das in einer bescheidenen Wohnung von einer kleinen Rente lebte. Man war froh, daß man in der neuen Direktorin des Studienzentrums zufällig nicht nur eine Jüdin, sondern dazu noch eine »Betroffene« hatte, also eine biographisch geeignete Rednerin. Mir wurde schlagartig deutlich, daß ich jetzt zum ersten Mal in einer Stadt wohnen würde, die praktisch keine Juden vorzuweisen hat, und daß ich bisher, nicht ausschließlich, aber doch weitgehend, immer Jüdin unter Juden gewesen war.

Göttingen, ohne Juden, hat eine Jüdenstraße, in Amerika, wo mehr Juden sind als in Israel, wäre ein solcher Straßenname anstößig. An dem Abend, als ich im Begriff war, diese Straße zu überqueren, war ich in Gedanken bei meinem Vortrag und gleichzeitig beim »Don Carlos«, und das Bindeglied war Dostojewski, sein Gefängnisbuch, »Aufzeichnungen aus einem Totenhaus«, und ich überlegte, was dieses klassische Werk der Gefängnis- und daher auch Lagerliteratur mit den Berichten und Fiktionen unserer Zeit, der sogenannten Holocaust-Literatur, gemeinsam hat. Als ich an der Ecke Rote Straße den Fuß auf die Jüdenstraße setzte, hatte ich einen Gedankensprung zu den »Brüdern Karamasow« gemacht, zu Dostojewskis Antichrist, seinem Großinquisitor, der bekanntlich vom »Don Carlos« inspiriert war, und als ich einige Schritte nördlich vom Nudelhaus auf den gegenüberliegenden Bürgersteig zusteuerte, legte ich mir ein paar Bemerkungen über dieses Schillersche und der deutschen Aufklärung entsprungene Phantom der Menschenfeindlichkeit und die Ironien des letzten Aktes zurecht, mit denen ich Amy, die kalifornische Studentin, in der Pause unterhalten wollte. Traditionen des Entsetzens, für die es immer schon richtige Worte gegeben habe, das wollte ich ihr nahelegen.

Schriften über Zwang und Gewalt aus drei Jahrhunderten. Es war so ein Aufleuchten von Zusammenhängen, wie man es gern hat. Und dann zwei oder drei Radfahrer, die mit toller Geschwindigkeit von rechts auf mich zukommen, dann dunkel.

Den Vortrag hab ich erst ein Jahr später gehalten. Da war der neunte November, noch im Vorjahr der Tag der nationalen Schande, zum Tag der nationalen Freude gediehen. Registerwechsel. Die christlich-jüdische Gesellschaft hat mich trotzdem geduldig noch einmal eingeladen.

Unfall, Zufall. Daß Unfälle geschehen, ist kein Zufall, denn die Statistik kann sie mit ziemlicher Genauigkeit voraussagen und weiß sogar, wieviele von Fahrrädern verursacht werden. Daß es gerade mich getroffen hat, war jedoch Zufall, nicht vorbestimmt und vorbestimmbar, im Gegenteil, sogar in den letzten Sekunden noch vermeidbar. Der Zufall ist in die Notwendigkeit eingebettet, wie der Einzelfall in die mathematische Wahrscheinlichkeit, denn diese besteht aus berechenbaren Zufällen. Das Prinzip der Tragödie, das die Notwendigkeit im Einzelfall sucht, ist ein Aberglaube. Passieren muß vieles, aber nicht unbedingt dir oder mir. Bei der Zeugung ist es nicht anders: Mit Sicherheit werden jedes Jahr Menschen geboren, man weiß im voraus, wieviele. Dagegen waren die Chancen, daß gerade ich geboren wurde, verschwindend gering. Beim Überleben sind die Chancen immerhin wesentlich besser.

Ich sei auf der Straße gelegen und hätte gestöhnt. Ein Fußgänger hörte mich, drehte sich um und trug mich auf den Bürgersteig. Das ist alles vergessen. Ich sei aufgestanden und hätte darauf bestanden, daß ich jetzt gleich nach Hause gehen müsse, aber ich hätte weder stehen noch gehen können, sondern sei immer wieder zusammengeknickt. Ich erkenne mich sehr deutlich in dieser von der Amnesie gelöschten Szene, besser als wenn ich mich selbst daran erinnerte: primitives Bedürfnis wegzulaufen, einen sicheren Ort zu finden, wo man mit seinen Wunden allein ist, keiner Gefahr ausgesetzt.

Bei den Computern gibt es ein »unerase«-Programm. Gelöschtes kann wieder aufgerufen werden, weil die elektronischen Impulse noch auf der Festplatte oder der Diskette auffindbar sind, solange nicht darübergeschrieben wurde. Am ersten Juni des nächsten Jahres, als ich wieder in meiner Göttinger Wohnung war und angefangen hatte, diese Erinnerungen zu schreiben, da war eines frühen Morgens beim Aufwachen die Unfallszene, der Zusammenprall da und will hinuntersinken, wie die Träume es tun, wenn das Licht sie verscheucht. Ich halte die Erinnerung fest, mit geschlossenen Augen, langsam aufwachend, ganz fest, dieses Stück Leben will ich besitzen, und da ist's, ich hab's, aus dunklen Wassern gefischt, noch zappelnd.

Seine Fahrradampel, ich war stehengeblieben, um ihn ausweichen zu lassen, er versucht aber gar nicht, um mich herumzukommen, er kommt gerade auf mich zu, schwenkt nicht, macht keinen Bogen, im letzten Bruchteil einer Sekunde springe ich automatisch nach links, er auch nach links, in dieselbe Richtung, ich meine, er verfolgt mich, will mich niederfahren, helle Verzweiflung, Licht im Dunkel, seine Lampe, Metall, wie Scheinwerfer über Stacheldraht, ich will mich wehren, ihn zurückschieben, beide Arme ausgestreckt, der Anprall, Deutschland, ein Augenblick wie ein Handgemenge, *den* Kampf verlier ich, Metall, nochmals Deutschland, was mach ich denn hier, wozu bin ich zurückgekommen, war ich je fort?

Darum bin ich so dumm gefallen, ich hatte die Arme in Abwehr nach vorne gestreckt und konnte mich nicht mehr stützen, als ich nach hinten fiel. Und diese Vorstellung, oder auch nur Einbildung, daß mich der Sechzehnjährige aus Aggression umgefahren hat? Nicht aus aggressivem Denken, wohl aber aus aggressivem Instinkt, wie die Buben hinterm Steuerrad der Autos, Herrschaft über die Maschine, eine Art Trunkenheit. Schließt nicht aus, daß es ihm nachher leid getan hat. Oder auch, daß er vergaß, was ihm in den kurzen Sekunden durch den Kopf ging. Ich stand, er fuhr, fest im Sattel und gut im Zug, freie Bahn heischend, warum weicht mir die alte Ziege nicht aus, der werd ich's zeigen. So ungefähr denke ich es mir.

Ich verlor das Bewußtsein, kam im Notarztwagen zu mir. Ich fragte, wo ich sei, man gab mir Auskunft. Wieder wurde es schwarz, dann war ich im Krankenhaus, hellwach, nur etwas verstört, auf einer Trage im Flur.

Ich muß doch die Amy benachrichtigen, daß wir heute nicht mehr ins Theater gehen, denn ich hab Schwindel und Kopfschmerzen.

Anrufen, jemand holen. Fortsetzen, wo die Unterbrechung anfing, den Riß nicht größer werden lassen. Ich stelle mich auf die Füße, gehe in ein Bürozimmer, wähle die einzige Göttinger Nummer, die ich schon auswendig kann, und zwar nicht, weil ich sie so oft verwendet hätte, sondern weil sie leicht zu merken ist. Ein Bekannter, ein freundlicher Kollege aus dem Deutschen Seminar, der mir die Mysterien der Bibliothek mit Gelehrtenbegeisterung erschlossen hatte. Seine Frau ist am Apparat, meine eigene Stimme klingt mir normal im Ohr, ich erzähle, was geschehen ist, klage, daß ich die Studentin, die auf mich wartet, nicht erreichen kann, aber gleich geh ich nach Hause, nur eine ärztliche Untersuchung muß noch sein. Ja, sagt sie, da kommen wir Sie abholen, das ist besser als mit dem Taxi nach Hause, wenn man hingefallen ist.

Als ich wieder auf den Flur hinaustrat, rieselte es mir im Kopf, ganz einmalige Empfindung, nie vorher oder nachher gehabt. Ich leg mich wieder auf die Trage und warte. Die Kopfschmerzen nehmen zu, die Übelkeit auch, ich setze mich auf. Der Kollege erscheint, seine Frau hat ihm sogleich gesagt (aber das erfahre ich natürlich erst Monate später), einer von ihnen müsse sofort in die Klinik, ich hätte am Telephon absonderlich geklungen. Er lächelt freundlich und hilfsbereit, nach einer Weile ist ihm das Lächeln vergangen, die Anteilnahme blieb. Ich bin erleichtert, daß jemand da ist, den ich kenne. Ich sag zu ihm, Scheiße, ich bin hingefallen, jetzt hab ich eine Beule am Hinterkopf. Die saloppe Redeweise befremdet ihn, er hatte mich anders eingestuft.

Er holt mir einen Beutel Eis, auf den ich den Kopf lege; dann merkt er, daß da gar keine Beule ist. Ich bestehe weiter auf der Existenz dieser Beule.

Brechreiz, der Kollege bringt eine Pappschale, ich übergebe mich. Mein Körper ist mir zuwider, bedrohlich, peinlich. Ich möchte raus, weg, in einen anderen Körper einziehen oder den von vorhin zurückhaben. Mein Zustand verschlechtert sich, ich kann mich nicht mehr bewegen. Lähmung. Ich will mich aufsetzen, denn mein Magen dreht sich immer noch um, aber das Aufsetzen gelingt nicht mehr. Terror. Was ist hier los? Auch in die hingehaltene Schale spucken kann ich nicht mehr, weil die ganze Muskulatur streikt. Der Freund, der eben erst nur ein Bekannter war, zeigt keinen Ekel. Eine Krankenschwester kommt, ich entschuldige mich für den Dreck am Boden. »Das macht doch nichts«, ruft sie so fröhlich, als sei ich ein lieber Besuch, den man schon längst erwartet und dem man viel verzeiht. Meine verwirrte Erleichterung, denn mein gemartertes Hirn, auf das Blut tröpfelt, setzt die Unfähigkeit, den Brechreiz zu hemmen, einem moralischen Versagen gleich. Das unkomplizierte Entgegenkommen der Pflegerin hebt meine Hilflosigkeit auf.

Die Lähmung schreitet fort. Jetzt kann ich nicht einmal mehr den Kopf heben, und was an Spucke und Galle noch immer aufsteigt, rinnt zurück in die Kehle. Das war der Tiefpunkt. Ich höre das Wort »Hirnblutung«, dazu fällt mir das Wort Querschnittslähmung ein, das hier zwar unangebracht ist, das man jedoch aus Filmen und Zeitungsberichten kennt. Wer würde einem helfen, sich umzubringen, wenn das nicht besser wird? Vermutlich niemand. Da hab ich den Tod in der Nase und den Geschmack von Abgelebtem, längst ad acta Gelegtem im Mund.

Der Arzt, der Spezialist, kommt endlich und beugt sich, nach reichhaltigem Abendessen riechend, über mich. Man steckt mich mit dem Kopf in eine Maschine, um zu messen, um nachzuschauen, was weiß ich. Nachher wird hinter mir verhandelt. Ich streng mich an zu hören. Operieren oder nicht operieren ist die Frage. Man redet über mich, nicht zu mir, über mich hinweg. Halten die mich für nicht mehr zurechnungsfähig? Was heißt operieren? Den Schädel aufstemmen. Was für ein Aberwitz, ich bitte euch, hier liegt ein Irrtum vor, ich war doch nur auf dem Weg ins Theater gewesen.

Ich bin nicht operiert worden. Wochen später

zeigt der Professor seinen Studenten die Aufnahmen von meinem Schädelinneren nach dem Unfall und fragt sie, was sie in so einem Fall tun würden. Operieren, antworten sie alle brav. Er freut sich, denn ich sitze daneben, noch sehr unsicher auf den Beinen, aber immerhin aus dem Krankenzimmer in den Hörsaal der Klinik gekommen und erstatte Bericht. »Fortune muß ein Arzt haben«, sagt er seinen Schülern. »Sonst sollte man den Beruf an den Nagel hängen und Rechtsanwalt werden. Wir haben nicht operiert, aber es hätte schiefgehen können.« Was heißt hier Fortune? denkt die Patientin, fasziniert und entsetzt von dieser Diskussion eines Gewaltaktes an ihrem Hirn, der sie fast ereilt hätte. *Ich* habe Glück gehabt, nicht er, er schmückt sich mit meinem Glück.

Die Leute, die mich gar nicht kannten und vor oder hinter mir über mich sprachen und mir ohne Erklärung Spritzen und Medikamente verabreichten, hatten mich anscheinend schon links liegengelassen. Da habe ich mich an alle geklammert, für die ich vielleicht noch die alte, die frühere, die von vorhin war. Der Freund, der zuerst kam, meint, er hätte nie jemand gesehen, der sich so ans Leben geklammert hätte wie ich. Wenn er jetzt nur nicht gleich abhaut oder ungeduldig wird, denn das muß ja scheußlich für einen sein, der nur gekommen war, um eine Bekannte, eine Ausländerin, nach Haus zu fahren. Wenn er mich jetzt nur nicht allein läßt mit den Ärzten, die aus dem Mund riechen und nur einen schlecht funktionierenden Organismus in mir sehen. Er bleibt lange, geht bis nach ein Uhr morgens nicht weg, verspricht weitere Besuche. Ich bekomme Spritzen, dunkle Wellen schlagen an die Schädeldecke, Personal kommt, jemand, der mir in die

Augen leuchtet und fragt, was ich sehe. Ich bin froh, wenn man mir Fragen stellt, denn Fragen stellt man nur an Menschen, die etwas zu sagen haben. Wer eine Antwort von mir will, hält mich für zurechnungsfähig. Ja, ja, ich seh's schon, sag ich lallend, und glaube ganz deutlich zu sprechen.

Wenn ich nicht schlafe, strenge ich mich ganz übermäßig an. Das ist nicht nur ein Bemühen, am Leben zu bleiben. Es war auch ein Fluchtversuch. Ich wollte von den Kopfschmerzen weg und von der Lähmung weg, und keine Panik wollte ich aufkommen lassen, weil der Verstand so viel wert ist. Eine Zuwendung zur Welt ist der Verstand. So wie die Liebe eine solche Zuwendung ist. Der Verstand ist also so viel wert wie die Liebe. Nur muß sich dir die Welt auch zuwenden. Diese schwierigen Selbstverständlichkeiten.

Da sitzt die Frau meines Freundes mit der guten Telephonnummer bei mir. Ich meine, sie hat ihn sofort abgelöst, aber sie sagt, das war erst am nächsten Tag. Mir verschwimmt die Zeit. Eine freundliche Stimme, die will ich auch nicht gehen lassen. Haushoch überlegen scheint sie mir, blond und ruhig, schön und gesund. Sie kann kommen und gehen, wie sie will. Hoffentlich geht sie nicht. Sie redet zu mir (man hat ihr gesagt, sie soll mich wach halten), ich kann nicht antworten, aber ich bemühe mich ungeheuer. Ich ringe mir den Satz ab: »Ich kann jetzt leider keine Konversation machen.« Ein Anglizismus, ich meinte, ich kann mich nicht unterhalten, mir geht's zu schlecht. Der Satz belustigt sie, doch sie sagt ganz gütig, das sei auch nicht notwendig. Da bin ich beruhigt.

Es war, als hätten Einbrecher alles durcheinandergeworfen, die sorgfältig verpackten alten Papiere aus hinterster Ecke hervorgeholt, sie dann aus Wut, weil sie unbrauchbar und wertlos waren, im Haus verstreut, alle Schubladen aufgerissen, Kleider zerschnitten (wie mit den Sachen für die chemische Reinigung im aufgebrochenen Auto, vor Jahren in Charlottesville), und die Schränke sperrangelweit offen; und uralte Gegenstände, von denen man glaubt, man hätte sie längst in den Müll geworfen, wieder ans Tageslicht gezerrt. Man kommt sich enteignet vor, weil das Haus selbst durch die gewaltsame Störung so geschädigt und auch fremd erscheint. Nach und nach merkt man, daß in dem anscheinend heillosen Chaos mehr vom eigenen Ich steckt als in den früheren, scheinbar geordneten Verhältnissen.

Schlafen, ohne richtig liegen zu können, immer auf dem Rücken schlafen müssen. Trotz dieser unbequemen und unfreien Lage komme ich beim Aufwachen wie aus einer tiefen Geborgenheit, ich verstehe auf einmal, woher in den Legenden und der volkstümlichen Kunst die beschirmenden. Flügel der Schutzengel kommen, aus dem Schlaf kommen sie, dem Heilschlaf. Mitten in der Nacht wachte ich auf, seelisch satt und zufrieden mit Gott und der Welt und mit mir selbst. Ich setze mich auf, einfach so. Ich kann mich nicht fassen vor Freude. »Es schmilzt das Eis, die Kette bricht entzwei.« Ich rufe die Schwester, weil ich sitzen kann. Mitten in der Nacht. Schaun Sie, ich kann sitzen. Sie schüttelt den Kopf. »Sie sind ein Spaßvogel«, sagt sie gutmütig.

Von oben nach unten sich ausbreitend, kommt wieder Gefühl in meine rechte Seite. Ich nahm mein gelähmtes Bein in beide Hände, stellte es gegen das Gitter am Bett. Jeden Abend konnte ich es etwas höher ziehen. Dabei fehlt dem Bein nichts, es ist der Kopf, der versagt. Der Gedanke betrübt mich so, daß ich weinen muß. Die Zehen: total unbeweglich, ich sprech sie an wie Haustiere, wir kennen einander seit mehr als fünfzig Jahren, warum tut ihr so fremd?

Die Leute sehen nur die Symptome, wissen nicht, wenn sie nicht selbst krank gewesen sind, was dahintersteckt. Ich bemühe mich, zusammenhängend zu sprechen, und weil ich mich bemühe, kann es den anderen nicht auffallen, daß ich gerade das Äußerste an Konzentration geleistet habe. Die anderen bemühen sich, mich zu verstehen, sie sehen ein, daß ich nicht laufen kann wie sie, und daß ich mehr schlafe, aber mit dem Denken und dem Sprechen ist die Einfühlung schwieriger. Das ist kein Vorwurf, sondern eine Feststellung über das Wahrnehmungsvermögen. Wir muten einander ungefähr das zu, was wir uns selbst zumuten, und damit fahren wir meistens richtig. Doch zwischen Kranken und Gesunden verschiebt sich das Verhältnis, da ist eine Kluft, keine Partnerschaft unter Gleichgestellten. Ein Gesunder kann beim besten Willen nicht immer das Verhalten des Patienten richtig einschätzen, weil er sich selbst nicht als Norm nehmen kann.

Und das Äußerste an Konzentration ist so, daß ich lange brauche, um die einfachen Anweisungen, sagen wir der Krankengymnastin, auszuführen, weil ich mir ganz langsam überlegen muß, was zum Beispiel links und rechts eigentlich bedeuten. Dabei kommen mir Tränen in die Augen, aus Eifer, Frust und Anstrengung.

Jeder Tag ist wie ein Tor, das sich hinter mir schließt und mich ausstößt. Die Vergangenheit suchen, wenn sie vernagelt ist.

Die Gedanken dachten sich von alleine, im Kreis oder in einer Spirale, in den wunderlichsten geometrischen Figuren, nur nicht linear. Und hingen im Raum der sich wiederholenden Krankenhaustage. Die Zeit war zersplittert, ich erlebte sie nicht als Kontinuum, sondern als Glasscherben, die die Hand verletzen, wenn man versucht, sie zusammenzufügen. Ich wußte am Nachmittag nicht mehr, wer mich am Vormittag besucht hatte, die Wochentage verschoben sich, obwohl ich die Freunde tränenden Auges anflehte, mir Zeitungen zu bringen.

Immer neue Besucher. Ich staunte über die Anteilnahme, auch von Menschen, die ich gar nicht kannte, die nur über gemeinsame Freunde von mir gehört hatten. Sie kamen, um gutzumachen und um wiedergutzumachen. Ihre Gegenwart war wie ein Seil, an dem ich mich aus der Pestgrube – o du mit dem Dudelsack meiner ersten Todeslegende! – der halbtoten Gedanken hochzog. Christophs Frau schickt mir eine Kerze, geweihtes Licht, das ich im Krankenzimmer nicht anzünden darf, aber bei meiner Entlassung sorgfältig miteinpacke. Alles zum Trost und um die Gespenster wegzuscheuchen, die mich wichtigtuerisch, wie bei einer Konferenz, umlärmten.

Anneliese ist aus Manchester gekommen, selbstverständlich, ist sie nicht immer da, wenn es mir schlecht geht? Ich weine vor Rührung. Sie sitzt mitten unter den Gespenstern, die mich belagern, auf ihren schicken Stock gestützt, schwarz mit Silberknauf. Nie wieder werde ich richtig gehen können, klage ich, wenn ich hier überhaupt herauskomm, werde ich hinken. »Auch nicht das Schlimmste«, sagt Anneliese kühl, »wem jammerst du was vor?« »Wirst du mir helfen«, bettle ich kindisch, »einen Stock auszusuchen, und mir zeigen, wie man damit geht?«

Nachtragend bist du, sagt Anneliese, auf mein halt- und sinnloses Geweine hin. »Das warst du immer schon. Ein Charakterfehler von dir. You bear grudges.« (Wir sprechen englisch, unser Deutsch gleitet ins Englische ab, da wir keine gemeinsame deutsche Vergangenheit haben.) »Du solltest lernen zu verzeihen, dir selbst und anderen, dann wär dir besser.« »Cast out remorse«, sagt sie noch und zitiert damit einen Lieblingsdichter aus unserer Collegezeit. Der Yeats, mein ich stur, der konnte gut reden. Senator der Republik Irland war er, da weiß man, wer man ist. »Cast out remorse.« Das ewige Notengeben, meinst du, sich selbst und anderen Vorwürfe oder Komplimente machen. Sich verkrallen in das Geschehene, anstatt es hinzunehmen, wies kommt, so daß es unbehelligt an einem abtropfen kann. Empfiehlst du mir denn, die Erinnerungen nicht festhalten wollen, sondern sie fallenzulassen? Und auch da zerbricht ja was, dank dem Gesetz der Schwere. Das auch ein moralisches Gesetz ist. Wieder kommen mir die Tränen eines schauerlichen Selbstmitleids. Mir rinnt ja sowieso die Zeit durch die Finger, und wann hab ich je mein Leben im Griff gehabt. Scherben wo man hinschaut. Nur an meinen Unversöhnlichkeiten erkenn ich mich, an denen halt ich mich fest. Die laß mir.

Ich kämpfe mit diesen Gedanken, manche spreche ich aus, andere stottere ich vor mich hin oder sie verschwinden, nachdem sie einen Augenblick wie auf einem defekten Bildschirm aufleuchteten. Beim Hofmannsthal sagt die Elektra: Ich bin kein Vieh, ich kann nicht vergessen. Verzeihen ist zum Kotzen, denk ich oder sag ich, und ich lehne mich in die Polster zurück, es wird mir schwarz vor Müdigkeit, denn mir fällt dazu der Brechreiz ein, der der Lähmung vorausging.

Ich verwechselte sie nie mit den Lebenden, obwohl es manchen Besuchern so vorkam. Ich bin lang genug mit Gespenstern umgegangen, um sie mühelos als solche zu erkennen. Doch ist der Umgang mit ihnen auch dann desorientierend, wenn man weiß, wer sie sind.

Ich beginne, mich mit ihnen auseinanderzusetzen.

## 2.

Seit ich mit meinen kalifornischen Studenten nach Göttingen kam, ist Zeit vergangen, Jahre, in denen in Deutschland wieder Geschichte und nicht nur Geld gemacht wurde, Zeit, in der sich etwas zutrug. Und für mich die Zeit, in der ich einen Bericht zu schreiben begann, weil ich auf den Kopf gefallen war.

Inzwischen bin ich wieder zu Hause, in Südkalifornien, in Orange County. Das ist ein Land, dessen Geschichte darin besteht, daß seine Einwohner hierher flohen, um der Geschichte zu entrinnen, der europäischen und der asiatischen, und schließlich auch der amerikanischen Geschichte, sofern sie sich weiter östlich zugetragen hat. Die Häuser in Orange County sind aus Holz gebaut, auch die teuren. Keine gemeinsame Vergangenheit bindet uns, darum ist jede Vergangenheit persönlich, betrifft nur den einen, der daran zu schleppen hat. Der Bundesstaat der blühenden Orangen- und Zitronenbäume ist auch der Ort, der die höchste Selbstmordrate in den Vereinigten Staaten aufweist und gleichzeitig die größte Auswahl an psychotherapeutischen und religiösen Überlebensstrategien und Trostangeboten.

Meine Universität sitzt zwischen den Autobahnen und ist in der Gegend nicht besser bekannt und weniger gut beleumundet als die vielen herrschaftlich hergerichteten Einkaufszentren. Bei uns kauft man eben Hochschulbildung. Daß Ingenieure und Ärzte hier ausgebildet werden, wissen die Leute von Orange County allenfalls, und das ist ihnen auch recht. Der Rest ist Luxus, den man sich leisten kann, weil man reich ist.

Als ich zuerst nach Orange County kam und mich alle paar Tage auf den Autobahnen verfahren habe, stellte ich mir die Hölle so vor, daß jeder in Ewigkeit in seinem eigenen Blechgefängnis, von allen anderen getrennt und doch sichtbar für alle, diese Autobahnen befahren müsse, jede Ausfahrt die falsche Ausfahrt, so daß der Fahrer, der eben aufgeatmet hat, als er die Rampe hinunterfuhr, nun mit dem verhaltenen Atem der Verzweiflung wieder den Freeway hinauf muß. Freeways heißen sie, weil keine Ampel die Fahrt unterbricht, aber keiner hier kann diesen freien Straßen entgehen, weil sie die einzige Möglichkeit bieten, in Südkalifornien von einem Punkt zum anderen zu gelangen.

Selbst die Verbrechen sind hierzulande oft von einer kindisch-sinnlosen Aggressivität, zum Beispiel, wenn ein Autofahrer in ein anderes Auto hineinschießt, weil der zweite zu langsam fährt. Als wüßte der erste nicht den Unterschied zwischen einer Wasserpistole und einer tödlichen Waffe. Derselbe Impuls, den ich in meinem tollen Radfahrer vermutete.

Hier ist die Vergangenheit höchstens ein Maskenball vor einer Hollywoodkulisse – die Kostüme sind ja immer richtig in den historischen Filmen, wo sonst nichts stimmt. Die historischen Filme spielen eine Woche in den Kinos, danach schluckt sie, samt ihren Kostümen, eine abgelegte Gegenwart, die nie zur Vergangenheit wird, ein Trödelladen, wo die Motten herrschen. Man bewundert die Kulisse, das Hergestellte, die Special effects. Auch hat Orange County seinen Flughafen in John Wayne Airport umgetauft, denn der die Helden spielte, wurde selbst zum Helden, dadurch daß er sie spielte. Wer Geschichte nicht ernst nimmt, dem kommt es auf den Unterschied zwischen Spiel und Wirklichkeit nicht an.

Orange County behandelt die Vergangenheit so mißtrauisch wie die Ausländer und die Fremdsprachen, und ebenso sorgfältig pflegt es sein Know-how in Sachen Elektronik und Sport. Die Leute sind weder dumm noch uninformiert, man liest, aber keine Bücher, sondern Zeitungen und Zeitschriften, Wegwerfbares. Und wenn Bücher, dann die billigen Paperbacks, die es in den Supermärkten gibt. Auch diese wegwerfbar. In den Wohnungen und Häusern sieht man selten ein volles Bücherregal. Meist stehen ein paar Bücher neben Vasen und Nippessachen. Eine Privatbibliothek kommt den Kaliforniern wie ein Antiquariat vor. Und den Südkaliforniern, die Antiquariate kaum kennen, wie eine unhygienische Ansammlung von Altpapier.

Ich lebe gern hier. Diese von Erdbeben bedrohte Meer- und Wüstenlandschaft, mit Sonne gesegnet, von Wassernot geplagt, hat sich die törichte, tragische Aufgabe gestellt, die Vergangenheit abzuschaffen, indem man sie abstreitet, indem man die Gegenwart durch eine andere Gegenwart ersetzt, bevor die erste alt werden kann. Das geht nicht, darum ist es töricht. Das rächt sich, darum ist es tragisch. Flüchtlinge sind die Kalifornier und lassen die gelebten Stunden hinter sich, um sich schnell in die nächste zu retten; wie jene junge Sklavenmutter in »Onkel Toms Hütte«, die den halbgefrorenen Fluß von Kentucky nach Ohio, also in Richtung Freiheit, überquerte, die Eisschollen hinter sich ließ, indem sie von einer Eisscholle, immer gerade noch rechtzeitig, auf die nächste sprang, das Kind im Arm, das unverkäufliche Kind, das verkauft werden sollte, das zu rettende Kind.

Hierher zurückgekommen, scheint mir das Deutschland, das ich in meinen zwei Göttinger Jahren kennenlernte, wie das verkehrte Spiegelbild meines Kaliforniens. Weil man dort nämlich die Vergangenheit, wie der Gläubige das heiße Eisen beim Gottesurteil, beherzt in die Hand nimmt, um sie mit einem Aufschrei (»Aber ich bin doch unschuldig!«) fallen zu lassen, wenn sie brennt.

Meine Mutter söhnt sich auf einmal mit Ditha aus, beschenkt sie sogar. Plötzlich trug sie mir auf, Ditha in ihr Haus einzuladen, mit der Begründung: »Es wird spät.« Sie meint den Tod. Ihr vierter Mann ist gestorben, seit ich zu schreiben begann, sie ist alt und einsam. Meine Mutter hat die Frau, die noch immer »Mama« zu ihr sagt, so lange nicht gesehen, daß die beiden sich beim

Wiedersehen lange mustern, um dann einander zu versichern, die andere habe sich gar nicht verändert: die typische Aussage von Menschen, die entsetzt sind darüber, wie sehr sich der oder die andere mit den Jahren verändert hat. Ich trau dem Frieden nicht, doch Ditha ist selig, fängt auch leider gleich an, meine Mutter herumzukommandieren. Ich misch mich ein, bin plötzlich wieder die Jüngere, die auch mitreden will. Alles ist, wie schon lange nicht. Alles ist wieder offen und unfertig, und ich muß Schluß machen, sonst stimmt morgen auch das nicht mehr.

Abfälle der Nacht, an die Ufer des Morgens geschwemmt: Ressentiments, Haß, Selbstmitleid – wer weiß, wovon man geträumt hat. Man wacht auf, als hätte man im Toten Meer gebadet, die Seele klebrig von Salz und Chemikalien.

Wer sich jetzt schnell anzieht, in den Dienst fährt, fleißig Professorin spielt, nimmt den Nachtschweiß mit auf den Weg. Nur was aus der Rolle fällt, erheitert mich. Die alte Frau, die sich allmählich in mir breitmacht, redet auf die Katze ein, bis die zurück miaut und ich mir ein Gespräch mit dem Tier vorspielen kann. Kaffeekochen, Zeitunglesen. Ich schreib ein paar unzusammenhängende Zeilen, etwa über das, was mir in der Dämmerung gekommen ist, Graffiti, Höhlenmalerei (die der Höhlenbesucher bei künstlichem Licht zuerst als Gekritzel übersehen will, bis das aufmerksamere Auge unbeholfene Gestalten wahrnimmt und ihre Beschwörungsabsicht enträtselt), schreibe sie noch einmal, lese sie, sie gefallen mir nicht, denn die Sprache liefert ihre Klischees gratis, die abgedroschenen Phrasen und verbrauchten

Wörter fallen einem zu wie Vogeldreck auf den Scheibenwischer – hörst du, Katze – und wie die Werbung, die im Briefkasten neben der richtigen Post liegt. Also aussortieren, löschen, mühseliges Tagewortefinden für unausgegorene Halbdunkelgedanken.

Ich krame ein altes Gedicht heraus. Das Blatt, auf dem es, voller Tippfehler, steht, ist schon ein bißchen gelb geworden. Es stammt aus den sechziger Jahren, als ich zum ersten oder zweiten Mal wieder in Deutschland war:

AUSSAGEVERWEIGERUNG

*Touristen waren als Deckung zur Hand,*
*In die Bahnhofshallen verschlug mich die Flucht.*
*Mein Steckbrief klebte an jeder Wand,*
*Unter mehreren Namen war ich bekannt,*
*Mit verschiedenen Frisuren gesucht.*

*Wo sie die neuen Häuser bauen*
*(Jeder Ziegel und Nagel erkennt mich!),*
*Wagte ich stillzustehn, zuzuschauen,*
*Floh in das Alltagsleben der Frauen,*
*Aber die Sonne des Alltags verbrennt mich.*

*Überall war ich angeklagt,*
*Überall war mir der Eintritt verboten.*
*Alle Gendarmen haben mich ausgefragt,*
*Wo ich ging und stand, nach den Toten.*

*Und jedes Verhör ist über Ereignen,*
*Das neben mir stattfand, doch ohne mich.*
*Hingeschaut hab ich, wie könnt ich es leugnen?*
*Aber die allerverlogensten Zeugen*
*Sind nicht so unzuverlässig wie ich.*

*Jedes hergelaufene Gespenst kann mich enteignen,*
*Weil ich weiter muß, wenn eins sagt: »Sprich.«*

Wehleidig. Versponnen. Trotzdem weiterspinnen, so: Schließlich haben sie mir ein Bein gestellt, so daß ich auf den Kopf fiel, und was mir danach einfiel, oder was dabei herausfiel, hab ich ausgesagt. Jetzt könnten sie mich in Ruhe lassen und mir weiteres Umziehen ersparen.

Zuletzt noch eine Adresse, zum Abschicken. An wen sonst als an Euch, die Ihr diese Aussagen mitbegonnen habt, als ich lahm im Bett lag, und dann in Stükken mitgelesen und mitgeredet und hier und da mitgelebt habt? Möge es gut bei Euch ankommen: Den Göttinger Freunden – ein deutsches Buch.

*Irvine, California, Juli 1991*

# INHALT

TEIL 1
*Wien* 7

TEIL 2
*Die Lager* 85
*Theresienstadt* 101
*Auschwitz-Birkenau* 132
*Christianstadt (Groß-Rosen)* 175

TEIL 3
*Deutschland* 213
*Flucht* 215
*Bayern* 241

TEIL 4
*New York* 283

EPILOG
*Göttingen* 339

RUTH KLÜGER
*weiter leben*

*erscheint als fünfter Band der*
BRIGITTE-EDITION
ERLESEN VON ELKE HEIDENREICH

Lizenzausgabe für BRIGITTE-EDITION


Ausstattung und Gestaltung von
Groothuis, Lohfert, Consorten, Hamburg
Herstellung:
G+J Druckzentrale, Hamburg
Prill Partners producing, Berlin
Satz: Dörlemann Satz, Lemförde
Druck und Bindung: GGP Media GmbH, Pößneck
Printed in Germany

ISBN 3-570-19515-5

DIE BRIGITTE-EDITION
IN 26 BÄNDEN
ERLESEN VON ELKE HEIDENREICH

1 | PER OLOV ENQUIST *Der Besuch des Leibarztes*

2 | PAULA FOX *Was am Ende bleibt*

3 | T.C. BOYLE *América*

4 | NIGEL HINTON *Im Herzen des Tals*

5 | RUTH KLÜGER *weiter leben*

6 | RICHARD FORD *Unabhängigkeitstag*

7 | JANE BOWLES *Zwei sehr ernsthafte Damen*

8 | ARNON GRÜNBERG *Phantomschmerz*

9 | JIM KNIPFEL *Blindfisch*

10 | DOROTHY PARKER *New Yorker Geschichten*

11 | DIETER FORTE *Das Muster*

12 | WISŁAWA SZYMBORSKA *Die Gedichte*

13 | HERMANN H. SCHMITZ *Das Buch der Katastrophen*

14 | HARUKI MURAKAMI *Gefährliche Geliebte*

15 | CARL FRIEDMAN *Vater/Zwei Koffer*

16 | BORA ĆOSIĆ *Die Rolle meiner Familie in der Weltrevolution*

17 | MARLEN HAUSHOFER *Die Wand*

18 | JOHN UPDIKE *Gertrude und Claudius*

19 | ANNE MICHAELS *Fluchtstücke*

20 | STEWART O'NAN *Das Glück der anderen*

21 | CHRISTA WOLF *Kein Ort. Nirgends*

22 | MAARTEN 'T HART *Gott fährt Fahrrad*

23 | ALESSANDRO BARICCO *Seide*

24 | ISABEL BOLTON *Wach ich oder schlaf ich*

25 | RADEK KNAPP *Herrn Kukas Empfehlungen*

26 | ANTONIO TABUCCHI *Erklärt Pereira*